本书由聊城大学学术著作出版基金资助

A LIBRARY OF
DOCTORAL
DISSERTATIONS
IN SOCIAL SCIENCES IN CHINA

中国
社会科学
博士论文
文库

地景制作、空间支配与国家转型：
一座北方小城的地志学

Landscpe Making, Space Dominating and State Transition:
The Topography of a Northen City

刘行玉　著
导师　张佩国

中国社会科学出版社

图书在版编目（CIP）数据

地景制作、空间支配与国家转型：一座北方小城的地志学 / 刘行玉著．
—北京：中国社会科学出版社，2019.4
（中国社会科学博士论文文库）
ISBN 978 - 7 - 5203 - 4367 - 1

Ⅰ.①地… Ⅱ.①刘… Ⅲ.①区域地理—研究—中国 Ⅳ.①K92

中国版本图书馆 CIP 数据核字（2019）第 078125 号

出 版 人	赵剑英
责任编辑	王 衡
责任校对	冯英爽
责任印制	李寡寡

出　版	中国社会科学出版社
社　址	北京鼓楼西大街甲 158 号
邮　编	100720
网　址	http://www.csspw.cn
发 行 部	010 - 84083685
门 市 部	010 - 84029450
经　销	新华书店及其他书店
印　刷	北京明恒达印务有限公司
装　订	廊坊市广阳区广增装订厂
版　次	2019 年 4 月第 1 版
印　次	2019 年 4 月第 1 次印刷
开　本	710×1000　1/16
印　张	19.75
插　页	2
字　数	334 千字
定　价	85.00 元

凡购买中国社会科学出版社图书，如有质量问题请与本社营销中心联系调换
电话：010 - 84083683
版权所有　侵权必究

《中国社会科学博士论文文库》
编辑委员会

主　　任：李铁映
副 主 任：汝　信　　江蓝生　　陈佳贵
委　　员：（按姓氏笔画为序）
　　　　　王洛林　　王家福　　王缉思
　　　　　冯广裕　　任继愈　　江蓝生
　　　　　汝　信　　刘庆柱　　刘树成
　　　　　李茂生　　李铁映　　杨　义
　　　　　何秉孟　　邹东涛　　余永定
　　　　　沈家煊　　张树相　　陈佳贵
　　　　　陈祖武　　武　寅　　郝时远
　　　　　信春鹰　　黄宝生　　黄浩涛
总 编 辑：赵剑英
学术秘书：冯广裕

总　序

在胡绳同志倡导和主持下，中国社会科学院组成编委会，从全国每年毕业并通过答辩的社会科学博士论文中遴选优秀者纳入《中国社会科学博士论文文库》，由中国社会科学出版社正式出版，这项工作已持续了12年。这12年所出版的论文，代表了这一时期中国社会科学各学科博士学位论文水平，较好地实现了本文库编辑出版的初衷。

编辑出版博士文库，既是培养社会科学各学科学术带头人的有效举措，又是一种重要的文化积累，很有意义。在到中国社会科学院之前，我就曾饶有兴趣地看过文库中的部分论文，到社科院以后，也一直关注和支持文库的出版。新旧世纪之交，原编委会主任胡绳同志仙逝，社科院希望我主持文库编委会的工作，我同意了。社会科学博士都是青年社会科学研究人员，青年是国家的未来，青年社科学者是我们社会科学的未来，我们有责任支持他们更快地成长。

每一个时代总有属于它们自己的问题，"问题就是时代的声音"（马克思语）。坚持理论联系实际，注意研究带全局性的战略问题，是我们党的优良传统。我希望包括博士在内的青年社会科学工作者继承和发扬这一优良传统，密切关注、深入研究21世纪初中国面临的重大时代问题。离开了时代性，脱离了社会潮流，社会科学研究的价值就要受到影响。我是鼓励青年人成名成家的，这是党的需要，国家的需要，人民的需要。但问题在于，什么是名呢？名，就是他的价值得到了社会的承认。如果没有得到社会、人民的承认，他的价值又表现在哪里呢？所以说，价值就在于对社会重大问题的回答和解决。一旦回答了时代性的重大问题，就必然会对社会产生巨大而深刻的影响，你也因此而实现了你的价值。在这方面年轻的博士有很大的优势：精力旺盛，思维敏捷，勤于学习，勇于创新。但青年学者要多向老一辈学者学习，博士尤其要很好地向导师学习，在导师的指导下，发挥自己的优势，研究重大问题，就有可能出好的成果，实现自己的价值。过去 12 年入选文库的论文，也说明了这一点。

什么是当前时代的重大问题呢？纵观当今世界，无外乎两种社会制度，一种是资本主义制度，一种是社会主义制度。所有的世界观问题、政治问题、理论问题都离不开对这两大制度的基本看法。对于社会主义，马克思主义者和资本主义世界的学者都有很多的研究和论述；对于资本主义，马克思主义者和资本主义世界的学者也有过很多研究和论述。面对这些众说纷纭的思潮和学说，我们应该如何认识？从基本倾向看，资本主义国家的学者、政治家论证的是资本主义的合理性和长期存在的"必然性"；中国的马克思主义者，中国的社会科学工作者，当然要向世界、向社会讲清楚，中国坚持走自己的路一定能实现现代化，中华民族一定能通过社会主义来实现全面的振兴。中国的问题只能由中国人用自己的理论来解决，让外国人来解决中国的问题，是行不通的。也许有的同志会说，马克思主义也是外来的。但是，要知道，马克思主义只是在中国化了以后才解决中国的问题的。如果没有马克思主义的普遍原理与中国革命和建设的实际相结合而形成的毛泽东思想、邓小平理论，马克思主义同样不能解决中国的问题。教条主义是不行的，东教条不行，西教条也不行，什么教条都不行。把学问、理论当教条，本身就是反科学的。

在 21 世纪，人类所面对的最重大的问题仍然是两大制度问题：这两大制度的前途、命运如何？资本主义会如何变化？社会主义怎么发展？中国特色的社会主义怎么发展？中国学者无论是研究资本主义，还是研究社会主义，最终总是要落脚到解决中国的现实与未来问题上。我看中国的未来就是如何保持长期的稳定和发展。只要能长期稳定，就能长期发展；只要能长期发展，中国的社会主义现代化就能实现。

什么是 21 世纪的重大理论问题？我看还是马克思主义的发展问

题。我们的理论是为中国的发展服务的，绝不是相反。解决中国问题的关键，取决于我们能否更好地坚持和发展马克思主义，特别是发展马克思主义。不能发展马克思主义也就不能坚持马克思主义。一切不发展的、僵化的东西都是坚持不住的，也不可能坚持住。坚持马克思主义，就是要随着实践，随着社会、经济各方面的发展，不断地发展马克思主义。马克思主义没有穷尽真理，也没有包揽一切答案。它所提供给我们的，更多的是认识世界、改造世界的世界观、方法论、价值观，是立场，是方法。我们必须学会运用科学的世界观来认识社会的发展，在实践中不断地丰富和发展马克思主义，只有发展马克思主义才能真正坚持马克思主义。我们年轻的社会科学博士们要以坚持和发展马克思主义为己任，在这方面多出精品力作。我们将优先出版这种成果。

2001 年 8 月 8 日于北戴河

摘　　要

　　本书的内容是关于一座北方小城的地志学。

　　人类学的"地志学转向"强调关注世界的物质性特别是人们居住的真实空间，通过追寻社会能动者寻找道路的过程，从物理意义与社会意义上理解他们的运动及其开辟的道路。在这座小城的历史人类学考察中，我将视城市为一个延续的、有机的整体，通过城市空间的历史变迁以及历史建筑、公共空间与家园的地志脉络，呈现中华帝国晚期至当下空间支配的不同类型，由此认识近代以来中国的国家转型。与以往人类学城市研究不同的是，我将关注的对象从组织、机构乃至特定群体等"人"的要素转向"地景"这一"物质性"要素。这样的视角既有效解决了城市研究的片面性问题，从整体上呈现出一座城市流动的画卷，也实现了"人"与"物"、"过去"与"当下"乃至"自然"与"文化"的有机融合。

　　在对历史本质的反思中，历史人类学提出了历史制作的概念，用以突出历史的多元性、主体性以及建构性。借鉴历史制作的概念并受其启发，我提出了"地景制作"的概念。一方面我将分析其中的文化象征与历史书写，探讨其中的文化实践与过程，另一方面意欲突出这一过程是谁的建构，其中的权力关系如何。换言之，地景制作更为关注的是历史的主体性与多元性，关注其中的权力关系，强调人与地景的相互建构。正是在地景制作的视角下，城市中的权力、文化与历史得以总体呈现。

　　在城市的地景制作中，国家权力经常是这一过程的支配性因素，其他社会力量同样也是参与这一过程的重要主体因素，城市地景是多元权力关系下各种主体共同的作品。城市的地景制作在直接影响城市空间形貌的同时，也产生全面的影响。一方面，国家主导的地景制作有效推动了国家权力对城市的支配；另一方面，地景制作对大众生活、历史记忆、身份认同乃至城市文化产生重要影响。

通过城市地景制作的历史实践过程的呈现，我将中华帝国晚期至当下的空间支配类型做出如下划分：

帝国晚期的"象征支配"：通过城池、风景、街道、牌坊、坛庙的地景制作，帝国权力与文化实现了地景化、符号化，从而自然地、持续地进入个体生活与观念之中，成为大众自觉接受与认可的文化正统。象征支配致力于对大众伦理道德与信仰的教化以及对帝国文化霸权的维护。改革开放之前的"总体支配"：在"全能主义政治"形态下，国家政权借助对资源的全面垄断，实现了对城市空间的全面支配。这既包括对城市空间与形貌的规划与再造，也体现在对个体身体、财产乃至命运的支配中，更有国家意识形态对个体的强制渗透与控制。当下的"生命支配"：发展主义的国家意识形态暴力日益成为一种渗透到个体生命之中的文化霸权。在个体身体、身份、思想的外在、强制性控制逐渐减弱的同时，发展话语之下个体生命的全部内容，从谋生方式到消费内容，从城市环境到个体家园，从身体健康到休闲方式，从生活习俗到思想观念，都纳入国家现代化的规划之中，成为政治的重要内容。

地景制作的历史实践与空间支配的类型划分呈现出不同时期国家权力的政治意识与目标指向，有助于我们进一步理解近代以来中国的国家转型：与有限且低效的外在控制相比，帝国的象征支配无处不在且影响深远，帝国统治更多体现在象征性意义上，以文化领导权的维系与帝国统治的象征存在为根本目标。而总体支配、生命支配呈现出的则是国家致力于推动社会的彻底改造与全面发展。国家实现了对社会的全面渗透，建立起全面而有效的动员机制、控制机制以及运行机制，从而具有典型的"动员型国家"的特征。"动员型国家"在不同阶段又有着具体差异：改革开放之前的"总体支配"与当下的"生命支配"分别呈现出国家作为"全能型"与"主导者"的角色定位。

迄今为止中国的国家转型可归结为：在特定历史背景与意识形态下，国家由一种无为而治的象征性统治转变为无处不在的支配主体，由此开始了在自觉政治意识下全面地规划、动员并改造社会的过程。这意味着近代以来中国的国家转型更多的体现为国家对社会的单向性渗透，现代民族国家转型的完成任重而道远。

ABSTRACT

The book is about the topography of a northern city.

The topographic turn of anthropology emphasizes the materiality of the world especially the real space of human. We can understand the human activity and their road through social actor's search of their road. In the historical anthropology research of the city, I take it as a continuing and organic whole and try to exhibit the different type of space domination from late empire to present of China through the history of the city space, historical building and home. Then I analyze the state transition of China. Different from previous anthropological city studies, I don't focus on the human factor such as organization and group but the material factor such as landscape. This perspective avoids the one-sidedness in the city study and exhibits the whole city. It also achieves the integration of human and material, past and present, nature and culture.

When rethinking of the history essence, historical anthropologists proposed the concept of "history making" and emphasize the pluralism, subjectivity and constructiveness of history. Inspired by it, I propose the concept of "landscape making". For one thing, I will analyze its cultural symbol and history writing, discuss the practice and process in it. For another, I will emphasize the subjectivity of the process and its power relation. In other words, landscape making focuses on the subjectivity and pluralism of history, emphasizes its power relation and the mutual construction of human and landscape. In the view of landscape making, the power, culture and history in the city emerge wholly.

In the landscape making, state power is a dominant factor of the process and other social factors also play important roles. City landscape is a work of multiple factors. The landscape making of the city affects the city space and more respects. The landscape making in the state control strengthens the state power, and also affects public life, history memory, identity and city culture.

Through the historical practice process of landscape making in the city, I classify the space domination from late empire to present of China.

"Symbol domination" of late empire: Through the landscape making of city wall and moat, the power and culture of empire developed into landscape and symbol. It Penetrated naturally and continuously into the public life and idea, and were accepted by the public. Symbol domination emphasized the public ethics and belief and the maintenance to empire cultural hegemony. "Overall domination" before reform and opening up: In the totalism politics, the state monopolized all the resources and thus totally dominated the city space. It included the planning and reconstruction to the city space, the domination to the individual body, property and fate, and even the forcible control to individual by the state ideology. "Life domination": state ideology of development doctrine becomes a cultural hegemony in the individual life. When the control to the individual body, status and idea become weak, the individual life falls into more invisible disciplines. In the development discourse, all the individual lives, from the way of making a living to content of consumption, from city environment to individual home, from the health to leisure style, from Life custom to idea, are totally included in the planning of national modernization and becomes the parts of the politics.

The historical practice process of landscape making and type of space domination shows the political consciousness and aim of different period. It helps to understand the state transition of China. Compared with the limited and inefficient exterior control, the symbol domination of the empire was universal and has wide influence. The rule of empire was more symbolic and devoted to cultural leadership and symbolic control. Overall domination and life domination shows that the state devotes to transforming society and total development. The state permeates the society and builds the whole mobilization mechanism, control mechanism and operating mechanism. The state is a mobilizing state. The mobilizing state is different in overall domination and life domination. It shows totalism

ABSTRACT

before reform and opening up and dominant in present.

The state transition of China can be summed up as follows: Under the specific historical background and ideology, the state becomes a universal dominator from an inactive symbolic rule. It devotes to a total planning, mobilizing and reforming the society. The state transition of China is unidirectional permeation from state to society and has a long way to go.

目　　录

第一章　导论 ………………………………………………（1）
　一　问题的提出 …………………………………………（1）
　二　中国城市研究 ………………………………………（7）
　三　空间与地景 …………………………………………（16）
　四　城市地志学 …………………………………………（28）

第二章　古城的源与流 ……………………………………（37）
　一　"江北一都会" ………………………………………（38）
　二　"规划、规划，纸上画画？" …………………………（58）
　三　打造"江北水城" ……………………………………（67）
　四　再造古城 ……………………………………………（84）

第三章　地景的历史制作 …………………………………（105）
　一　城市风景的制作 ……………………………………（105）
　二　光岳楼：城市地标的产生 …………………………（122）
　三　义利之辨：山陕商人的历史制作 …………………（139）

第四章　地景与公共空间 …………………………………（155）
　一　街道的故事 …………………………………………（156）
　二　坛庙与寺观 …………………………………………（174）
　三　广场与公园 …………………………………………（187）

第五章 家园 …… (210)
  一　米市街："棚户区"的产生 …… (212)
  二　从"老城里"到"乡下" …… (232)
  三　农民的城市生活 …… (244)

第六章　城市地志学中的权力、文化与历史 …… (258)
  一　城市的地景制作 …… (258)
  二　空间支配的类型 …… (263)
  三　近代以来中国国家转型再认识 …… (273)

参考文献 …… (279)

索　引 …… (293)

后　记 …… (297)

Contents

Chapter 1　Introduction ……………………………………………… (1)
　　1.1　Problem Presentation ………………………………………… (1)
　　1.2　The study on Chinese City …………………………………… (7)
　　1.3　Space and Landscape ………………………………………… (16)
　　1.4　City Topography ……………………………………………… (28)

Chapter 2　The source and Development of a City …………… (37)
　　2.1　A Metropolis in the North of the Yangtze River ………… (38)
　　2.2　Is Planning Drawing on Paper? ……………………………… (58)
　　2.3　Building the "Jiangbei Water City" ………………………… (67)
　　2.4　Reinventing an Ancient City ………………………………… (84)

Chapter 3　The History Making of Landscape ………………… (105)
　　3.1　The Making City Scenery …………………………………… (105)
　　3.2　Guangyue Tower: The Emergence of Urban Landmark …… (122)
　　3.3　The Debate of Yi and Li: The History Making of The
　　　　　Shanxi and Shaanxi Businessmen …………………………… (139)

Chapter 4　Landscape and Public Space ………………………… (155)
　　4.1　The Story of Street …………………………………………… (156)
　　4.2　Altar and Temple ……………………………………………… (174)
　　4.3　Square and Park ……………………………………………… (187)

Chapter 5   Home ……………………………………………… (210)
　5.1　Mishi Street: The Emergence Shanty Town ………… (212)
　5.2　From Town to Country ………………………………… (232)
　5.3　Peasants' Urban Life ………………………………… (244)

Chapter 6   The Power, Culture and History in City
　　　　　　 Topography ……………………………………… (258)
　6.1　Landscape Making of City …………………………… (258)
　6.2　Types of space domination …………………………… (263)
　6.3　Recognition of China's State Transition since Modern
　　　 Times ……………………………………………………… (273)

Reference ………………………………………………………… (279)

Index ……………………………………………………………… (293)

Postscript ………………………………………………………… (297)

第一章

导　论

落木飘鸿万里秋，壮心衰鬓此登楼。
仲连有道尊周室，巢父无踪访帝丘。
天地海桑千古变，青齐秋业几人收。
即看大厦需栋梁，雄跨东南数百州。

明代聊城人许成名之《光岳楼怀古》

一　问题的提出

地处山东省西部的聊城市很长时间默默无闻。在我的印象中，第一次听说聊城这座城市还是在我高考后拿到大学入学通知时。而在我此后4年的大学生活中，地摊、平房、破旧的街巷是这座小城留给我的大部分回忆。以至于当我大学毕业离开这里时，似乎没有太多的忧伤，也没有太多的留恋。或许不少人也只是在中央电视台城市广告宣传片中第一次听到聊城的名字，知道它有"江北水城"的别称。事实上，如今的很多聊城人也记不得从何时起这座城市开始成为"江北水城"。但随着东昌湖、运河故道、徒骇河等水景的打造，随着古城再造与城市旅游的发展，更加之电视、报纸、宣传牌乃至网络等多种媒体的品牌宣传，"江北水城·运河古都"的口号与城市形象也算得上小有名气，吸引了周边城市不少的人前来旅游。与此同时，这座颇有历史的小城在整体格局、空间地貌以及大众生活空间上也在经历着全面的变迁。

民间传说中，远古时期的聊城一带是广袤的梧桐林，一对凤凰统率林中百鸟。后来孽龙作乱，引来洪水，灾害肆虐。"王东""王昌"二人在凤凰帮助下斩杀孽龙，建造出水中之城。由此，这里也就有了凤凰城的别称。为纪念王东、王昌，这里又被命名为东昌。这样的传说也体现在了城市中某些历史地名之中：古城北侧凤凰台与城内凤凰嗉就出自这个神奇的传说。几百年里，凤凰城见证了漕运带来的城市兴盛，也曾成为衰败落后的棚户区，而在当下的古城改造中，它又经历着浴火中的死亡与重生。

　　对于这座小城初期的历史，地方志中有这样的记载："县附郭旧治巢陵故城。宋淳化三年，河决，城圮于水。乃移治于孝武渡西，即今治也。熙宁三年，建城市，旧筑以土，明洪武五年，守御指挥陈镛始瓮以砖石。"① 此后，明清两代聊城皆为东昌府衙和聊城县衙驻地，今天人们称之为"古城"或"老城里"。元代会通河开凿后，聊城作为沿河重镇成为华北重要水上交通枢纽。漕运畅通推动了地方经济繁荣特别是城市工商业的发展。自明代起，南北各地商贾云集于此。借漕运之便，古城东郊逐渐发展成为商贸聚集之地。如今保存于山陕会馆里的一通石碑就记载了这座小城曾经的商贸盛景："聊摄为漕运通衢，南来商舶，络绎不绝，以故吾乡之商贩者云集焉，而太汾公所者尤多。自国初至康熙间，来者踵相接，侨寓旅舍几不能容。"② 老百姓流传的"金太平，银双街，铁打的小东关"。同样诉说着当年运河两岸的商业繁荣。明代万历七年（1579），大学士于慎行撰写的《东昌府城重修碑》碑文也记载了当时东昌府城的繁荣景象，并将其誉为"漕挽之咽喉，天都之肘腋""江北一都会"③。运河的开通带来了城市 500 余年的繁盛，运河的淤塞也直接导致城市的衰落。清咸丰五年（1855），黄河于河南铜瓦厢决口，冲断运河，漕运梗塞。民国后，运河"岁久失修，淤塞日甚"。漕运中断使聊城失去水上交通枢纽地位，在战争与革命的冲击下，城市工商业更是日趋衰落。

　　至明清时期，各地"八景"之说已遍布大江南北。"东昌八景"既是地方官员与文人书写帝国盛景与权威的风景，也是人们追述城市历史与身份认同的风景。在流传的城市历史中，光岳楼是明代筑城之后的剩余建筑材料所建，其目的是"严更鼓、察灾祥、测气候而窥敌望远"。在民间传闻以及地方官员、文人墨客的文化彩绘下，光岳楼日益演绎出更多的象征意义。它不仅成为聊城乃至东昌府的地标，更是保佑地方昌盛的镇城之

---

① 清宣统《聊城县志·建置志》。
② 同治十三年《旧米市街太汾公所碑记》，保存于聊城山陕会馆。
③ 于慎行：《东昌府城重修碑》，清宣统《聊城县志·艺文志》。

宝。在以"祀神明而联桑梓"为目的修建的山陕会馆中，我同样看到了代表帝国时期商业力量的山陕商人的历史制作。而在当下地方政府维修、保护与开发的历程中，我又发现了它们在成为文物后如何被重新制作为城市历史与文化的象征。

  第一次走进古城还是我在这座城市读大学时。在我的印象中，古城内除了有个似乎很有历史的古楼，最大的感受不过是一处拥挤、破落的旧城区而已。即使是新城区中，这样的环境也比比皆是。这与我当时印象中的地级城市有着不小的差距。至2008年，古城区一直保持传统整体格局。古城呈正方形，面积为1平方千米，四周环湖。古城区以光岳楼为中心，分为东南西北四条大街向外延伸。四条大街与城墙基形成一个"田"字形，其他的主支干道则如一个"井"字套在"田"字之上，主支干道又分出小街巷和胡同，形成棋盘式方格骨架。古城整体格局的保持与聊城第一部城市规划密切相关。1959年，为适应经济建设要求，聊城制定了第一部《聊城市建设总体规划》。虽然新城区规划由于超越客观条件未有效实施，但是，这部城市规划提出的"保护旧城、发展新城、新旧分开"的规划原则对于此后古城整体格局的保持具有决定性影响。规划将古城第一次划入了以旅游观光、文化娱乐和居住为主的历史文化保护区。然而，随着城市人口的增加，古城内建筑也急剧扩展。特别是20世纪70年代后，古城内居民自建平房急剧增加，城区空间日益拥挤。与新城区基础设施日益完善形成对比的是，古城区基础设施建设基本处于停滞状态：下水管道不完善、土路多、多数老街巷没有路灯、缺乏供水与集中供暖，甚至古城区大部分厕所是旱厕。在"文化保护"的名义下，古城被日益遗弃，不断衰落，沦为了彻底的"旧城区""棚户区"。

  在运河断流后的100余年里，曾经"舳舻相属，万里连樯"的河道逐渐湮没。至20世纪90年代，聊城城区段河道也早已干涸，成为周围居民的垃圾场。除了了解历史的老居民，很少有人能把它与辉煌的京杭大运河联系起来。1998年春季，在与同学们相约去往古城区一处景点参观的途中，当老师告诉我们脚下的河道就是曾经的京杭大运河时，那时读历史专业的我还是颇为意外。而在官方与媒体的视野中，它则严重影响到城市的景观与形象。为了提升城市形象、开发发展资源，地方政府开始了大运河区域改造、东昌湖环境治理等工程，最终将其建设成"集旅游、文化娱乐、商业服务为一体的风景游览区"。

街道是城市大众最为熟悉的公共场所。那些老百姓代代相承的街道传说在诉说着城市历史的同时，也弥散着帝国的伦理观念，传达给人们"做人的道理"。战争与革命同样会在城市的街道上留下时代的印记。1937年，国民政府抗日将领范筑先任聊城县长，主持将城内与东关大街临街店铺厦檐拆除，这是古城区首次街道拓宽。1966年，古城内四条大街与东关街再次拓宽。古城中被改观的不仅是有形的建筑，部分街道在1949年后也多次改名。如为纪念抗日烈士张郁光，火神庙街、状元街、二府街等曾改为郁光街。"文化大革命"前后，前王园街、城隍庙街曾改为红星街，东关大街曾改为东风街，四条大街曾改为反修街、反帝街、援越街，等等。1978年之后，街道名称的恢复也显示着"拨乱反正"的政治实践。

在帝国时期的古城中，遍布城市的寺观、庙宇总是人们公共生活最为重要的场所。在帝国城市的这些公共空间中，既有帝国官员、文人墨客、客居商人留下的印记，更有熙熙攘攘的大众身影。烧香祈祷、庙会游玩、城隍出巡等从来都是帝国时期城市大众生活的重要内容，这样的地方不仅是那个年代人们寻求精神慰藉之地，同样也是人们生活中娱乐、消遣的重要地方。民国以降，在战争与革命的冲击下，一方面坛庙、会馆、牌坊等建筑大多倒塌；另一方面，在废除封建迷信的号召下，大众的神灵信仰也不再是生活的重要内容。城市坛庙伴随着帝国的终结而逐渐烟消云散，它同样也象征着人们对帝国意识形态的抛弃。1949年后，为满足大规模群众集会、体育竞赛的需要，古城东部修建起新华广场，这里也就成为政治动员的重要场所。此后，随着城市中公园的出现，健身、休闲开始成为市民生活的一部分。对于普通市民而言，公园显然是他们偶尔的休息时间里休闲、锻炼的主要去处。然而，在新的国家政权看来，公园的使命与无产阶级教育密不可分。更为重要的是，此后，大众的休闲与健康日益进入国家的规划之中，大众的日常生活成为社会主义建设的重要内容。

自工业革命以来，城市化就开始成为全球不可阻挡的趋势，越来越多的人被纳入城市空间，这一趋势更是当下中国社会发展的重要特征。与此同时，城市也在经历着一场"空间"上的革命。事实上，1949年后，为适应"社会主义建设"的需要，城市空间就已经开启了在规划下"生产"的历程。20世纪80年代后，在"以经济建设为中心"的话语下，资本的参与更是极大地推进了这场空间革命的速度。此后，"拆迁""旧城改造"

"新城建设"等日益成为这个时代城市的主要景观。这座小城同样并不例外。

在发展经济、建设城市的背景下，沦为棚户区的古城早已成为城市发展的障碍。然而，在历史文化名城以及文化保护的掣肘下，古城的开发备受关注，也颇具争议。尽管专家、居民有不同观点，最终，2009年，古城改造与开发工程全面启动。依据《聊城市古城保护与整治规划》，古城定位为历史文化名城核心区，是集传统风貌、人文景观、民俗游览、商贸居住为一体的文化古城。古城区四条大街重建仿古建筑，复建部分历史建筑，占据城区过半面积的还有房地产公司开发的高档仿古别墅。尽管有媒体发出"古城已作古"的叹息，拆迁居民也有个别对抗，最终，"漕挽之咽喉，天都之肘腋""江北一都会"在经历了破落拥挤的棚户区后，实现了"华丽"的转身，成为地方政府期望的"全市文化旅游业的龙头"。而古城的老居民，除个别临街住户，绝大部分搬迁至古城外政府规划的安置小区——望湖小区。正如小区的名字所示，曾经的老居民永远告别了自己的家园，只能远远地望着古城，望着东昌湖。同时也告别了街坊生活，进入了有管理的小区生活，从而也被纳入城市秩序之中。

尽管底层大众无法完全主宰自己家园的命运，但无论是在拥挤破落的棚户区，还是在高楼林立的现代小区，他们总是城市每一处栖居之所的实践者。无论是现代化大都市，还是西部欠发达地区，棚户区似乎总是城市难以消除的一部分。在我再次来到这座城市工作后，我开始对古城内的棚户区产生了颇多的兴趣。2005年秋季，我开始一次又一次地走进那些曾经没有好印象的街巷。也正是从那时起，我对这座城市的历史有了初步的了解。在我将博士论文定题于此后，再次走进这些棚户区时，我更多地将目光投向了那些居住并生活于此的老居民，并试图去理解棚户区何以产生。这其中，曾经有着悠久历史的米市街更是引起我的关注。

棚户区之外，城市家园的另一处变迁则是城中村改造。与棚户区不同的是，这里的"空间革命"更为彻底。它意味着众多依赖土地生存的农民将转换自己的身份。事实上，对他们而言，与身份转换相比，更为迫切的是要在新的家园里重新开辟属于自己的道路。在武村小区田野调查的过程中，我切切实实地感受到了他们离开土地、搬离院落、成为市民后的小区生活。也正是在这里，我理解了他们寻找并开辟自己的道路的历程。

随着我对这座小城历史与当下田野的深入,我越来越意识到:通过对城市格局、形貌、景观、公共空间以及大众家园的支配,城市的物质空间自始至终处于国家有效支配之下,与此同时,作为社会空间的城市也被纳入国家的秩序之中,权力、文化与历史在城市空间支配中全面呈现。尽管不同时期城市空间支配的内容有所不同,但它都极大影响了城市的空间形貌、大众生活乃至历史记忆。

在对权力的运行与服从的探讨中,马克斯·韦伯认为,虽然依赖强制力也能实现维持统治,但唯有"正当的"统治才能维持持久。"由于正当性基础的不同,连带地也导致了不同的服从形态、不同的行政系统,以及不同的支配方式。"① 从人类历史经验出发,韦伯归纳出了正当性支配的三个纯粹类型:卡理斯玛(charisma)支配、传统型支配和法制型支配。众所周知,韦伯支配类型的划分是从命令—服从关系的视角,基于正当性来源与基础的不同而提出的。韦伯权威理论的基本出发点是"个人为什么要服从命令",为此,他将权力和权威做出如下区分:"权力意味着在一种社会关系里哪怕是遇到反对也能贯彻自己意志的任何机会,不管这种机会是建立在什么基础之上。"而权威则意味着"在可以标明的一些人当中,命令得到服从"②,人们在接受命令时是出于自愿。韦伯权威类型的划分对于人们理解权威的基本特性以及解释权威的心理基础具有重要意义。众所周知,三种支配类型的划分更多是社会学的理想类型。正如其本人所言,"这三个理想类型通常并不是以'纯粹'的形式出现在历史之中"③。而在国家权力的实践逻辑中,命令得到自愿服从固然是其力图实现的目标,然而,更为现实的则是保障权力得以实现自身意志。在具体的历史实践中,国家权力所要面对的并不仅仅是命令能否得到自愿服从,更为重要的则是保障权力运行的实际效果。这就意味着,在具体的历史实践中,基于不同的权力目标与政治意识,国家支配必然面临着不同的策略选择。

---

① [德] 马克斯·韦伯:《经济与历史、支配的类型》,康乐等译,广西师范大学出版社2004年版,第299页。
② [德] 马克斯·韦伯:《经济与社会》(上卷),林荣远译,商务印书馆1997年版,第81页。
③ [德] 马克斯·韦伯:《经济与历史、支配的类型》,康乐等译,广西师范大学出版社2004年版,第305页。

在帝国晚期至当下这座北方小城的地志历程中，基于空间支配的视角，我们能够看到国家权力的何种支配策略与运作方式？不同时期会呈现出何种差异？具体而言，在不同历史时期，国家权力如何支配着城市的空间格局、景观制作以及大众的生活空间？这样的支配对城市空间形貌、大众生活以及历史记忆有何影响？又如何加强了国家对城市的控制？在这样的视角下，我们能够看到不同时期城市空间支配的何种特点？面对国家主导的地景制作与空间支配，城市大众如何应对？又扮演何种角色？他们如何开辟属于自己的道路？在对上述问题的思考中，我期望能够回答本书对这座小城田野认识的最终问题：通过城市地景制作的历史实践过程，呈现中华帝国晚期至当下空间支配的不同类型，进而理解并认识近代以来中国的国家转型。

二　中国城市研究

长期以来，乡村从来都被视为解决中国问题的根本所在，乡村社会自然而然地也就成为认识中国历史与当下最为重要的地域空间。与此相对应的是，城市或者仅仅被视为帝国统治的堡垒，或者在诸多方面与乡村相互交织甚至形成连续统一体。[①] 由此，城市很难成为认识中国历史与文化的首要地点，中国城市研究长期以来也不是各学科的重要领域。

众所周知，中国城市研究涉及内容广泛，理论界对中国城市的关注主要集中于历史学、社会学以及人类学学科之中。这其中，城市史相关研究占据主要内容。从整体来看，研究者对不同历史时段城市的关注各有不同的侧重点。

在对中国古代城市的研究中，城市起源、变迁、特征、空间形态、结构与功能研究一直是城市史研究的主要议题。关于中国古代城市的起源，傅筑夫、张光直强调政治、军事因素在中国城市起源中的作用，[②] 这样的观点也得到学界的普遍认可。此外，在西方城市史研究的启发下，也有人

---

① ［美］牟复礼：《元末明初时期南京城的变迁》，载施坚雅主编《中华帝国晚期的城市》，叶光庭等译，中华书局2000年版，第133页。
② 傅筑夫：《中国古代城市在国民经济中的地位和作用》，《中国经济史论丛》上册，生活·读书·新知三联书店1980年版，第321—386页；张光直：《关于中国初期"城市"这个概念》，《文物》1985年第2期。

提出了经济因素如集市对中国城市起源的推动作用。对于中国古代城市的规模与形制，多数学者认可其取决于城市的行政等级，受制于政治因素。鲁西奇则通过对明清时期多座城市的研究，指出"一个治所城郭的规模、形制，除了受行政等级的影响外，还受到历史、微观地形地貌、交通、地方经济发展特别是商业发展乃至风水等多方面因素的影响"。[①] 在城市空间形态与建筑的研究中，城池研究一直得到许多学者的关注，这主要体现在建筑史、考古学等研究中。影响较大的研究包括：张驭寰的《中国城池史》全面介绍了中国古代不同时期的典型城池及其发展脉络，并对城门、城墙、街道及建筑作了简要介绍。曲英杰的《古代城市》则从考古学的角度介绍了160余座古代城池。此外，城池发展变迁的研究也体现在大量对特定时期的断代研究中。一般认为，城墙是中国古代城市的必要组成部分，[②] 中国绝大部分城市人口都集中在有城池防御的城市中，"无城墙型的城市中心至少在某种意义上不算数正统的城市"。[③] 也有研究者指出，由于宋元及明中前期毁城、不修城政策，城市无城墙成为当时的普遍状态。[④] 在对古代城市管理体制研究中，城市空间管理制度也得到诸多关注。这主要体现在唐代之后封闭的里坊制向此后相对开发的厢坊制的转变中。[⑤]

除了考察城池外在形态，也有不少研究者从文化角度探讨了城池的意义。芮沃寿的《中国城市的宇宙论》对中国城市选址、规划及建筑中隐含的古老而烦琐的象征主义进行了详细研究。在考察了汉儒经学家如何把古代宇宙论传统与城市传统系统化，并追溯了它的理论变迁后，芮沃寿特别指出了"中国的城市象征主义已成为帝王思想的一部分——即使是很

---

① 鲁西奇：《城墙内外：明清时期汉水下游地区府、州、县城的形态与结构》，载陈锋主编《明清以来长江流域社会发展史论》，武汉大学出版社2006年版，第285页。另外，成一农也认可这样的结论，见成一农《清代的城市规模与行政等级》，《扬州大学学报》（社会科学版）2007年第3期。

② 马正林：《中国城市历史地理》，山东教育出版社1998年版，第51页。

③ ［美］章生道：《城治的形态与结构研究》，载施坚雅主编《中华帝国晚期的城市》，叶光庭等译，中华书局2000年版，第84页。

④ 鲁西奇、马剑：《城墙内的城市？——中国古代治所城市形态的再认识》，《中国社会经济史研究》2009年第2期。

⑤ 傅崇兰等：《中国城市发展史》，社会科学文献出版社2009年版，第213页；宁欣：《街：城市社会的舞台：唐宋城市变革中的线形空间》，《文史哲》2006年第4期；宁欣：《转型期的唐宋都城：城市经济社会空间之拓展》，《学术月刊》2006年第5期。

小的部分，它强调了中国中心论，天子在文明中至高无上的地位"。① 与此类似的是，在对元末明初南京的研究中，牟复礼同样提出，在中国文化史上，在对旧中国城市的研究上，城的主要意义就在于加强帝国天命正统的神秘性以及维持帝国的威严。② 此外，杜正贞通过考察上海城墙的历史，探讨了不同时期人们城墙观念的变迁及城墙象征意义的转变。③ 类似的研究都注意到了城池象征意义背后的文化体系与背景。

在帝国晚期至近代的城市研究中，城市的近代化无疑是研究者关注的重要议题。这也长期被视为近代城市史研究的两条主线之一。④ 这样的关注点也体现在20世纪90年代初对上海、天津、重庆、武汉4座城市的整体研究中。⑤ 尽管四部著作结构不尽相同，研究者们都运用多学科理论与方法，从城市功能、结构、社会变迁以及城市地位、特点等方面呈现了城市的发展变迁，被视为中国近代城市史研究的开创力作。

城市经济是近代城市史研究的重要内容，对近代城市经济发展动力与功能的探讨又是研究者关注的主要话题。这其中，有的研究者强调开埠、租借等外在因素的积极作用，⑥ 这样的研究坚持费正清等人提出的"冲击—回应"解释模式。也有研究者关注政治因素对城市经济的影响。对城市经济功能的探讨既有宏观的视角，更有大量对单体城市的微观研究。此外，受区系理论的影响，区域城市经济的研究更多地体现在城乡互动关

---

① ［美］芮沃寿：《中国城市的宇宙论》，载施坚雅主编《中华帝国晚期的城市》，叶光庭等译，中华书局2000年版，第75页。

② ［美］牟复礼：《元末明初时期南京城的变迁》，载施坚雅主编《中华帝国晚期的城市》，叶光庭等译，中华书局2000年版，第152页。

③ 杜正贞：《上海城墙的兴废：一个功能与象征的表达》，《历史研究》2004年第6期。

④ 何一民、谢放、王笛：《近代中国城市研究学术讨论会综述》，《四川大学学报》（哲学社会科学版）1990年第1期。

⑤ 张仲礼：《近代上海城市研究》，上海人民出版社1990年版；隗瀛涛：《近代重庆城市史》，四川大学出版社1991年版；罗澍伟：《近代天津城市史》，中国社会科学出版社1993年版；皮明庥：《近代武汉城市史》，中国社会科学出版社1993年版。

⑥ 徐柳凡、吴月红：《自开商埠与地区社会经济的发展》，《安徽师范大学学报》（人文社会科学版）2000年第4期；汪青松：《对外贸易与近代天津市场》，《城市史研究》2002年第21辑；吕绍坤：《近代大连自由港制度的实施及其对城市经济的影响》，《社会科学辑刊》2004年第3期；何其颖：《鼓浪屿租借与近代厦门经济与市政建设的发展》，《中国社会经济史研究》2005年第4期；等等。

系的研究中。①

近代城市建设、市政与管理同样是研究者关注的重点。这主要体现在对北京、上海、杭州等大城市的城市规划与建设的研究中。如史明正对清末民初北京城市建设的研究就重点关注了城市建设与社会变革的互动关系。该书不仅呈现了城市公共工程、公共事业的现代化，探讨其对城市发展的影响，还将北京的发展纳入世界近代化的进程中进行比较。② 柯必德对近代苏州的研究则从社会史、政治史和文化史的视角，通过苏州都市计划、历史保护以及创建国家公共纪念碑等活动，探究了晚清民国时期苏州从一座古都到现代化城市的重建过程。③ 此外，也有众多的研究者考察了以公园为代表的公共空间的兴建及其对近代城市政治、经济、社会所产生的影响。④

城市社会史的研究内容广泛，这其中，会馆与商会、社会慈善事业、市民生活受到较多关注。研究者对城市会馆与商会的研究更多地关注于会馆、商会的起源、发展及其在近代社会中的功能与作用。在对汉口城市的研究中，罗威廉在考察了汉口对周边地区的影响外，特别论证了商业行会对城市经济发展的积极作用，指出了行会的文化、商业、团体、社会服务功能及其对城市自治的影响。⑤ 在其另一部著作中，罗威廉则将目光从商业精英转向普通民众。通过对汉口市民结构、空间格局以及城市社区的分析，作者呈现了一个中国本土化发展水平最高的城市，否定了中国近代城市缺乏独立民间政治力量与社区认同的传统观点，从而论证了中国城市自身独特的近代化发展道路。⑥ 尽管这样的论断遭到了魏斐德、黄宗智等人

---

① 隗瀛涛、田永秀：《近代四川城乡关系析论》，《中华文化论坛》2003年第2期；潘卫国：《近代上海口岸市场对内地市场的辐射和制导》，《学术月刊》2004年第12期；等等。

② [美]史明正：《走向近代化的北京城：城市建设与社会变革》，王业农、周卫红译，北京大学出版社1995年版，第8页。

③ [美]柯必德：《天堂与现代性之间：建设苏州（1895—1937）》，何方昱译，上海辞书出版社2014年版，第326页。

④ 熊月之：《晚清上海私园开放与公共空间的拓展》，《学术月刊》1998年第8期；李德英：《城市公共空间与城市社会生活：以近代城市公园为例》，《城市史研究》2000年第Z2期；李德英：《公园里的社会冲突：以近代成都城市公园为例》，《史林》2003年第1期；史明正：《从御花园到公园：20世纪初北京城市空间的变迁》，《城市史研究》第23辑。

⑤ [美]罗威廉：《汉口：一个中国城市的商业和社会》，江溶、鲁西奇译，中国人民大学出版社2005年版，第417—420页。

⑥ [美]罗威廉：《汉口：一个中国城市的冲突和社区》，鲁西奇译，中国人民大学出版社2008年版，第413页。

的批评，但"其利用市民社会理论对中国城市公共空间所作出的细密考察，无疑大大拓展了对晚清城市社会组织的认识"。① 也有许多研究者从城市公共空间的视角探讨了城市的近代化与大众生活。如《近代上海城市公共空间》一书就将公共空间视为认识上海的窗口，探讨了上海城市的现代化、多元化与商业化，体现了上海"城市社会的民族关系、阶级关系、移民区域特点，反映了上海这座城市世界性与地方性并存、摩登性与传统性并存、先进性与落后性并存、殖民性与爱国性并存的特性"。②

受西方新文化史、微观史的影响，也有研究者开始从下层民众与微观视角关注中国近代城市社会特别是城市大众的日常生活史。这其中以王笛对成都的研究为代表。在对成都街头文化的研究中，王笛通过对普通民众、社会改良者以及地方政府对公共空间的争夺与运用，从下层民众的视角呈现了成都近代化的进程。通过这样的研究，作者力图证明："公共空间与公共生活是地方文化的最好展示，公共空间和街头文化在城市社会生活中扮演这重要角色。"③ 在其另一部著作中，王笛则通过对成都茶馆的微观研究，探讨了茶馆的日常经营、大众生活与国家权力的渗透，从而呈现了20世纪上半叶中国的经济、政治与社会的变迁。④

20世纪90年代以后，城市史研究不再单纯关注单体城市的全貌，部分学者开始展开对近代区域城市史的研究，关注到城市之间、城市与区域之间、城乡之间的联系。毋庸置疑，这样的研究视角与施坚雅开创的中国城市研究的新模式密不可分。

在对中国农村的研究中，借鉴德国地理学家克里斯塔勒的中心地学说，施坚雅摒弃以村落为研究单位的传统观点，提出以基层市场为视角来认识中国农村社会。⑤ 在转向中国的城市研究后，他进一步提出了区域体

---

① 杨念群：《美国中国学研究的范式转变与中国史研究的现实处境》，《清史研究》2000年第4期。
② 王敏、魏兵、江文君：《近代上海城市公共空间》，上海辞书出版社2011年版，第295页。
③ 王笛：《街头文化：成都公共空间、下层民众与地方政治（1870—1930）》，中国人民大学出版社2006年版，第2页。
④ 王笛：《茶馆：成都的公共生活和微观世界（1900—1950）》，社会科学文献出版社2010年版，第423页。
⑤ [美]施坚雅：《中国农村的市场和社会结构》，中国社会科学出版社1998年版，第1页。

系理论：基于特定的地理环境、资源以及交通条件等因素，国家、社会精英、复杂的社会结构、城市体系以及基层集市皆被整合于更大的贸易体系中，它包含着以镇和市为连接点的本地和区域体系的层级。这样的层级结构从作为大区域经济中心的大都市向下延伸至农村的集镇，不仅大区域经济具有核心—边缘结构，它的每一层次上的区域系统均呈现出类似的内部差别。[1] 正是在这样的研究视角下，城市不再被主要视为中华帝国行政体系的构成部分，而更多被视为社会自然结构的要素，是"经济中心地的一个子集合而已"。[2] 由此，帝国的行政等级划分不再成为认识帝国空间的唯一框架，社会经济层级被视为空间划分的重要依据，从而把地理学的空间意识、层级概念引入城市史的研究领域。

在对中国的城市研究中，施坚雅特别强调将中国城市纳入世界城市的发展脉络中，将中国城市置于与西方城市同等地位上来考察它在传统向现代转化过程中的自主性，显示出人类学研究的文化比较的视野。这样的意识特别体现在此后其与伊懋可合作主编的《两个世界之间的中国城市》一书中。此外，施坚雅与他的理论支持者们均意识到对于中国这样一个有着悠久历史和传统习俗的文明，不论乡村还是城市，文化的解释也许比社会的剖析更有效。[3]

施坚雅中国城市研究的另一贡献与特色体现在跨学科方法的应用。正如他本人所言："必须承认，就人类学这一学科而言，我有点像一个离经叛道者。因为人类学家中极少有人以城市体系为研究对象，也不讲求宏观把握和微观分析的融通结合，更无论用经济地理模式的方法来进行工作，或将其分析方法运用于历史研究。我的经历也许清楚地反映了近来西方学术界重视跨学科研究的趋向。……维持学科的独立性已不那么为人注意。一言以蔽之，学术研究已跨过了学科间的界限，尽管无论中西，专业结构总是起着强化学科界限的作用。"[4]

施坚雅模式在中国学者的近代史研究乃至国际汉学界中都得到广泛回

---

[1] ［美］施坚雅主编：《中华帝国晚期的城市》，中华书局 2000 年版，中文版前言，第 2—3 页。
[2] 同上书，第 327 页。
[3] 陈倩：《施坚雅的中国城市研究学术思想》，《城市与区域规划研究》2009 年第 3 期。
[4] ［美］施坚雅主编：《中华帝国晚期的城市》，中华书局 2000 年版，中文版序言，第 10 页。

应。对此，黄宗智认为，施坚雅原意"不过是要矫正人类学家只着眼于小社团的倾向，但结果几乎完全消灭了他的对手（我们由此也可以看到他在美国学术界影响之大）"。① 事实上，施坚雅模式不仅对中国近代市场史、人口史产生广泛影响，更是对中国城市研究产生重要影响。这也特别体现在罗威廉的汉口城市研究、王笛的成都城市研究以及大量中国学者的城市研究中。为此，有研究者认为，此后中国学者的城市研究"改变了以往个案城市研究存在的孤立、静止的缺陷，开拓了城市史研究的新领域，同时也提升了城市史研究的层次，扩大了研究视野，并突破了施坚雅的区域城市研究模式"。② 然而，我们也必须承认，中国城市研究的内容依旧更多地被切割为政治、经济、社会、文化等学科分类，与近代中国社会史研究类似的是，城市社会史研究中"结构主义的概念化文本俯首即拾，对社会组织的结构——功能研究掩盖了人的活动"。③ 对此，杨念群也指出，与美国学者的研究相比，"国内的城市史研究基本还处于条块分割式的功能分析阶段，习惯把城市发展仅仅切割成经济、政治、宗教等互不相干的几个部分，却看不出城市在现代社会发展中各种因素之间的复杂纠葛关系"。④ 基于此，有学者甚至认为，"迄今为止，中国学者的近代城市史研究并未超越 20 世纪 90 年代初的以个案研究见长的'四城市史'"。⑤

  简要回顾中国城市的历史研究，以往的研究更多以呈现城市的历史面貌与变迁进程，探讨城市发展规律为基本目标。而人类学家开创的施坚雅模式则为中国城市研究带来与众不同的研究视角与方法。这既包括跨学科方法的使用，也有文化比较的视野，突出城市研究中的文化解释，更有与众不同的空间维度与意识。显然，所有这些都对本书理解这座城市具有重要启发。此外，在对历史城市的关注中，王铭铭以历史人类学的方法考察并阐释了泉州的历史命运，分析了现代民族国家观念对地方的影响，进而反思近代以来中国的文化困境。通过"经验的历史与反思的历史之间的

---

  ① ［美］黄宗智：《华北的小农经济与社会变迁》，中华书局 1986 年版，第 23 页。
  ② 何一民：《21 世纪中国近代城市史研究展望》，《云南大学学报》2002 年第 3 期。
  ③ 张佩国：《近代江南乡村地权的历史人类学研究》，上海人民出版社 2002 年版，第 15 页。
  ④ 杨念群：《美国中国学研究的范式转变与中国史研究的现实处境》，《清史研究》2000 年第 4 期。
  ⑤ 任放：《施坚雅模式与中国近代史研究》，《近代史研究》2004 年第 4 期。

结合"，① 作者为历史人类学研究树立了具体范例。

社会学与人类学对中国城市的研究更多地聚焦于当下。

城市社会学视野中的中国城市研究涵盖着更为广泛的主题与内容。首先，城市化研究一直是中国城市社会学的核心主题之一。这其中，学者们关注的议题集中于对中国城市现状的认识以及中国城市化道路的选择这样两个方面。城市问题研究则是城市社会学的另一主题。与城市化研究侧重于经济因素不同，城市问题研究涉及更多的内容，如人口迁移、就业、贫困、犯罪、农民工、城市建设、交通、城中村、群体事件等。20世纪90年代之后，随着城市社会群体的增加以及阶层分化的加剧，城市社会群体与阶层研究日益受到研究者的关注。城市文化与生活研究一直是城市社会学的重要内容。20世纪80年代，研究者主要关注城市文化的特征、结构与功能，此后，城市文化的形成机制、城市文化与城市发展、市民生活乃至城市形象之间的关系成为主要议题。与此类似的是，城市生活研究也经历了从宏观到微观具体的历程。此外，对城市社区、城市人的研究也得到众多学者的关注。②

与城市社会学的众多研究成果相比，中国人类学学者一直都没有把当下城市作为主要的田野。在为数不多的研究中，研究者对当下中国城市的关注同样强调以应用性研究为目的，"诉诸都市化进程中的文化变迁及各类问题的研究，并基于科学性的学科思考做出都市化问题的策略性回应，以期为都市的生存与发展谋求更高的幸福水准"。③ 一方面，在人类学族群研究的传统基础上，城市人群研究成为中国都市人类学的主要议题。包括农民工研究、城市民族与民族关系研究、城市移民研究等。另一方面，城市问题研究同样也是都市人类学关注的主要内容。如城市贫穷问题、城市艾滋病问题、失地农民问题等。

与中国学者人类学城市研究侧重应用性问题不同，海外学者关注的议题更为广泛。除了城市民族问题、流动人口、亲属、性别之外，城市经

---

① 王铭铭：《逝去的繁荣：一座老城的历史人类学考察》，浙江人民出版社1999年版，第14页。
② 叶涯剑：《城市时代的知识探索：1979年以来的中国城市社会学研究》，《都市文化研究》2013年第2期。
③ 周大鸣、李陶红：《中国都市人类学研究三十年反思》，《广西民族大学学报》（哲学社会科学版）2015年第11期。

济、公共健康、空间、社区、消费、媒体、大众文化等都得到较多关注。研究者更为强调从城市日常生活实践中来认识与理解当代中国。如流心通过对华南一家高科技企业成长历程的考察，描述了当今中国社会生活的内在张力，探讨了社会/文化资本在高速经济增长中的作用，由此重新思考当代中国激荡的社会生活以及人在其中所面临的强烈反差。[1] 张鹂通过对北京浙江村历程的研究，展现了改革开放后中国社会治理模式的转变以及私人社会空间对传统管理制度的挑战。[2]

简要回顾历史学、社会学以及人类学的中国城市研究，基于特定的学科本位与研究内容，不同学科都具有自己的研究主题与目标。从研究目的看，历史学者的中国城市研究或者力图呈现城市曾经的历史面貌，或者探寻城市发展变迁的规律；社会学的中国城市研究则具有强烈的政策取向，致力于解决城市社会问题、提高城市治理、完善城市状况，为政府提供政策依据。这样的状况同样体现在为数不多的中国人类学城市研究中。而从研究对象看，社会学与人类学更为关注城市中的具体现象与群体，关注城市的构成要素。可以认为，这样的研究更多的是"在城市里"的研究，城市的整体研究从来都不是研究者强调的视角。显然，对人类学城市研究而言，这与强调整体论的研究方法与视角相背离。当然，城市的整体研究并不意味着要对城市进行事无巨细的全面罗列与描述，而是在时间与空间维度之下的具体呈现。显然，对于习惯传统村落与社区研究的人类学者而言，这具有极大的挑战。

从时间维度来看，中国的城市研究乃至社会科学的研究普遍存在着将时间分为过去与现在的想象。一方面，城市的历史研究极少过问当下，而社会学、人类学则很少关注历史的田野。在研究者的想象中，时间总是分为过去与现在的二分与隔离。显然，这极大阻碍了我们认识城市，也不利于从历史的视角理解当下的城市现状。

从研究对象来看，尽管城市的物质空间与人都曾被纳入研究者的视野之中，然而，大多数情况下两者基本处于分离的状态：以城市空间形貌为研究对象的研究者关注的是再现城市的物质空间，在探寻社会变迁、寻求

---

[1] [美] 流心：《自我的他性：当代中国的自我谱系》，常姝译，上海人民出版社2005年版，第6页。

[2] [美] 张鹂：《城市里的陌生人：中国流动人口的空间、权力与社会网络的重构》，袁长庚译，江苏人民出版社2014年版，第7页。

历史发展规律的研究者的视野里,特定群体、组织机构从来都是研究的主要出发点,[①] 而物质性要素却很少得到人们的关注。在这样的现状背后,自然与社会的二分依旧普遍存在于大多数研究者的内心深处。

人类学能否从整体上认识城市?如何从整体上认识城市?如何连接城市研究中的时间断裂?如何恢复城市研究中自然与社会的整体性?或许,近些年来社会理论的"空间转向"与人类学地景研究为我们解决这样的问题提供了启示。

三 空间与地景

(一)空间与权力

长期以来,空间性一直没有得到与历史性和社会性同等程度的关注。在经典社会理论中,空间往往被视为社会关系的语境与地点,仅仅是自然的空间,其论述是零散的,缺乏系统性。对于社会理论的空间缺位,爱德华·索亚把其归因于历史决定论的统治。由于一种执着的历史决定论掩盖了隐蔽的空间化,导致空间性长时间内几乎完全处于批判性质疑的视野之外。[②]

20世纪70年代,在"哲学反思、学科整合和时空转型的理论和现实背景下,空间要素逐步进入社会理论"。[③] 作为最早系统阐述空间概念的学者,列菲伏尔对空间理论的论述主要在其影响深远的《空间的生产》及一系列论文中,该书的出版被索亚誉为"在人类空间性的社会和历史意义,特别是空间的想象力方面,是有史以来最重要的著作"。[④] 在该书中,他明确指出并论述了"空间就是(社会)产品"。[⑤] 换言之,空间是社会关系的产物。"空间里弥漫着社会关系,它不仅被社会关系支持,也

[①] 这样的状况同样体现在对中国农村社会的研究中。在探讨中华帝国晚期的社会控制时,农村的基层组织机构与乡村士绅从来都是研究者的关注点。参见萧公权《中国乡村:论19世纪的帝国控制》,(台北)联经出版事业股份有限公司2014年版;杜赞奇《文化、权力与国家:1900—1942年的华北农村》,江苏人民出版社2008年版。

[②] [美]爱德华·索亚:《后现代地理学》,王文斌译,商务印书馆2004年版,第54页。

[③] 何雪松:《社会理论的空间转向》,《社会》2006年第2期。

[④] [美]爱德华·索亚:《第三空间:去往洛杉矶和其他真实和想象地方的旅程》,路扬等译,上海教育出版社2005年版,第9页。

[⑤] Lefebvre, *The Production of Space*, Oxford: Blackwell, 1991, p.30.

生产社会关系和被社会关系所生产。"① 列菲伏尔将空间分析带入马克思主义，展开其对资本主义的空间批判。从国家统治的视角看，列氏指出了空间已成为国家统治最重要的政治工具。利用空间策略，国家得以确保对地方的区隔与控制、严格的层级以及总体的一致性。列菲伏尔对空间的洞察深刻影响了后来对空间的理论关注特别是对城市空间的研究。

此后，关于空间的理论阐释可分为两条路径：一方面，吉登斯、布迪厄等社会理论大师在现代性架构下检视空间与社会的交互关系对于研究社会结构与社会过程的重要性；另一方面，哈维、索亚等后现代社会理论家采用一系列的地理学概念和隐喻来探索日益复杂和分化的社会世界。②

在建构其结构化理论时，吉登斯从权力与互动的角度切入空间议题，把时空看作社会现实的建构性因素。布迪厄更多的是从实践和符号的角度阐述其空间理论。在对卡比尔人的研究中，布迪厄发现其家庭具有独特空间性。"空间中事物或场所的客观化意义只有通过按一定图式予以结构化的实践活动才能完整地显示出来，而实践活动的结构化说依循的图式又是根据这些事物或场所来组织的。"③ 在《实践理论大纲》中，作者指出，通过空间的组织，人们被限定在不同地方，而这有助于建构特定社会秩序以及特定群体的阶层、性别和分工。布迪厄认为，社会空间具有特定地理学基础，它不是一个纯粹意义上的主观建构，而是行动者基于其所处的地理空间而进行的一项集体建构。④ 虽然空间现象有其结构与逻辑，但这种意义是由人建构的，所以必须透过人的实践来理解空间现象。

在后现代思想中，空间的重要意义更是成为普遍共识。被称为新马克思主义空间理论种子思想家的哈维揭示了资本运动与空间生产的内在逻辑。依据马克思主义资本主义生产与再生产周期性原理，他提出了资本三级循环过程的观点来解释资本与空间的关系。后现代地理学领军人物索亚在对空间社会性肯定的基础上进一步提出了"第三空间"概念。在《第三空间：去往洛杉矶和其他真实和想象地方的旅程》一书中，索亚指出，

---

① [法]列斐伏尔：《空间、社会产物与使用价值》，载包亚明主编《现代性与空间的生产》，上海教育出版社2003年版，第48页。
② 何雪松：《社会理论的空间转向》，《社会》2006年第2期。
③ [法]皮埃尔·布迪厄：《实践感》，蒋梓骅译，译林出版社2003年版，第427页。
④ [法]皮埃尔·布迪厄：《社会空间与象征权力》，载包亚明主编《后现代性与地理学的政治》，上海教育出版社2001年版，第292—314页。

"第三空间"是"第一空间"和"第二空间"的本体论前提，可以被视为政治斗争的战场，它既是生活空间又是想象空间。① 与索亚致力于空间的本体论与辩证法不同，福柯更为关注权力和知识的空间化趋势。通过对"全景敞视主义"的阐述，福柯指出了在权力与对象关系中空间的中介作用，揭示了在现代社会，空间既是权力运作的场所和媒介，又是权力实践的机制。空间既是任何公共生活的形式的基础，又是任何权力运作的基础。② "异托邦"正是权力空间化的具体表现。在《词与物》中，福柯借用医学术语描述那些现实存在的、不同于自我文化的"异质空间"，称为"异托邦"（又译为"差异地学""异质空间"），并指出其同时具有想象和真实的双重属性。③

社会理论的空间转向为人文社会科学研究开启了新的理论视角。此后，空间性、历史性以及社会性共同成为洞察人类社会的重要维度。尽管不同学者具有不同研究立场与研究路向，但空间转向的思潮也具有统一的理论逻辑。首先，空间向度成为共同的方法论；其次，空间社会性共识的达成：空间不再被视为自然的、静止的场所与背景，而是变动的、社会建构的产物；最后，对当代资本关系的批评。④ 尽管社会理论的空间转向是建立在对资本主义社会反思的基础之上，但这也启发我在这座小城的田野中提出相关的问题：城市地志的脉络中隐含哪些权力关系？资本参与"空间生产"后如何影响城市的景观？当下的城市景观隐含着何种知识与话语？

然而，建立在对当代资本主义社会反思之上的社会理论的空间转向把空间生产只看作当代资本主义的问题，主要在共时性向度上展开研究，忽视了空间生产的历史进程，缺乏在更大时空范围内认识空间现象的理论视野。而这样的局限随着我田野的进展感触愈深。事实上，认识古城当下的景观既离不开当下的发展话语，也离不开其自身的历史与文化；理解坛

---

① ［美］爱德华·索亚：《第三空间：去往洛杉矶和其他真实和想象地方的旅程》，路扬等译，上海教育出版社 2005 年版，第 13 页。
② ［法］米歇尔·福柯：《空间、知识、权力》，载包亚明主编《后现代性与地理学的政治》，上海教育出版社 2001 年版，第 13—14 页。
③ ［法］米歇尔·福柯：《词与物：人文科学考古学》，莫伟民译，生活·读书·新知三联书店 2001 年版，前言第 5—7 页。
④ 庄友刚：《西方空间生产理论研究的逻辑、问题与趋势》，《马克思主义与现实》2011 年第 6 期。

庙、公园、广场与小区内的大众生活实践，同样离不开其地志脉络。换言之，城市空间的建构更是一个历史的过程，特定历史与文化总是能够在城市的地志中不断延续。另外，空间研究在更多集中于理论层次与宏观视角，较少注意到不同文化背景下空间生产的独特性与实践历程，较少关注"个体对社会控制的空间形式的日常反抗"[1]。更为重要的是，对空间现象的认识与理解缺乏文化的整体观与比较观。显然，这就需要人类学研究为此做出更多贡献。

人类学在发展初级阶段就已触及对空间问题的探讨。摩尔根认为，房屋有助于人类适应环境，与人类进化历史密不可分。《美洲土著的房屋和家庭生活》系统探讨了美洲印第安人空间与亲属之间的关系。这对后来家屋空间的探讨与功能学派都具有重要启示。但早期人类学并没有赋予空间研究以理论意义，空间主要作为理解社会的一个维度而出现。在涂尔干的著作中，空间开始成为一个理论问题。空间是每个社会最基本的分类概念之一，空间分类与社会组织分类密切相关。在普里查德的《努尔人》一书中，空间同样并非纯粹地理意义上的概念。通过对努尔人棚屋、家宅、营地、村舍、村落的描述，普里查德分析了生态环境对人口分别的影响，区分了努尔人三种不同的空间：物理空间、生态空间与结构空间。努尔人把构成其政治结构的价值观念赋予到自然空间中。由此，空间也具有结构性。结构空间为生态条件所决定，它是"一种社会制度中，人们群体之间的距离，它是以价值观来表达的"[2]。至此，在涂尔干学派影响下的人类学多把空间视为文化先验存在的基本分类之一。"有关空间的探讨，终极目的是在了解知识是怎么来的，以及其心智上的基础是什么。更因其倾向于社会起源的解释，空间的探讨更与整个社会的分类系统相关连。"[3] 此后，在结构功能学派的影响下，空间研究更多缩小至社会结构的空间层面，空间分析往往是探讨研究社会结构的特定维度。

结构人类学致力于探寻塑造了文化生活形式的无意识结构，这决定了其研究虽有助于人们了解各种空间分类与秩序背后的基础，但其空间分类

---

[1] Setha M. Low and Denise Lawrence-Zunigais, *The Anthropology of Space and Place: Locating Culture*, Wiley-Blackwell, 2003, p. 30.

[2] ［英］埃文思－普里查德：《努尔人》，褚建芳、阎书昌、赵旭东译，华夏出版社 2002 年版，第 128 页。

[3] 黄应贵：《人类学对于空间的研究》，《中国民族学通讯》1990 年第 27 期。

同样仅是各种分类中的一种，空间在理论上并没有特殊意义。但是，列维－斯特劳斯"家屋社会"概念的提出却深深影响了此后人类学对家屋空间的关注。虽然斯特劳斯的"家屋"概念主要强调家户关系与居住形式，较少探讨建筑形态的象征意义，但是此后家屋越来越多地进入人类学的空间研究领域，成为探寻社会结构与文化象征的重要视角。

虽然人类学的空间意识传统悠久，但是直到20世纪80年代以来空间方被特别提出并视为研究主题。人类学对空间的关注经历了早期以整个社会的空间为对象，逐渐缩小到聚落、家屋甚至人体之上。尽管不同理论与视角对空间的解读不同，但人类学坚持"空间为人类社会文化的建构"这一原则。与其他学科侧重理论层面与宏观视角不同，人类学更为关注具体的空间实践，更为强调将空间实践置于社会文化整体中解读。由此，无论是家屋还是聚落空间皆可作为探寻文化的独特视角。在其中，研究者或者能够发现特定的意识形态、宇宙观、人观甚至某种先验的潜意识认知架构，或者能够解读出其中的权力、性别、亲属等社会关系。换言之，人类学的空间研究大多关注于空间的象征与隐喻，探寻空间背后的文化法则。

然而，基于人类学的田野传统，大部分人类学空间研究主要关注于家屋、聚落，城市空间很少成为人类学的重要营地。事实上，城市空间研究长期受到多学科的关注，更是城市史、都市社会学以及城市规划研究的重要内容。如前所述，城市史对城市空间的研究致力于对城市空间形态演变及其规律的探索，研究侧重于探讨城市空间演变进程、特征、影响因素及动力机制，注重城市空间与社会文化因素的关联。都市社会学更为关注城市空间与城市社会问题的关联性。早期美国芝加哥学派借鉴生态学方法创建人类生态学理论，把城市发展看作一个自然过程，强调城市内部各组成部分的有机联系，以社会与人文主义关怀批判了大规模城市改造运动。如刘易斯·芒福德认为，城市规划与建设应当以人为中心，宏大的巴洛克式城市改造将损害城市的有机机能。[①] 也有学者批判了权力与资本对城市空间的主宰，指出了其对贫民权利和利益的剥夺。20世纪90年代之后，"城市权利"运动提出推进公民进入空间生产过程，使得城市空间重塑能够反映公民的意见和要求。洛杉矶学派则以新城市社会学理论为基础，强

---

① [美]刘易斯·芒福德：《城市发展史：起源、演变和前景》，倪文彦、宋峻岭译，中国建筑工业出版社2005年版，第418页。

调政治、经济以及社会文化因素对城市空间的影响。① 城市社会学对空间剥夺、空间隔离以及贫民窟问题的关注推动了人们对"空间正义"问题的思考。城市社会学已有研究进一步揭示了空间生产的内在逻辑,其对权力与资本的批判以及对底层大众权利的关注对推进"空间正义"具有重要作用。同样,这对于认识当下中国城市的空间再造也具有重要借鉴意义。

在聚焦于家屋与聚落的同时,部分人类学者也将目光转向城市空间。在对城市空间有重要影响的城市规划的认识上,人类学者们普遍认可城市规划能够成为社会控制与政治秩序的有力手段。在探寻20世纪乌托邦式的大型社会工程失败背后所隐含逻辑的过程中,斯科特指出,巴西政府本来希望通过创造现代性城市以推动国家发展与社会生活改善,然而,由于规划城市仅遵循简单化规则,在城市大众的抵制下,规划从开始就没有完全严格按照规划进行,也无法产生出有效的社会秩序。"如果我们从它在多大程度上可以改变巴西利亚其他地方或者促进人们喜爱这种新的生活方式角度看,成功则微不足道。与规划文件上所设想的巴西利亚相比,真实的巴西利亚带有明显的反抗、颠覆和政治考虑。"② 薄大伟对中国单位系统的起源研究揭示了"中国政府的政治和经济战略是如何通过它们创造和建构的特殊空间秩序形态,并影响城市居民生活的"。③ 对于后社会主义空间重塑中的文化逻辑与政治,张丽通过对昆明城市的研究发现,在向增长与消费社会的转型中,昆明的城市总体规划导致了大规模旧城破坏与城市居民搬迁。这其中的文化逻辑与政治是,落后意识与地方政府联合房地产开发商增长模式的结合共同推动了大规模城市再建。④

由此,人类学城市空间研究再次证明了都市美学与空间形式并非是自然的、中立的物理形式,而是社会与政治斗争的产品。这其中,城市规划更是成为城市空间关注焦点与批判标靶。事实上,在我关注这座小城城市规划的田野中,我同样感受到:无论是计划经济时期,还是市场经济下,

---

① 曹现强、张福磊:《空间正义:形成、内涵及意义》,《城市发展研究》2011年第4期。
② [美]詹姆斯·斯科特:《国家的视角:那些试图改善人类状况的项目是如何失败的》,王晓毅译,社会科学文献出版社2011年版,第174页。
③ [澳]薄大伟:《单位的前世今生:中国城市的社会空间与治理》,东南大学出版社2014年版,第2页。
④ Li, Zhang, "Contesting Spatial Modernity in Late-socialist China", *Current Anthropology*, Volume 47, Number 3, 2006.

这座小城的城市规划与建设从来都是规划并执行未来设想的一个关键竞技场。在发展话语与特定历史背景下，城市空间从来都是话语与权力的目标。通过城市的空间支配，一方面，国家实现了对社会与全体民众的有效动员与控制；另一方面，发展话语得以实施。

毋庸置疑，人类学城市空间研究对于认识与理解中国当前城市空间再造具有重要启示。然而，已有研究尚存在如下不足：一方面，更多侧重于"国家的视角"，强调政治、经济因素对城市空间的影响，底层大众的空间实践或者是被视为对国家支配的消极对抗，或者是彻底消失。从而将作为文化现象的空间化约为政治或经济现象，缺乏家屋、地景研究中将空间实践置于社会文化中解读的整体观；另一方面，在分析空间实践中国家与底层大众的关系时，已有研究往往强调两者简单的对立关系以及底层大众受害者的角色，这显然难以解释那些双方"共谋"的景观再造。对这座小城城市规划与建设的考察也使我相信：这其中国家与底层大众从来并非简单的对立关系。为此，我认为，一种"国家的视角"与"底层的视角"相互结合的分析更有利于整体呈现这座城市的空间实践。这就需要将城市空间实践视为多元关系的产物。

（二）人类学地景[①]研究

在人类学史中，人与生活环境的关系一直都是人们关注的重要内容。很长时间以来，对于自然环境与文化的关系，以环境解释文化的环境决定论一直占据主导地位。作为人类地理学的创始人，拉策尔认为人是地理环境的产物，人的活动受到地理环境的严格限制。随着博厄斯、马林诺夫斯基等人类学先驱研究方法的应用，越来越多的人类学家意识到文化现象在自然环境相似的不同地区存在巨大差异。尽管环境因素对人类文化有重要影响，但它已不像早期社会思想家们设想的那么直截了当。[②] 20 世纪 20

[①] 地景研究在汉语学界首先得到台湾人类学者的关注，台湾人类学界把 landscape 译为"地景"，大陆相关研究者有的使用地景译法，如汤芸《以山川为盟：黔中文化接触中的地景、传闻与历史感》，民族出版社 2008 年版。而在仅有的三部相关著作的中文版本中，landscape 则被译为风景。相关译著参见温迪·J. 达比《风景与认同：英国民族与阶级地理》，张箭飞、赵红英译，译林出版社 2011 年版；西蒙·沙玛《风景与记忆》，胡淑陈、冯樨译，译林出版社 2013 年版；W. J. T. 米切尔《风景与权力》，杨丽、万信琼译，译林出版社 2014 年版。

[②] ［英］凯·米尔顿：《多种生态学：人类学、文化与环境》，载中国社会科学杂志社编《人类学的趋势》，社会科学文献出版社 2000 年版，第 295—296 页。

年代，人类学对环境的认识由决定论转向可能论。以博厄斯为代表的历史特殊论认为，环境只是影响文化的相关因素，与文化特征的起源无关。与此类似的是，弗思同样认为，"环境在决定人类文化方面所起的作用不是主要的"。[①] 此后，斯图尔德开创的文化生态学再一次强调了环境因素对文化特征的决定作用。针对环境可能论"将环境视为第二位的、被动的角色"，[②] 他坚持认为，虽然文化与自然相互作用，但自然环境具有最终的决定作用。同样，文化唯物论的代表人物哈里斯也把适应环境作为最重要的解释机制。对于文化的解释，哈里斯坚持"技术—环境、技术—经济的决定论原则"，认为"应用于相似环境的相似技术导致生产与分配中对劳动力的相似安排，进而导致社会群体的相似类型"。[③] 这样的观点典型地体现在其对印度圣牛信仰的解释上。[④] 在人类学经典著作《努尔人》一书中，普里查德同样关注到努尔人与其所处环境的关系问题，并依据其生态学特征分析了努尔人的生计活动类型。[⑤]

与上述侧重于自然的取向不同，也有人更为强调文化对自然的塑造作用。在对图腾崇拜的研究中，涂尔干就曾分析了以社会组织为原型的观念体系如何投射于外部自然，并使自然成为社会群体的象征。[⑥] 对于象征人类学而言，文化则"想象和构建了环境，文化对于环境的作用通过界定环境、赋予其一定的真实性和意义来实现"。[⑦] 20 世纪 60 年代之后，对人的环境观念的认识成为人类学重要的兴趣领域。这其中的代表就是认知人类学中的民族生态学。民族生态学认为，环境并不是客观实在，而是人类感知和解释外部世界的产物。换言之，环境是文化建构的产物。

在人类学对环境的认识中，20 世纪 90 年代以来的"地景"研究得到

---

① [英] 弗思：《人文类型》，费孝通译，商务印书馆 1991 年版，第 43 页。
② Kay Milton, *Environmentalism and Cultural Theory*, London and New York: Routledge, 1996, p. 35.
③ Harris, Marvin, *The Rise of Anthropological Theory: A History of Theories of Culture*, New York: Thomas Y. Crowell. 1968, p. 4.
④ [美] 马文·哈里斯：《文化唯物主义》，张海洋、王曼萍译，华夏出版社 1989 年版，第 15 页。
⑤ [英] 普里查德：《努尔人》，褚建芳译，华夏出版社 2002 年版，第 64—113 页。
⑥ [法] 爱弥尔·涂尔干、马塞尔·莫斯：《原始分类》，汲喆译，上海世纪出版集团 2005 年版，第 17 页。
⑦ 张雯：《近百年以来环境人类学研究》，《广西民族大学学报》（哲学社会科学版）2013 年第 11 期。

许多人类学家的特别关注。人类学对地景（landscape）的关注缘自文化地理学。地景最初是作为绘画的一种技术术语被引入英语中。此后，作为艺术呈现的地景被文化地理学者运用到人们将自身置于环境内的创造与想象的方式之中。

与文化地理学文本模式的解读不同的是，人类学家提出了地景解读的"过程模式"。在过程模式中，地景不仅是带有意义的空间，也不仅是地点或环境的象征。在《地景人类学：地点与空间的视角》一书中，埃里克·赫希与米歇尔·汉隆提出了作为文化过程的地景概念：地景并非是固定的、静态的研究对象，地景本身随日常生活与社会潜能、记忆机制而不停变动着，因此只能视为一个过程，没有绝对的地景。地方与空间，内部与外部，形象与象征之间的关系依赖于特定的文化与历史背景。因此，人类学视野中的地景不仅仅是自然空间的呈现，也不仅仅是文化的图像，更是一种文化的过程，是历史与文化的一部分。地景并非人类行动的背景，而是特定历史与地方条件下人与世界间约定的结果。[①]

地景与历史记忆、身份认同的关系同样吸引了地景人类学的关注。在《地景、记忆与历史：人类学视角》一书中，斯图尔特与斯特拉森认为，地景是指那些能够塑造人们地点与特定群体感觉的能被感知的环境，这其中的地点是一个有社会意义和可确认的、具有历史维度的空间。由此，地景是一种感知的具有先后关系的范围，它同时提供了一种前景（foreground）与背景（background），在其中，人们感知自己生存于自我世界之中。人们会随着他们自己的内在地景在旅行。人们通过他们看到的图像去记忆特定地点，他们正在记忆与创造的就是地景。[②] 在《岛屿建造者：所罗门群岛尼加尼加的地景与历史》一文中，郭佩宜探究了所罗门群岛关于地景历史挪用的本土观念以及这些观念在旅游和国家建构背景下的现代转化。对于尼加尼加人而言，地景是概念化历史与身份的方式之一。尼加尼加人开始从建立于海边的人工岛转移到了大陆上生活。通过这些岛屿，尼加尼加人的记忆确立了其地方身份，他们与岛屿的联系也被印刷在供游客用的手册上。这些岛屿由此成为尼加尼加人的身份象征。通过将岛

---

① Eric Hirsch and Michael O'Hanlon, *The Anthropology of Landscape: Perspective of Place and Space*, Oxford University Press, 1995, p. 22.

② Pamela J. Stewart and Andrew Strathern, *Landscape, Memory and History: Anthropological Perspective*, Pluto Press, 2003, pp. 4-5.

屿转化为旅游中的图标文化遗产，尼加尼加人当前居住与过去人工岛屿的矛盾被解决。由此，文化遗产与发展形成结盟。尽管大部分尼加尼加人已不住在人工岛上，但他们依旧称自己为岛屿建造者。作者认为，地景是尼加尼加人感知、记忆与呈现历史、形塑自我意识的一个重要成分。换言之，地景成为其文化象征。[①] 在对中国台湾达悟人家团记忆的探讨中，胡正恒将其他学者称为地域型的记忆命名为地景铭刻型，分析了达悟人将历史事件纳入地景记忆的策略，并指出他们在"记诵家团名称以唤起过去记忆的同时，其实是在汲取过去经验中的力量，以便介入当代的人群竞争并施加影响"。[②] 西蒙·沙玛对地景与记忆的研究跨越欧美与东西方，融合个人记忆和群体经历，涵盖诗歌、传说、绘画、雕塑、建筑、园林等诸多方面，不再视地景为孤立与个别现象，而是作为连续的全景，探讨了神圣或神秘的河流、森林和高山等对文化想象力的影响，从多样的地景体验中挖掘出深层文化记忆，重寻人类与自然之间的精神纽带，"重新发现隐藏于表面之下的神话和记忆的脉络"。[③]

权力与地景同样是地景研究的重要关注点。W. J. T. 米切尔所关注的不仅有地景是什么，或者意味着什么，还有"它作为一种文化实践如何起作用"。米切尔认为，地景"不仅仅表示或象征权力关系；它是文化权力的工具，也许甚至是权力的手段，不受人的意愿所支配"。[④] 对中国社会中环境如何作为权力与政治协商的媒介发挥其功能，叶文心主编的《中国社会中的地景、文化与权力》一书有系统的探讨。在《作为教诲文本的中国村庄》一文中，克纳普通过对三个村庄的研究发现，这三个村庄环境建设的几何学是其自我意识构想与组成计划的结果。村庄空间几何学是最能够被感知的、物质的媒介。通过它，精英的文本化的文字被传输

[①] Pei-yi Guo, "'Island Builders': Landscape and Historicity among the Langalanga Solomon Islands", Pamela J. Stewart and Andrew Strathern, *Landscape, Memory and History: Anthropological Perspective*, Pluto Press, 2003, pp. 189–209.

[②] 胡正恒：《历史地景化与形象化：论达悟人家团创始记忆及其当代诠释》，载林美容、郭佩宜、黄智慧主编《宽容的人类学精神：刘斌雄先生纪念论文集》，（台北）"中央研究院"民族学研究所2008年版。

[③] ［英］西蒙·沙玛：《风景与记忆》，胡淑陈、冯樨译，译林出版社2013年版，第14页。

[④] ［美］W. J. T. 米切尔：《风景与权力》，杨丽、万信琼译，译林出版社2014年版，第2页。

给不识字的村民。① 刘新则从农村家庭日常生活实践的角度关注了中国社会空间模式的持久性。在《窑洞：陕北北部农村的日常空间实践》一文中，作者并没有从建设环境的几何形式，而是从村民日常社会实践关注空间。通过陕西农村一种特殊的房屋——窑洞显示了日常生活空间实践的重要性，并探讨中国革命对传统文化实践的影响。作者发现，中国农村是传统、革命与现代的混合物。革命与传统并非仅仅是一套意识形态，而是体现于日常生活实践中。②

尽管地景研究中不同的研究者关注的主题相异，但越来越多的人意识到地景并非仅仅是静态的图像，而是随着特定的文化脉络不断变动。在地景的意义变迁中，不同时间的意义总是能够在地景之上不断叠写，"使得我们可能在地景当下的形态与意义之上去理解其意义变迁与社会变迁间的交错，并把握历史感在其中的呈现"。③ 基于这样的共识，我认为，地景研究不仅能够认识传统聚落社会，对于认识有长久历史的中国社会文化也是一种有效的视角与方法。国内有研究者从特定地景自身的命运与意义理解和探讨文化接触与区域整合的实质，④ 也有研究者透过地方商人诠释地景的实践理解国家象征的民间化过程，⑤ 都初步显示了地景研究对于认识中国社会文化的解释力。

事实上，无论是地景解读的文本模式，还是过程模式，都对我们认识这座小城的生命历程具有重要启发。在帝国时期的小城中，一方面，曾经作为城市防御建筑的光岳楼会可以被人们塑造为城市的地标与象征，坛庙、广场与公园从来都是实现国家支配的重要手段，现代小区对棚户区、城中村的取代又意味着发展景观的实现。另一方面，无论是帝国时期，还是当下，城市地景又经常代表着特定的符号，用以表达群体的身份、文化

---

① Ronald G. Knapp, "Chinese Villages as Didactic Texts", Wen-hsin Yeh, *Landscape, Culture, and Power in Chinese Society*, The Regents of the University of California, 1998, pp. 110 – 128.

② Xin Liu, Yao, "The Practice of Everyday Space in Northern Rural Shaanxi", Wen-hsin Yeh, *Landscape, Culture, and Power in Chinese Society*, The Regents of the University of California, 1998, pp. 129 – 152.

③ 汤芸:《以山川为盟：黔中文化接触中的地景、传闻与历史感》，民族出版社2008年版，第34页。

④ 同上书，第290页。

⑤ 方怡洁:《云南和顺地景中的国家象征民间化过程》，《中国农业大学学报》（社会科学版）2008年第2期。

与历史。可以认为,地景解读并不存在单一的模式,它既可以是文化的象征与符号,也可以是文化的过程与实践。

综上所述,人类学对地景的理解,大多从象征与符号视角,或者关注地景在文化语境中的意义,或者强调地景作为一种概述和传递历史记忆的重要方式,关注地景在社会成员记忆中的作用以及人们如何把历史写入地景,或者探讨地景被用来表达人们的社会身份意识,成为一种文化表征,或者将地景视为权力与政治协商的媒介、社会关系的体现。事实上,尽管不同的研究者关注的视角相异,但绝大部分研究者更愿意从一种"自然"形态的景观中探寻其文化意义。具体来看,这种"自然"景观往往体现为某个群体共享的特定地理环境:森林、岛屿、山川、沼泽、道路、土地等。对许多人类学研究者而言,地景研究中田野的选择似乎依旧暗含着"田野这个词的言外之意是一个远离都市的地方……下'田野'就意味着到农区、草原或者'荒野'等地方去,也许是被耕作的地方(文化地点),但这自然不会太远离自然"。① 这也决定了既有地景研究大多聚焦于偏远的"部落遗民",似乎依旧秉持着田野地点的等级性。

尽管我不能由此断定人类学地景研究的异国情调与村落偏好。但在对地景的认识上,被人们建造出来的景观尚未引起更多的关注却是不容置疑的事实。这也决定了城市极少被纳入人类学的地景研究中。对于人类学对城市的忽视,国际人类学与民族学联合会都市人类学委员会联合主席、英国肯特大学人类学系教授朱里安娜·普拉托指出:"这种态度的根源之一在于学术界的学科分工,它让人们假设人类学家只关注'异国'社会和部落社会,而西方工业社会则应该是社会学研究的领域。因此,长期以来,城市研究总是与后者相联系。"② 借鉴格尔茨众所周知的"人类学家并不是研究村落,而只是在村落中进行研究",③ 在重新认识田野特别是地景概念后,我们同样认为,地景研究也可以在城市中进行。正是在试图重新思考地景范围、试图发掘另一种不同地景的设想下,我尝试将目光投向城市中的地景。

---

① [美]古塔、弗格森:《人类学定位:田野科学的界限与基础》,骆建建等译,华夏出版社 2005 年版,第 9 页。
② [英]朱里安娜·普拉托:《从地方到全球:都市人类学的重要性》,《中国民族报》2009 年 8 月 14 日第 6 版。
③ Geertz, Clifford, *The Interpretation of Culture*, New York: Basic Books, 1973, p. 22.

毋庸置疑，与"自然"之中的地景相比，城市地景无论是在物质形态上，还是在文化意义上，都来自人的制作。进一步来看，城市地景构建的主体更为多元，权力关系更为复杂，人与地景的互构性更为突出，地景构建中人的能动性更为突出。可以认为，城市地景的"建构性"更为突出，从而呈现出更多的"制作属性"。

在对历史本质的反思中，历史人类学提出了历史制作（the making of history）[①]的概念，用以突出历史的多元性、主体性以及建构性。借鉴历史制作的概念及其启发，在对城市的历史人类学关注中，本书提出了"地景制作"的概念。相对于人类学的"地景"概念，"地景制作"的概念一方面分析其中的文化象征与历史书写，探讨其中的文化实践与过程，另一方面意欲突出这一过程是谁的建构，其中的权力关系如何。换言之，地景制作更为关注的是历史的主体性与多元性，关注其中的权力关系，强调人与地景的相互建构。然而，强调地景的"制作"并非等于"唯意志论"。地景制作的概念始终坚持"空间为人类社会文化的建构"原则，始终将地景制作置于特定的文化与历史背景之中加以理解。

四　城市地志学

在回顾了20世纪人类学所走过的历程之后，丹麦人类学家哈斯特普将人类学的历史归纳为生物学转向、语言学转向以及文学转向。对于人类学近几十年来物质性兴趣的复兴，她尝试为其命名为"地志学转向"（topography）[②]。地志学转向"意味着对于地貌的详细描述：它把地理学、定居点、政治边界、法律事实、过去历史的遗迹和地名等融合进各特殊空间的一种综合性知识"。为此，哈斯特普宣称，地志学转向代表了当下人类学的发展与趋势。并声称："人类学家所研究的社会空间容纳了所有这些特征，个体如果不给予他们意念所投映的空间的地志学事实以足够的注

[①] ［丹麦］克斯汀·海斯翠普主编：《它者的历史：社会人类学与历史制作》，中国人民大学出版社2010年版，第1页。

[②] Kirsten Hastrup, "Social Anthropology: Towards a Pragmatic Enlightenment?", *Social Anthropology*, 2005, 13 (2): 133–149.

意,他们就不可能扮演其各自的角色。"①

事实上,地志学转向并非空穴来风。在近几十年来,空间的实践性、地景(landscape)、栖居(dwelling)、线路(route)等概念和思想都暗含了地志学的隐喻。总而言之,"这是对于世界的物质性的兴趣的复兴,包括人们所居住的物理环境、他们所运用的物质对象、近于自然力量的社会制度、历史的具身化以及重要意义的语言的推动力"。②

对于哈斯特普的地志学转向,有研究者指出,从综合性角度看,"地志可以看做与莫斯所称之'总体社会事实'相当"。③ 从这个意义上看,对地志的书写同样可以呈现出社会的整体面貌。然而,需要注意的是,这两者之间有着重要区别。在《礼物》中,莫斯认为,古代社会的交换与社会其他领域不是截然分开的。它既是一种经济制度,又是一种宗教制度,同样也是一种社会现象,从而是一种"总体呈献"。莫斯关注的是"总体":"唯有把所有现象当作整体来分析,才能洞察其根本。"④ 莫斯的总体性社会事实强调的是社会构成部分之间的关联性,部分的整体性。与此不同,地志学关注的是世界无处不在的物质性。由此,我们能够在世界的物质性存在中呈现出总体社会。

然而,地志学的理论意义不仅在于其能够呈现总体性社会事实。更重要的是,它拒绝将"自然""地理""环境"等仅仅视为人们活动的场景与背景,也拒绝将各种景观视为固定的图像。与人类学的"栖居"视角类似的是,地志学认可"从能动者—在—环境中(anent-in-environment)这样一种现象学式的视角来理解人们的生活形式",⑤ 将人与环境的相互建构视为持续的文化过程。此外,地志学转向意识到世界的物质性要素不只包括物理环境,在很大程度上看,它更是指其中的每个社会行动者及其

---

① [丹麦]柯尔斯顿·哈斯特普:《迈向实用主义启蒙的社会人类学?》,朱晓阳译,《中国农业大学学报》(社会科学版)2007年第4期。
② 同上。
③ 朱晓阳:《小村故事:地志与家园(2003—2009)》,北京大学出版社2011年版,第3页。
④ [法]马塞尔·莫斯:《论馈赠》,卢汇译,中央民族大学出版社2002年版,第150页。
⑤ 朱晓阳:《小村故事:地志与家园(2003—2009)》,北京大学出版社2011年版,第4页。

身体感知和意念投射。① 换言之，地志学同时包含人们如何认识自己开辟的道路，以此理解人们的历史感与地方感。显然，所有这些都意味着地志学拒绝传统社会科学中文化与自然、主观与客观的二分与对立。

城市地志学的尝试意味着诸多挑战。这既包括时间与空间维度所带来的问题，更涉及如何在城市研究中将历史与当下有机地融合起来。

从时间上看，城市是一个比社区、村落更有历史的空间。无论是从时间跨度上看，还是从文献资料方面看，绝大多数城市都有着比村落更为丰富的"历史"。显然，这意味着人类学对城市的研究面临着更为广阔的田野。从历史的田野看，这既需要翻阅历代修订的地方志、档案、报纸等官方资料，更需要广泛搜寻碑刻、民间故事以及口述史资料等田野记录。具体来看，本书所运用的资料包括：（1）地方志主要为《东昌府志》与《聊城县志》。其中，《东昌府志》三部，分别为明万历二十八年（1600）刻本、清乾隆四十二年（1777）刻本以及清嘉庆十三年（1808）刻本；《聊城县志》三部，分别为清康熙二年（1663）刻本、清光绪三十四年（1908）石印本以及清宣统二年（1910）刻本。《聊城市志》分别有 1961 年稿本与 1999 年铅印本。（2）地方编辑未正式出版的资料：政协山东省聊城市文史资料研究委员会在 20 世纪 80 年代主编的七辑《聊城文史资料》、政协聊城县委员会步云阁学习组编五辑《聊城野史杂志》（1981—1983）、《聊城乡土资料》（十四期）。（3）地方研究资料中的出版物：《鲁西民间故事》《运河与聊城》《聊城市情》《聊城传统文化研究》《聊城教育志》《聊城地区政权志》《聊城卫生志》《聊城党史》《聊城刻书出版业简史》《聊城大观》《东昌望族》《东昌人物》《聊城风物》《聊城风情》等。（4）1949 年之后，地方档案馆有限的档案资料也为我提供了大量信息。这主要包括聊城市档案馆 1950—1984 年的各类文件以及地方报纸《聊城大众》（1959 年）、《聊城日报》（1959—1961年）。东昌府区档案馆中的资料主要有聊城市人民政府、市政建设局、聊城县基建局等 1959—1984 年的档案。（5）特别要感谢的是，在已有的研究资料中，吴云涛先生的个人笔记、手稿对我的研究提供了大量的信息。这包括：《聊城琐记》（1958 年）、二十五卷本手抄稿《聊城旧闻》（1991

---

① Hastrup, K., "All the World's a Stage the Imaginative Texture of Social Spaces", *Space and Cultrue*, 2004, 7 (3): 223 – 236.

年)、《东昌野史》(1992年)、《东昌续梦》等。(6) 此外,明代许维新的《许周翰先生稿钞》卷之十四《东郡故略》、清代聊城县衙师爷须方岳的《聊摄丛谈》以及山陕会馆和光岳楼中保存的大量碑刻也为我提供了大量历史信息。

如何"在档案馆中做田野工作"？人类学如何使用、对待文献资料？对此,人类学家西佛曼和格里福认为,与历史学家不同,人类学家"为了解释所涉及的民族,他们不仅是想要为过去的缘故而记录过去,也希望发现和说明'事情这么会变成目前这个样子的'。因而,研究当代现存民族的人类学家,不但收集有关这个民族'现在怎么样'的资料,而且,为了更充分的了解,也回头研究过去,经常将当代的情况和制度和过去的事情、情况和过程联系在一起"。① 正如张佩国教授所言,"简单地在人类学研究中纳入历史的维度,并不能使民族志实践走向成功。……割裂了'历史'与'当下'的整体性实践关联,都不能算是在民族志实践中对历史维度的成功应用"。② 这就意味着,城市地志学中的历史维度绝不是将历史视为一种背景加以呈现,而是将其置于地志的脉络与连续的过程中加以理解。这既是地志学方法的要求,也是作为文化过程的地景观的体现。而从文献资料的运用来看,这既要求我"批判地解构历史资料"③,拒绝将其仅仅视为史料,与此同时,透过各种各样的资料,我也尝试去理解不同的主体如何制作自己的历史,呈现"他者"的历史主体性。此外,游荡在历史的田野中,我也时时提醒自己,避免把其中的每一份资料或信息划归于政治、经济、法律等学科框架,而是以一种类似"一体化学科"④的方法加以认识。这既是对人类学整体观的坚守,也是地志学方法的重要体现。

在面对历史田野的同时,我更多的时间将要面对城市的当下。如何处理现在与过去的关系？如何在当下发现历史？在探讨"历史的民族志"

---

① [加]西佛曼、格里福主编:《走进历史田野:历史人类学的爱尔兰史个案研究》,贾士蘅译,(台北)麦田出版社1999年版,第26页。

② 张佩国:《历史活在当下:"历史的民族志"实践及其方法论》,《东方论坛》2011年第5期。

③ [美]萧凤霞:《反思历史人类学》,《历史人类学学刊》2009年第2期。

④ 沃勒斯坦在论述其世界体系的研究方法时称:"当人们研究社会体系时,社会科学内部的经典式分科是毫无意义的。……我不采用多学科的方法来研究社会体系,而采用一体化学科的研究方法。"见沃勒斯坦《现代世界体系》(第1卷),高等教育出版社1998年版,第11页。

实践及其方法论时,张佩国教授认为,仅仅将历史理解为变迁的过程是不够的,历史活在当下,在当下发现历史对于融通过去与现在具有更为重要的意义。这就要求我们必须时刻对当下的日常生活细节保持高度的历史敏感性,充分发掘"在地范畴",展现"整体的历史"的多维面相,反映整体生存伦理的文化逻辑。① 正是在这样的意识下,作为文化过程的地景对于我们在当下发现历史就有了重要启示。正如有研究者所言:"地景从来不是一成不变的,它浸透着历史——既是与之相关的人的历史,更重要的是它自己的历史。两个层面的历史常常是交织在一起,无法清晰区分与辨别;以拟人的修辞来说,历史便是人之'命运'与地景之'命运'之间的相互切合。"② 进一步来看,通过对地景制作过程的呈现,城市的地志脉络、地景自身的历史得以显现出来。更为重要的是,我们能够通过"物"的视角呈现历史的整体性,探讨其中的权力、文化与历史,理解历史制作的主体性与多元性,呈现人的历史感。

从空间上看,城市的地志学研究需要在田野中平衡视野的宏观性与微观性。这种平衡意味着既要有田野工作的宏观视野,从整体上认识城市,也需要社区研究中的深度参与观察和访谈。作为一个整体而存在的城市在历史的进程中有自身的宏观脉络,在不同的时期体现出时代的特征。以这座小城为例,帝国时期,作为"漕挽之咽喉,天都之肘腋"的这座小城城垣、谯楼深壁固垒,坛庙寺观、飞檐斗拱,牌坊林立,更有运河中"舳舻相属,万里连樯"。1949年之前的一百余年里,漕运中断,此起彼落的战火与革命更是褪下了城市曾经的繁华。而在城市再次的拓展与建设中,古城却由中心走向边缘。在发展话语下,曾经的棚户区彻底改观,变成了"满城尽带黄金甲"富人别墅区与游客观光旅游的景区。

与此同时,城市的地志书写也离不开微观的视角,需要我深入关注大众生活的多重空间实践。这意味着我要面对城市田野中多个地点的选择。对于多点民族志的文本建构,马尔库斯与费彻尔认为,其中的一种策略是"在单一文本中结合历时的叙述序列和共时性的效果,表述不同地点的多重与随机依赖,在同一文本中以民族志的方式分别描写各个地点之内的活

---

① 张佩国:《历史活在当下:"历史的民族志"实践及其方法论》,《东方论坛》2011年第5期。
② 汤芸:《以山川为盟:黔中文化接触中的地景、传闻与历史感》,民族出版社2008年版,第30页。

动结果与趋向,并把这些不同地点的活动和有意无意的结果相互联系起来"。对于这样的策略,其中的关键要点是"从宏观体系或制度的观察开始,通过提示此体系或制度所涵盖的地方生活面貌,对它做出民族志的解说"。"田野工作者必须具有灵活性,其工作场所应是一个包含多个地点的网络。"① 对于我的多点田野选择而言,这样的网络要求既体现城市的地景历程,又涵盖城市的大众生活,从而呈现出城市空间支配中的权力关系。在这座北方小城中,代表城市的历史建筑与"景点",作为公共空间的街道、坛庙与广场,体现大众居住空间的棚户区与小区,都将是我细致书写地景制作、理解大众生活的具体田野点。

如何认识城市?如何在城市中做田野?都市人类学的历史回顾也为我带来些许反思与启发。

长期以来,人类学家的形象总是与这样的画面相关:独自一人离开家乡,去往一个远离现代文明的部落,整天拿着笔记,衣冠不整,随时面对尴尬与不测。而现代城市总是社会学家的重要领域而与人类学联系甚少。第二次世界大战后,殖民主义危机、第三世界国家政治独立等一系列历史事件使人类学家开始关注西方社会,关注传统社会的城市化进程。这其中,亲属、仪式、民俗等传统主题依然是人类学城市研究的重要内容。此后,城市移民、贫民窟、志愿者、贫困问题成为都市人类学关注的主要领域。概括来看,大部分研究属于以"城市问题"为中心的研究:针对城市发展过程中出现的问题,对特定群体、空间开展田野调查,分析特定现象。特别是在"家乡人类学"研究中,人类学家的兴趣"在某种意义上是充满实用性的。他们感兴趣的是研究他们自己社会里的问题,帮助制定旨在解决这些问题的社会干预计划。……城市被想象成一幅拼贴画,上面的每一片都代表一个不同的问题。他们的取向并非试图研究整幅拼贴画,而是将每一片拆开来观察和分析"。② 20世纪70年代,在东南亚、印度以及非洲、南美洲等地的人类学田野中,两种立场开始影响到人类学城市研究:城市是一个整体,主张将传统的方法论框架套用到都市研究中以认识其本身。城市同样是广阔国家甚至国际背景下的一部分,应该将其置于全

---

① [美] 乔治·E. 马尔库斯、米开尔·M. J. 费彻尔:《作为文化批评的人类学:一个人文学科的实验时代》,生活·读书·新知三联书店1998年版,第132—135页。

② [英] 朱里安娜·普拉托:《从地方到全球:都市人类学的重要性》,《中国民族报》2009年8月14日第6版。

球体系的大背景下研究。此后，发展中国家的转型以及人类学家自己的社会开始成为关注的焦点。

学术史的简要梳理显示出当今都市人类学研究议题与视野的开放性。这其中，将城市视为整体的观点也与我的城市地志学有类似的理念。这也启发我，地志学避免单纯的问题关注，拒绝拆解式的城市观察，力图从整体上呈现其中文化、历史及复杂权力关系。

之所以将这座北方小城确定为我的田野点，主要有如下考虑：一方面，帝国时期至当下这座城市的地志呈现出完整的脉络变迁，从而为我们理解这一长时段历史提供完整田野素材。另一方面，城市地志中既有丰富的历史信息，也呈现出当下的时代特征。此外，不可否认的是我个人对它有着长时间的关注与认识，而这种从感性到更多思考的认识过程也体现了我的田野历程。尽管如此，或许仍有人会对我能否从熟悉的家乡"走出来"有所质疑。对于这种质疑，我认为，首先我们应该摈弃只有非家乡的地方才适合做田野的观点，摈弃某些地方要比其他地方更具有人类学味道的观点。否则，人类学在社会科学的知识生产体系中或许只能坚守边缘的角色。当然，能否从熟悉的场所走出来依旧是我必须考虑的问题。为此，我将从当下走进时间的他者，"走进历史的田野"，从而能够使我时时穿梭于彼处与此处、异乡与故乡。正如王铭铭所言："预先的'知识探险'，为研究者创造了文化距离……经由历史的回归，达到一种文化的疏离。"①

在经由历史实现文化疏离的过程中，我用更多的时间走进城市的每一个角落。或者骑车"观光"，或者用脚步度量，或者是在居民的生活中充当一个观察者、聆听者与参与者。在 1 年多的田野中，这座小城的地志宛若一条小溪，日益清晰地呈现在我的心中。它流淌过的每一段过程，它的整体线条，从整体到局域的生态，共同形成一幅流动的画卷。

如前所述，人类学的地志学转向强调关注世界的物质性特别是人们居住的真实空间，通过追寻社会能动者寻找道路的过程，从物理意义与社会意义上理解他们的运动及其开辟的道路。超越主客二分和自然文化二分，以栖居的视角看待空间实践中的人，将人与环境的相互建构视为持续的动

---

① 王铭铭：《由彼及此，由此及彼：家乡人类学的自白（下）》，《西北民族研究》2008 年第 2 期。

态过程，以此理解人们的生活实践。坚守上述理念，针对城市田野的多面性、复杂性，一方面，我将视城市为一个延续的、有机的整体，叙述城市的宏观地志脉络，以呈现出城市空间的历史变迁。另一方面，城市历史建筑、城市大众的公共生活与家园更是我理解人们开辟自己道路的不同侧面。这样不同的"面"的选择，既能够反映田野点的历史独特性，也能够呈现出大众的生活实践。在上述四个部分之中，虽然时间经常会被作为叙述的顺序，但这种叙述并非是线性的。而是将当下置于历史的进程中，将单个的点置于特定的文化中探讨，从而呈现出具体的地志脉络与变迁。

在提出问题、梳理相关已有研究以及说明城市地志学研究方法后，我将通过这样四个部分呈现这座小城的地志脉络。

第一部分，我将从整体上叙述城市的地志脉络，呈现不同时期城市空间格局与整体地景的变迁，分析国家权力在多大程度上支配着城市的空间格局与整体地景，这样的支配又如何影响了城市形貌、文化与历史记忆，探讨地景制作背后的文化逻辑与政治。具体包括：（1）通过城市建城、迁城、筑城、城市空间格局以及漕运影响下的城市兴盛，分别探讨国家权力与商贸因素对城市空间、大众生活的影响；（2）通过1949年之后的城市建设，分析城市规划对城市空间与形貌的影响，探讨作为社会控制手段的城市规划与建设；（3）通过20世纪90年代后的打造水城、再造古城，分析在地方主政者主导的地景制作中，水与古城如何被重新制作与解读，它们又如何影响到城市的景观与文化，这一过程背后是一种什么样的文化逻辑与政治。

第二部分，我将以"东昌八景"、光岳楼、山陕会馆等城市历史建筑为例，呈现城市地景制作的历程与文化实践，分析其中的国家支配与文化象征，探讨作为权力手段、文化中介的地景如何发挥作用。具体包括：（1）考察古城"八景"的形成与内容，回顾其中的帝国官员与文人的文化实践，分析其中的文化象征及其对文化认同的影响，呈现帝国的地景传统。（2）追述光岳楼成为城市坐标与象征的形成历程，分析帝国官员、文人以及底层大众等多种主体通过什么样的实践活动实现这样的地景制作。（3）透过山陕会馆建筑与商人们的生活实践，呈现商人所代表的社会力量如何制作自己的历史，探讨帝国权力之外的社会空间。（4）通过1949年后地方政府对光岳楼与山陕会馆维修、保护与开发历程，分析它们如何并被重新制作为城市标志与景点。

第三部分，分析城市公共空间中的国家权力与大众生活，探讨不同时期城市空间支配的特点。这包括：（1）通过帝国时期这座小城的牌坊、街道传说与坛庙地景，分析帝国权力如何通过地景制作，实现对城市大众伦理道德、民间信仰的渗透与支配。（2）通过1949年后街道的规划、更名以及广场政治与大众生活，呈现国家政权对个体的身体支配与外在控制。（3）通过1978年后公园、市民广场的修建及其中的大众生活，呈现大众公共生活的变迁，分析其中的生命政治及支配形式。

第四部分，我将走进拥挤破落的平房棚户区与高楼林立的现代小区，分析城市大众如何应对地景制作中的国家支配，探讨他们在自己的栖居之所扮演何种角色、如何感知与体验自身的生活环境。具体包括：（1）以米市街为例，分析"棚户区"如何产生，哪些因素参与了这一过程，米市街的居民们又是如何栖居于这样的棚户区；（2）通过老城里居民的拆迁与"乡下"小区生活，分析地方政府与拆迁居民的行动策略，家园变迁如何影响城市大众。（3）回顾武村由村落到城市小区的变迁，通过当下的小区生活，呈现国家通过地景制作实现的城市化与发展，分析底层大众从农民向市民的转换中生活的变与不变，理解村民们如何开辟自己的道路。

最后，我将总结作为国家支配的地景制作，探讨地景制作中的权力、文化与历史，尝试解释并概括中华帝国晚期至当下的空间支配类型，认识并探讨近代以来中国的国家转型。

第二章

古城的源与流

在人类文明史上，城市的形成与发展具有重要意义。刘易斯·芒福德曾将城市誉为与文字并列的人类进步阶梯上的两大创造和工具。"通过城市的物质结构，过去的事件、很久以前作出的决定、久已形成的价值观等等，都继续存活下来并且散发着影响。""城市本身变成了改造人类的主要场所。"[①] 从某种角度看，城市首先意味着人类改造自然、制作属于自己的空间能力的提升。

如今每一个来到聊城这座北方小城的人，很快都会注意到各处"江北水城、运河古都"的城市宣传牌。它在中央电视台的城市品牌宣传则让更多人听说了这样一座小城。事实上，"江北水城、运河古都"的形象并非仅仅存在于媒体宣传中。6万多平方千米的东昌湖，一处始建于宋代、方方正正的城区坐落于水中，四周城门、角楼矗立，城内是青砖筒瓦的仿古建筑。城外修葺一新的京杭大运河在东侧穿城而过。城中有湖，湖中有城，城湖相依，河湖相连。光岳楼下，一位慕名而来的河北游客向我谈到他对这座小城的印象："江北水城名副其实，古城建的也很漂亮，还真有点江南水乡的感觉。"

每一座城市都有自己的历史。然而，自近代史开端的一百多年来，在"他者"的冲击与影响下，中国人不断地反思甚至否定自己的文化。"文化大革命"时期，这种否定更是空前绝后。在很长的时间里，"反封建"成为文化自我批判的集中口号。这种批判在中国城市景观中的体现就是，有着悠久历史的城市在当下已很难感受到文化的厚重感。既然如此，这座

---

① ［美］刘易斯·芒福德：《城市发展史：起源、演变和前景》，倪文彦、宋峻岭译，中国建筑工业出版社2005年版，第117—119页。

小城中"水城"与"古城"景观是否只是当下地方主政者的品牌打造？这座小城的地志脉络从何而来？因何而变？在历史的田野里追寻城市的源与流，或许可以让我对此有更为深刻的认识。

在本章中，我将追寻帝国时期城市空间格局的形成、古城的兴盛与边缘化、当下"江北水城、运河古都"打造的三个不同的历史时段，从宏观上叙述长时段内城市的地志脉络，呈现古城空间的生命历程。通过这座北方小城整体地景的变换历程，我期望能够呈现不同时期城市空间格局与整体地景的变迁，国家权力在多大程度上支配着城市的空间格局与整体地景，这样的支配又如何影响了城市形貌、文化与历史记忆。

一 "江北一都会"

（一）故城记忆：聊古庙

聊城位于山东省西部，西临河北省，东接济南泰安。地势西南高、东北低，地处黄河冲积平原，长久以来一直是重要农业产区。自秦代始设县，属东郡地，此后均为治所。自古水系发达，河流众多，自然灾害特别是水患频繁。明清时期，京杭大运河沿城而过，聊城由此发展为运河沿岸重要商业城市。

聊城名字的由来尚存争议，颇为值得考证。聊城之名最早见于《左传》。《左传·周景公二十三年》记载："聊、摄二城，齐之西鄙也。"从字形上看，战国时期"齐之西鄙"的"聊、摄"两座城邑都和"耳"有关。2005 年聊城市社科联曾召开研讨会专门探讨聊城名字的由来。在研讨会上，聊城市博物馆赵乃光认为，从字形上看，聊字由耳与卯组成，卯字在古代是两把刀的会意。由此，聊者，刀割耳也。摄者，手执耳也。《史记·齐太公世家》记载："是时周室微，唯齐楚秦晋为强，晋初于会，献公死，国内乱。秦穆公辟远，不与中国会盟。楚成王初收荆蛮有之，夷狄自置。惟独为中国会盟。而桓公能宣其德，故诸侯宾会。"据史料记载，在聊城境内，齐桓公有过五次会盟：鲁庄公十三年与鲁公柯之盟（柯，今山东阿城）；三十五年夏会诸于葵丘（茌平杜郎口），秋夏复会；《左传》鲁襄公二十五年会诸侯于牡丘（今茌平西南广平北门外）；鲁僖公三年，桓公约宋、江、黄三国会盟于阳谷，今"会盟台"在县城南门外西南隅。而诸侯会盟时，执牛耳者为盟主。为此，他认为：齐桓公多次

第二章　古城的源与流

在聊城地域执牛耳会盟，聊、摄二城名字是为了纪念齐桓公成为中原霸主的丰功伟绩。而原聊城市文物研究室主任、文史专家陈昆麟则认为："'聊'字在《尔雅·释木》中说：'朻者聊'。《中华大字典》中也说：'聊'，音寮，啸韵，木名。可见，'聊'也是一种树木。一般来说，边境城市的缘起，多与军事有关，或许齐国早期在派兵驻守这一带时，这里多'聊'树，就地取材，就用'聊'这种树木作营寨，又在此基础上，逐步发展为邑。因此，将新建边陲重镇称为'聊'。"[1] 虽然不同研究者对城市名字的由来尚存争议，但诸多观点中都认可聊城名字与国家军事行为密不可分，与聊城作为当时的边境城市有重要关联。

至战国时期，聊城已成为齐国西部边境重要城邑，有着重要的军事地位。1957年，中国社会科学院考古研究所山东队的考古人员在聊城西北六公里处的闫寺街道办事处申李庄北邻处发现旧城遗址，考古发掘证实为龙山文化至商周时期的遗址，也即为聊城旧城遗址。对于聊城故城，成书于北魏正光二年（521）的《水经注》记载："漯水又北迳聊城故城西，城内有金城，周匝有水，南门有驰道，绝水南出，自外泛舟而行矣。"[2] "城内有金城，周匝有水"的城市防御体系呈现出帝国城池的主要特征，而这也代表了帝国时期绝大部分城市的整体外观。对于帝国时期城治的形态与结构，章生道在分析其军事功能的同时也指出，滨河城市的城池往往还具有防洪功能。[3] 事实上，对于地处黄河下游的这座小城而言，与外来军事威胁相比，水患对城市的威胁似乎更为频繁与严重。而这也决定了此后它的几度被迫迁址。

据地方史研究者考证，聊城故城历经1000余年，至北魏时迁往王城。尽管此后城池废弃，但故地中却长时期保留了一处被称为"高阳陵庙"的古迹。这里的高阳氏即历代传说中的五帝之一——颛顼。对于颛顼，《史记·五帝本纪》记载："帝颛顼高阳者，黄帝之孙而昌意之子也。静渊以有谋，疏通而知事，养材以任地，载时以象天，依鬼神以制义，治气以教化，洁诚以祭祀。北至于幽陵，南至于交阯，西至于流沙，东至于蟠

---

[1] 陈昆麟：《聊城名字的由来》，聊城市社科联"聊城名称由来研讨会"会议论文，2005年11月。

[2] 《水经注》，商务印书馆1933年版，第97页。

[3] ［美］章生道：《城治的形态与结构研究》，载施坚雅主编《中华帝国晚期的城市》，叶光庭等译，中华书局2000年版，第88页。

木。动静之物，大小之神，日月所照，莫不砥属。"①

作为中华民族的人文共祖之一，颛顼去世后葬于何处却有众多说法。《大明一统志》记载："帝颛顼高阳氏陵有二：一在开州，一在东郡城西北二十里……在东郡者有庙，民间称聊古庙是也。"这里的"东郡"即为明代的东昌府。颛顼庙前有一古井，名"圣水井"。民间相传，圣水井"旱祷辄应"，故"圣泉携雨"也成为聊城的古八景之一。被民间称为聊古庙的颛顼庙始建于何时已难以考证，但此后历代多有重修。清宣统《聊城县志》记载："古高阳氏陵，在城西北二十里。陵前有圣水井，旱祷辄应。宋景祐四年重修，有碑。"② 至明代中后期，颛顼陵庙已年久失修，破败不堪。明嘉靖年间聊城进士许东望的诗文就描绘了当时的情形："颛顼荒陵荆莽中，独留圣井惠无穷。蘼芜随地添新绿，古木栖霞照旧红。甘雨时分沧海润，空坛忍见石碑砻？春秋不必潢污奠，帝德民忘陋霸功。"③

明万历年间，山东道巡按御史钟化民来聊城拜谒陵庙时，接受地方建议，捐金重修。聊城人进士傅光宅在《重修高阳陵庙记》中记载："计庙四楹，中肖帝像，旁列宫官、文武臣各二。环以周垣、门屏，浚圣水泉以亭覆之。择黄冠守奉香火，给以余田。"陵庙的重修也一改此前地方灾患。在陵庙重修前，"饥馑水旱之灾，历年靡有宁也"。而在陵庙复建后，"郡邑大夫具牲醴拜奠庙下，而士民趋走来谒、有泣下者，随亦雨遍四境，卒成有秋"。④ 地方多次重修的颛顼庙一直至清代依旧香火不断。至抗战结束后，历经战火的聊古庙终成废墟。此后的很长时间里，周围的老百姓已难以寻觅古庙的踪迹，原遗址只是略高于周围地面的土冈而已。唯有 1978 年聊城县"革命委员会"竖立的一块刻有"聊古庙遗址"的石碑，还能够偶尔让一些上了年纪的人回忆起这块土地上的历史。对于周围村庄的年轻人，聊古庙只是一块树林中的石碑而已，更有人甚至连聊古庙的名字也不知晓。

在对历史记忆的探讨中，很多人认可记忆并非个体的行为，而是群体的行为，而且群体记忆是有选择性的。这集中体现在莫里斯·哈布瓦赫所

---

① 《史记》，中华书局 1959 年版，第 11 页。
② 清宣统《聊城县志》卷一，《方域志》。
③ 清康熙《聊城县志》卷四，《艺文志》。
④ 傅光宅：《重修高阳陵庙记》，清宣统《聊城县志》卷四，《艺文志》。

代表的社会记忆的研究中。社会记忆的研究取向与涂尔干对社会与集体表象的研究密不可分。它强调记忆依赖于特定社会环境,"存在着一个所谓的集体记忆与记忆的社会框架,从而我们的个体思想将自身置于这些框架之内,并汇入到能够进行回忆的记忆中去"。① 事实上,哈布瓦赫的集体记忆更多的是个体的集合。在康纳顿的《社会如何记忆》中,集体记忆真正从集合的记忆变成集体的记忆,集体成为记忆的主体。而德国学者奥斯曼则通过提出文化记忆的概念进一步发展了社会记忆理论。他认为,集体记忆实际是交往记忆(communicative memory),它具有时间上的有限性,不能提供固定地点,不能随时间的流逝把记忆负载于过去。而这样的固定性只能通过客观文化符号的型构方可实现,这种通过文化符号型构的记忆就是文化记忆。由于文化记忆具有固定点,能够通过文本、仪式、纪念物等文化形式以及组织化交流而不断延续,一般不会随着时间流逝而发生变化。②

在聊城古城及聊古庙的地志变迁中,我们再次看到这样的"固定点"对于历史记忆的影响。一方面,历代多次的建筑复建不断延续着历史的记忆;另一方面,这样的历史记忆在很大程度上也依赖于有形的物质基础。而与此同时我也产生一个问题:在有形的建筑消失之后,这样的文化记忆是否将永远消失?事实证明并非如此。

作为城市故址,聊古庙的记忆在 2010 年后再次被人们唤醒。在地方政府打造"江北水城、运河古都"城市品牌过程中,一些地方史爱好者开始重新关注这座城市的渊源与文化,而地方文化部门也开始了寻找聊城故城的"考古调查探索工程"。这样的探索工程也再次激发起人们对聊古庙的兴趣。2010 年,村民们在遗址所在的杨树林找到了早已遗弃的聊古庙水井,并在井上修建起一座石亭。地方新闻对聊古庙遗址的宣传,特别是石亭的修建,吸引不少聊城人来到此地,向周围村庄的人打听这个叫聊古庙遗址的地方。这也让遗址所在的申李庄的村民知道了这里的历史。当我向他们打听水井的历史时,一位 40 多岁的村民告诉我:"这里就是聊城最早的旧城,那个水井叫圣水井,早先的时候这里有庙,供的是颛

---

① [法]莫里斯·哈布瓦赫:《论集体记忆》,毕然、郭金华译,上海人民出版社 2002 年版,第 69 页。

② Jan Assmann, *Collective Memory and Cultural Identity*, *New German Critique*, No. 65, Cultural History/Cultural Studies (Spring-Summer, 1995), pp. 125 – 133.

项。颛顼你知道吧？中国古时候的皇帝，就埋在我们这里。"当我向他询问庙的位置时，他更是像描述此前不久的记忆一样，向我描述曾经的景观。事实上，他最后也承认，这些都是最近听说的。"报纸上都报道了，大家都知道。"更有个别村民小心地保留着地方报纸对聊古庙的报道，以此来证明这里曾经的辉煌。

显然，在特定时期人们文化与身份的重新认识中，某些消失了的记忆可以重新打开，并通过物质化符号重新展现并巩固。帝国时期颛顼陵庙的每一次重修，都能够不断延续人们的历史记忆；而文化身份的每一次觉醒，也都印记在大地的景观之上。这也再次提示我们物质性景观与历史记忆的互动性。值得注意的是，在每一次的地景重现之中，无论是帝国时期，还是当下，国家总是充当着重建历史的重要角色。无论是帝国官员，还是如今的地方政府，都会对重现历史颇感兴趣。而帝国时期聊古庙兴盛的香火与当下村民对圣水井的复建也显示出底层大众对城市历史的追寻与怀念。

（二）明清时期的城池

聊城故城历经1000余年，此后的聊城曾三次迁城。据地方史研究者考证，聊城历史上第一次迁城是北魏时由聊古庙迁往王城。而存在500多年的王城具体位于何处却存在多种观点，尚待证实。此后，聊城再次迁往巢陵。这在地方志中有明确记载："五代晋开运二年，河决城圮，南徙巢陵故城。"① 而后晋时的巢陵故城遗址则已不存在争议。它就位于如今城市东南郊区一处被称为"九州洼"的地方。1969年，中国科学院考古研究所的人员对此地进行发掘考察，证实了聊城二迁的巢陵旧址。事实上，九州洼原名"旧州洼"，其名源于此地为旧时博州治所，地形为洼地，后讹传为"九州洼"。九州洼西邻军王屯，南接张屠庄，北面是徐田村。在如今周围村民的记忆中，30年前的九州洼北部尚存一处高大土堆，附近的老百姓称之为"老台"，南部张屠庄附近的土堆被称为"王坟"。而如今这里已是平整的农田，唯有依洼地掘成的十余个鱼塘散落在农田中间。而在2010年的城市规划中，这里又被规划为未来市民休闲的九州洼湿地公园。

---

① 明万历《东昌府志·地理志》。

宋淳化三年，黄河再次决口，导致巢陵故城被毁，聊城三迁至今址。这在不同时期的地方志上都有记载："淳化三年，河决，巢陵乃移至孝武渡西，即今治。"① "县附郭旧治巢陵故城，宋淳化三年河决城圮于水，乃移治于孝武渡西，即今治也。"②

在聊城三迁之后的几十年里，城池并无坚固城墙的防御。至宋熙宁三年（1070），城市开始以土筑城，明洪武年间城墙改为砖石。"熙宁三年，建城市，旧筑以土，明洪武五年，守御指挥陈镛始甃以砖石。"③ 明代万历年间《东昌府志》更是详细描述了明代城池的规模："洪武五年，守御指挥陈镛陶甓甃焉。周七里有奇，高三丈五尺，基厚以二丈。门四，东曰寅宾，南曰南熏，西曰纳日，北曰锁钥。楼橹二十有五，环城更庐四十有七。附城为郭，郭外各为水门，钓桥横跨水上，池深以二丈，阔倍之三。护城堤延亘二十里。"④ 特别是在城墙的设计与修筑方面，作为武官出身的东昌守御指挥佥事陈镛经营筹划的此次筑城为后来城市防御打下了坚固的基础。这在清康熙年间的地方志中也得到承认："守御指挥陈镛经画，始甃砌砖石。周围七里一百九步，高三丈五尺，阔二丈，重以四门城楼二十七座，垛口二千七百有奇，窝铺四十八座。池深二丈，阔三丈，有水门，有钓桥，有潜洞，有闇门。自创建直接，历二百余年，其间相承修葺虽非一人，而其防守捍御之巧，大抵皆旧迹也。"⑤

始建于明代的城池此后历经多次重修。"雍正九年，重修护城堤，知县蒋尚思有碑记，载'艺文'。乾隆五十五年，巡抚长麟奏准借帑生息修筑通省城垣，于乾隆五十七年知县科普通武承修。道光□□□年，邑人杨以增出俸金捐修南面，光绪十□年，邑人朱学笃等筹款补修。"⑥ 城池的修筑及后来多次重修极大提高了城市的防御性，使之易守难攻。这在此后多次战役中都有体现。坚固的城防不仅在冷兵器时代具有极强防御能力，即使是到了热兵器时代，这座古城也显示出其易守难攻的特点。

1946年解放聊城的情形很多老人依旧记得清楚。原聊城东昌府区宣

---

① 明万历《东昌府志·地理志》。
② 清宣统《聊城县志·建置志》。
③ 同上。
④ 明万历《东昌府志·建置志》。
⑤ 清康熙《聊城县志·建置志》。
⑥ 同上。

传部副部长温宝善老人曾撰文回忆了当时的城防与战况。"城墙宽厚,两辆马车可以并驾齐驱。城墙高约四丈二尺,城墙外沿为曲线结构,每隔一段距离,就有一个垛口,以便于护墙射击。四个城门除北门为直向重门外,其余皆为扭头门。城中光岳楼,高高耸立中央,可以瞭望城外动静。城四门都有门楼,城四角皆有炮楼。"坚固的城墙给解放聊城带来极大困难。"1946年1月12日经过侦察,我军又选择了城东南角的魁星楼一带,发起了攻击。炮击以后,战士们架梯攻城,先有十五名战士登上城墙,和敌人展开了殊死战斗。……十五位勇士有十四位壮烈牺牲,攻城又未能成功。……攻城暂时停止,我军便采取了围而不攻的方针,将敌人严密的围困在城内。"[1] 直至1946年12月31日,守城敌军在济南王耀武派来的一一零师的接应下逃往济南,围城历时1年多的聊城最终解放。古城城墙的主体为三合土砖石砌成,能够经受炮火的攻击而不坍塌,东关米市街的陈清文[2]老人回忆:"那个三合土的城墙楞结实,一炮打上,城墙也就打出一个小坑,根本打不塌,共产党打下聊城可死了不少人,最后还是国民党自己跑了才解放的聊城。"

毋庸置疑,城市坚固城墙的首要功能是军事防御。明代李廷相在《重修东昌府城纪略》中就指出了修筑城池的上述功能:"城以卫民,池以卫城。……故天子有王城,诸侯有郡城,卿大夫有邑城,皆以自固且固民也。"[3] 然而,也有研究者指出了高峻城墙对帝国统治的政治意义。在对南京城的研究中,牟复礼认为,高峻城墙的修筑如同政府的其他行动一样,是为了加强帝国"天命"正统的神秘性,是为了彰显政府的威严。从城市文化史的视角而言,城的主要意义就在于此。[4] 更有学者强调,"在帝制时代的政治意象中,城墙更主要的乃是国家、官府威权的象征,是一种权力符号。雄壮的城楼、高大的城墙、宽阔的城濠,共同组成了一幅象征着王朝威权和力量的图画,发挥着震慑黔首、'屑小'乃至叛乱者

---

[1] 温宝善:《聊城解放前夜》,新浪博客 http://blog.sina.com.cn/s/blog_4c3ea8090100ptas.html。

[2] 文中部分田野人物名字依人类学规范化名,下同。

[3] 李廷相:《重修东昌府城纪略》,清宣统《聊城县志·艺文志》。

[4] [美]牟复礼:《元末明初时期南京城的变迁》,载施坚雅主编《中华帝国晚期的城市》,叶光庭等译,中华书局2000年版,第152页。

的作用，使乡民们匍匐在城墙脚下，更深切地领略到官府的威严和'肃杀'"。① 从这样的意义上讲，城市既是国家权力的保障，更是帝国权力的体现与象征。

中国古代城池的修筑中，城门连接着城池的内外，是城市军事防御中的关键位置。除了军事意义外，城门的名称往往也具有丰富的文化内涵。而聊城东西南北四个城门的名称在明代也曾历经变化。如今南城门下碑刻上的"复建聊城正德门记"碑文就记载了聊城城门的历史："熙宁三年，始筑土城。城迁门移，今址之南门，即此役所建也。明朝初立，为防敌御寇，守御指挥陈镛，于洪武五年始甃以砖石。为门凡四：东曰春熙、西曰清远、南曰正德、北曰宣威。至嘉靖四年，因历年即久，楼倾墙欹。知府叶君天球，乃鸠工庀料，修城浚河，固楼坚垣，终成不朽之功。至万历七年，城池复有蔽坏，知府莫侯与齐等，再次维修。其更砖换瓦，修缺补残，以新门楼、角楼，不数月工毕。且更四门之名：东曰寅宾、南曰南薰、西曰纳日、北曰锁钥。南门名南薰始于此焉。"

尽管碑文并未详细解读城门名字的含义，我相信大部分来此的游客还是能够猜度出其中的含义。古城的四门之中，北门先后的名称"宣威"与"锁钥"显然都与军事密切相关。或许这也体现了帝国时期中原王朝自始至终对来自北方游牧民族的军事威胁保持高度警惕。而"南薰"则出自《孔子家语》："南风之熏兮，可以解吾民之愠兮；南风之时兮，可以阜吾民之财兮。"东门"春熙"之名取自老子《道德经》："熙来攘往，如登春台。"描述的是春风和煦，百姓熙来攘往，一派繁华太平的景象。"寅宾"则出自《尚书考灵曜》卷二："春夏民欲早作，故令民日出而作，是谓寅宾出日。"而南门先后的名称"正德"与"南薰"都与百姓教化相关联。

在古城城门的名称中，一方面我们看到了地方主政者的理想：在坚固的城池中，官员清明，修身正德；百姓勤劳，安居乐业，天下太平盛世。另一方面，古城城门名称同样也体现出中国传统文化对方位的理解：东方与南方主阳，象征温暖与生长；西方主阴、主秋；北方主阴，象征寒冷、死亡、战争。正如同章生道所指出的，"在明显的象征手法中，东南西北四

---

① 鲁西奇、马剑：《空间与权力：中国古代城市形态与空间结构的政治文化内涵》，《江汉论坛》2009年第4期。

门分别同春夏秋冬四季相联系。南门象征着暖和生，北面象征着冷和死。南门和南郊主民间盛典（主吉），北门和北郊则主军事活动（主凶）"①。

　　了解古城的人都熟悉聊城古城方方正正、四周环水的特点。作为推介古城旅游的网站也被命名为"中华水上古城"，在对古城介绍中，聊城古城首先被描述为"面积仅有1平方公里，却被6.3平方公里的湖水包围，其'城中有水、水中有城、城水一体、交相辉映'的水城风貌美轮美奂，天圆地方的城市形态全球独有"。这样的城市特色与明代城市的防御密不可分。明万历《东昌府志》记载："附城为郭，郭外各为水门，钓桥横跨水上，池深以二丈，阔倍之三。护城堤延亘二十里。"②

　　明代府城图则直观地再现了古城的整体轮廓与街道格局。

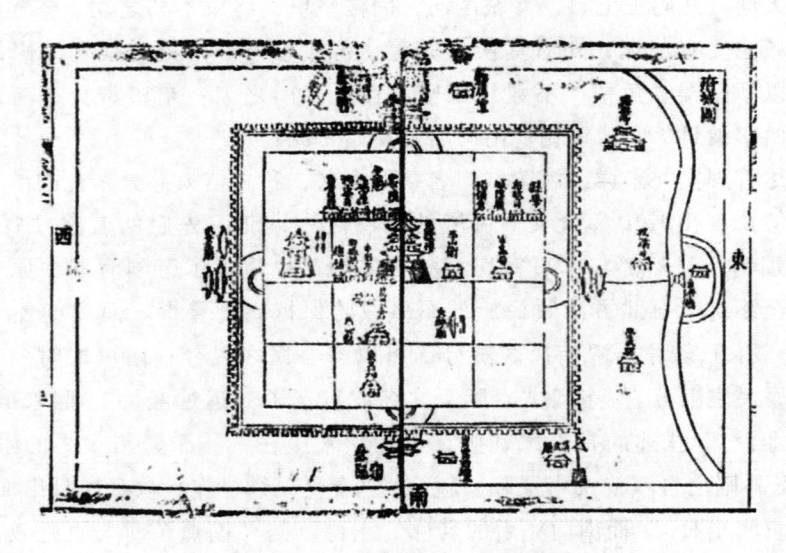

图 2-1　明代东昌府府城图
资料来源：万历《东昌府志》卷一图考。

　　明万历二十八年《东昌府志》描绘的东昌府府城图清楚显示出，古城呈正方形，四周围墙，东西南北中心各有城门。正方形城治显然与帝

---
　　① [美]章生道：《城治的形态与结构研究》，载施坚雅主编《中华帝国晚期的城市》，叶光庭等译，中华书局2000年版，第105页。
　　② 明万历《东昌府志·建置志》。

国时期大部分城市外形是相似的，而这样的外形可以追溯到《周礼》。[1]研究者早已指出，这与中国传统文化中"天圆地方"的观念密不可分，进一步看，这样的城市象征主义已成为帝王思想的一部分。[2] 古城内部以光岳楼为中心，十字形大街连接四座城门。十字中心大街将古城再次分为四个正方形城区，除古城西北，其他各区同样有十字形街道。古城内主干道路都是正方向，纵横交叉，形成棋盘式方格网状结构。显然，古城这种空间格局的形成直接取自于明代守御指挥陈镛的"经画"。换言之，聊城古城城市空间格局并非自然形成，而是在主政地方的官员的支配下规划出来的结果。与农村更为普遍的自然形成的空间格局相比，城市空间格局显然更易受到帝国官员的支配与控制。进一步而言，基于国家有限的治理能力，帝国时期国家对空间的直接支配主要限于城市之中。

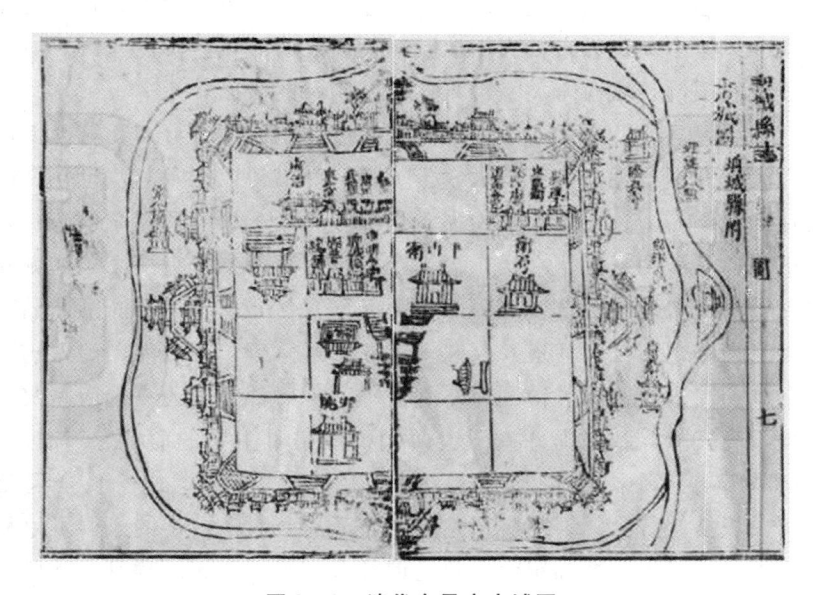

图 2-2 清代东昌府府城图
资料来源：康熙《聊城县志》。

---

[1] 《周礼·考工记》记述："匠人建国，水地以县，置槷以县，眡以景，为规，识日出之景与日入之景，昼参诸日中之景，夜考之极星，以正朝夕。匠人营国，方九里，旁三门。"
[2] ［美］芮沃寿：《中国城市的宇宙论》，载施坚雅主编《中华帝国晚期的城市》，叶光庭等译，中华书局 2000 年版，第 52 页。

对比此后清代康熙二年《聊城县志》所记载的府城图，我们能够发现，古城筑城之后的空间格局在此后一直保留了下来。即使是在市民房屋建设剧增的20世纪七八十年代，这样的城市格局依旧没有发生太大的变化。

从城市建筑规模与分布来看，明代初期聊城除了城墙、光岳楼外，主要建筑有府衙、县衙、上河厅署、卫所、府学、县学、考院以及数十座庙宇。[①] 明代中期以后，城市人口进一步增加，城市功能分区日益清晰。首先，官署集中于城市西北部，主要有府衙、县衙、文庙、都察院、按察司、兵备道、申明亭、总铺等。其次，坛庙规模大幅增加，分布于城市四周、城墙及城内部分地方。明万历年间《东昌府志》记载的坛庙有：社稷坛、风云雷雨山川坛、文庙、启圣祠、名宦祠、乡贤祠、城隍庙、旗纛庙、八蜡庙、马神庙、郡厉坛、颛顼庙、东岳庙、玄帝庙、三官庙、龙王庙、武安王庙、三义庙、文昌祠、火神庙、土地祠等。此外，在漕运商贸的推动下，楼东大街、东关大街以及东关发展为城市主要商业区。城市发展突破城墙限制，城市东关一带日益发展为新的城区。

而从居民居住分布来看，历代高官望族住宅大部分分布于城内干道附近。如清代开国状元、武英殿大学士、兵部尚书傅以渐及其八世孙傅斯年家族在楼北相府街；明代吏部尚书、建极殿大学士朱延禧在东口南街朱府口；山西巡抚耿如杞家族在楼东大街路南；刑部尚书任克溥家族在城隍庙街路北；清代状元、礼部左侍郎邓钟岳家族在状元街；工部尚书朱鼎延家族在袁宅街路北；江南河道总督兼署江北漕运总督、海源阁创始人杨以增家族在观前街东头路北；镇国将军、左军都督府都督刘通在楼南路西；等等。除了高官望族，城内外主干道两侧则汇集了主要的商铺，"铺门外，大的字号竖有一块高达六七米的'通天招牌'。……老式门脸全是三大间，卸去板搭统统敞开，豁亮通达，一览无遗。大街行走的人群可以从很远就看见。人们走到药铺跟前，只见铺外金字牌匾，辉煌耀目，铺里柜台货架，整齐可观，药臼捣药声叮当不绝，柜内柜外，取药抓药，忙个不停。"[②] 而更多的狭小巷道则是普通百姓的聚集之地。

---

① 李泉、王云：《山东运河文化研究》，齐鲁书社2006年版，第118页。
② 朋南、亲顺：《解放前聊城的中药铺》，政协山东省聊城市文史资料研究委员会主编《聊城文史资料》（第四辑），1987年，第131—132页。

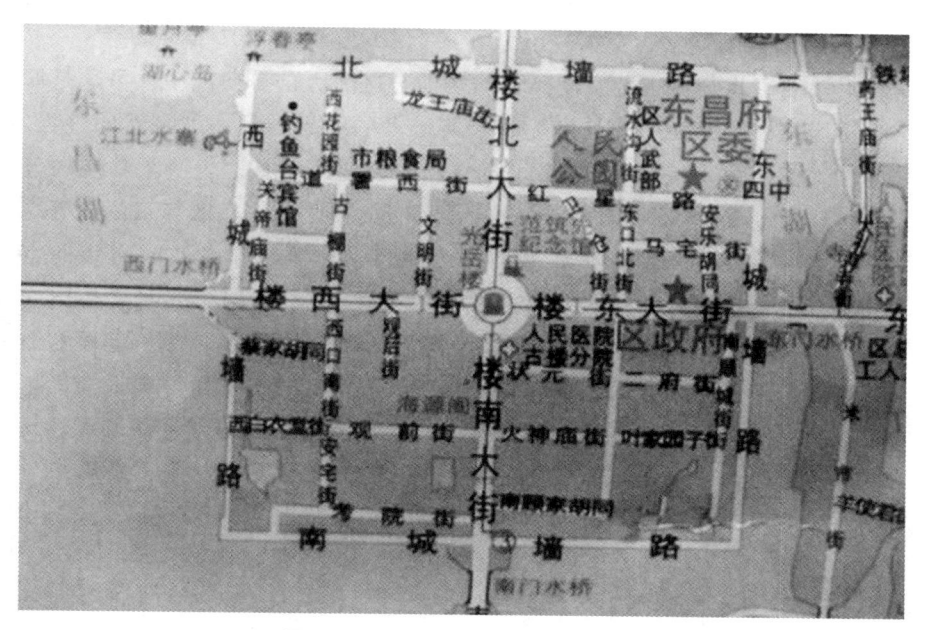

图 2-3　20 世纪 90 年代古城地图

图 2-4　古城卫星地图，2012 年

资料来源：谷歌卫星地图。

对于中国古代城市的空间结构与功能分区，大部分研究中认可这是城市人口增长、商业发展以及实际需求所推动的结果，是一种自然的过程。如斯波义信认为，"在城市的空间划分方面，自然而然地表明了功能的分化，必然会形成中心区和边缘区、富民区与贫民区、住宅区与工商区等这种有机的功能分化"①。对此，也有学者更倾向于强调中国古代城市的空间分划主要是权力（不仅是政治权力）运作与各种社会经济因素共同作用的产物。② 显然，这座小城城市空间格局的形成过程可以在一定程度上支持这样的论断。一方面，各类官署机构、豪门望族占据了城内最为优越的位置；另一方面，漕运的兴盛也推动东关成为重要商贸区，并发展成新的城区。可以认为，帝国官员的最初"经画"决定了城内空间格局与分划，而城外东关新城区的格局则与商贸经济的发展密不可分。

（三）"漕挽之咽喉，天都之肘腋"

在对城市的认识上，马克斯·韦伯将西欧城市视为城市的理想类型，对于中华帝国，基于政治体制的特性与特殊的社会结构，从未形成真正的城市，"在中国，城市是个要塞及皇权代理人的治所"③。这样的观点也影响了后来的很多学者。如经济史学家傅筑夫认为："中国封建制度的最大特点之一，是城市的性质及其发展道路，与欧洲封建时代的城市完全不同，因而中国古代城市在整个封建经济结构中所处的地位，及其对经济发展所起的作用，亦完全不同。"④ 人类学家张光直指出，"中国最早的城市的特征，乃是作为政治权力的工具与象征"⑤。显然，上述观点都是强调政治因素对中国城市的决定性影响。然而，也有人对中国城市研究的"韦伯模式"提出质疑，这其中影响较大的则是施坚雅。

施坚雅以对中国市场体系的研究为基础，结合克里斯塔勒的中心地理

---

① ［日］斯波义信：《宋都杭州的城市生态》，载唐晓峰、黄义军主编《历史地理学读本》，北京大学出版社2006年版，第415页。
② 鲁西奇、马剑：《空间与权力：中国古代城市形态与空间结构的政治文化内涵》，《江汉论坛》2009年第4期。
③ ［德］马克斯·韦伯：《经济与历史、支配的类型》，康乐等译，广西师范大学出版社2004年版，第220页。
④ 傅筑夫：《中国经济史论丛》（上册），生活·读书·新知三联书店1980年版，第321页。
⑤ 张光直：《关于中国初期"城市"这个概念》，《文物》1985年第2期。

第二章 古城的源与流

理论，提出了中心地理论，将城市置于市场体系而非传统的行政层级之中进行认识。① 由此，城市更多被视为社会自然结构的要素，是"经济中心地的一个子集合而已"。② 随着近代商业发展所形成的商品集散地推动城乡各个层级地点的商品交流，中华帝国晚期的城市已经具备相当规模的经济与社会复杂性。此后，罗威廉对近代汉口商业与社会的研究进一步支撑了这样的论断。

作为帝国时期运河沿岸的重要城市，这座北方小城的兴衰与漕运密不可分。因漕运而兴的商贸如何推动这座小城的发展？大众的城市生活受到什么样的影响？城市的商贸发展如何影响了帝国权力对城市的支配？接下来，我将考察漕运与这座城市的命运，试图回答上述问题。

自秦一统天下、建立中央集权国家，此后的历代王朝基本都拥有辽阔的疆域。辽阔的疆域在增强国家实力的同时，也为国家的空间支配提出严重挑战。特别是自宋代以后，江南农业生产已超越北方，取代以往北方经济重心的地位，帝国统治中出现了政治、军事重心与经济中心分离的状况。在这样格局下，"南粮北运"就成为关系到帝国统治的重要战略，漕粮成为保障历代王朝中央政府机关特别是军事体系的重要物质基础。正如宋代官拜参知政事的张方平所言："今日之势，国依兵而立，兵以食为命，食以漕运为本。"③ 特别是元代，"去江南极远，而百司庶府之繁，卫士编民之众，无不仰给于江南"④。而隋代修建的途经洛阳的南北大运河迂回曲折，需要水陆并用，远不能满足漕运需求。在这样的背景下，至元二十六年（1289），元世祖忽必烈下诏开凿山东境内自东平路须城县安山经东昌至临清的运河河道，并赐名"会通河"。至元三十年（1293），通惠河的开通使得北京至杭州全长1794公里的运河通航。明永乐九年（1411），工部尚书宋礼奉命疏浚会通河，通航能力大幅提升，"八百斛之舟迅流无滞"，与此同时，"海陆运俱废"，⑤ 山东境内漕运日益进入繁盛时期。

---

① ［美］施坚雅：《中国农村的市场与社会结构》，史建云、徐秀丽译，中国社会科学出版社1998年版，第1页。
② ［美］施坚雅主编：《中华帝国晚期的城市》，中华书局2000年版，第327页。
③ 张方平：《论京师储军事》，《乐全集》卷23，《四库全书珍本初集》，商务印书馆1935年版。
④ 《元史》卷九十三《食货志一》。
⑤ 《明史》卷八十五《河渠志》，中华书局1974年版，第2078页。

帝国时期漕运的目的是将征自江南的粮食运往北方，用以满足帝国统治需要，因此明代以前并不允许粮船携带私货。明洪熙元年（1425），明宣宗下令"今后除运正粮外，附载自己的什物，官司毋得阻挡"。① 至成化元年（1465），准许漕船携带一定数量的免税货物。清代更是进一步放宽漕运政策，这极大促进了运河沿岸城镇的商贸。显然，漕运的发展超出了维护帝国统治的目的，"起着一些不属于封建朝廷调控范围、客观上却十分积极的社会作用，诸如促进商品的流通，刺激商业城市的繁荣、促进商业性农业的发展，加强各地经济文化的交流等"。② 尽管黄仁宇认为，明朝"施政方针不着眼于提倡扶助先进的经济，以增益全国财富发……这种危害落后的农业经济、不愿发展商业及金融的做法是中国在世界范围内由先进的汉唐演变为落后的明清的主要原因"。③ 但从这座城市的发展历程来看，帝国的某些旨在加强集权、维护统治的措施恰恰也带来了某些意外的效果：促进了局部商业与城市的繁荣乃至社会空间的发展。

在很长的历史时期，聊城所处地域饱受黄河水灾，并非富庶之地。直至明代初期，《明太宗实录》依旧记载："兖州、东昌府，定陶等县，地旷人稀。"④ 京杭大运河的开通从根本上改变了聊城这座城市在帝国交通网络中的地位，特别是随着明代山东境内漕运日益繁盛，聊城一度被誉为"漕挽之咽喉，天都之肘腋""江北一都会"。⑤

漕运的兴盛首先带动了城市商业的繁荣。聊城的老居民们都熟悉这样一句谚语："金太平，银双街，铁打的小东关。"它说的就是聊城东关运河沿岸最繁华的三条商业街道。"金太平"指的是闸口南侧的太平街。由于街北紧靠越河，运河商船能够直接把货物送进沿商铺后门，十分便利，这也使得这里一直以来都是商铺密集。"银双街"指的是运河西岸、山陕会馆背后的双街。由于大码头距其仅300米，明清时期同样是运河沿岸商业集中地。山陕、江西、苏杭客商的粮行、茶叶、钱庄、布匹、食品等大型商号，大多皆在此占据一席之地。"铁打的小东关"描述的是小东关街的坚固防御。小东关街位于闸口东侧越河圈的东北。街道两侧除了一般商

---

① 清康熙《嘉兴府志》卷十，文渊阁四库书全本。
② 吴琦：《漕运与中国社会》，华中师范大学出版社1999年版，第3页。
③ 黄仁宇：《万历十五年》，生活·读书·新知三联书店1997年版，第2页。
④ 《明太宗实录》卷116，（台北）"中央研究院"历史研究所1962年版，第1456页。
⑤ 于慎行：《东昌府城重修碑》，清宣统《聊城县志·艺文志》。

铺，远近闻名的是几家资本雄厚的当铺。由于当铺都是坚固楼房，街的东西两头皆建有大门，街道四周围墙坚固，加以日夜巡逻，警卫森严，由此就有了"铁打的"说法。

商贸繁荣最直接的体现就是各地云集的商号。据许檀统计，嘉庆、道光年间汇集于聊城的山西、陕西的商号至少有三四百家，甚至于多达八九百家。有四五十家商号年经营额超过一万两白银。其中，公信凤、元吉正、万盛成等商号的年经营额在5万—8万两，福兴和号更达十数万两。如以山陕商人数量及其经营额占聊城全部商号的70%计，嘉庆、道光年间聊城各地商号少则五六百家，甚至可多达1000家。据此，嘉庆年间聊城商业经营额可达200万两，而道光年间商号年经营额甚至可高达1000万两。①

在运河商贸的带动下，这里成为大江南北各色商品的重要集散地。如今山陕会馆碑刻中"东昌卫山左名区，地临运漕，四方商贾云集者不可胜数"②。记述的就是这种情形。相传清末创作的元宵节秧歌调《逛东昌》就用百姓喜闻乐见的话语描述了城市商贸的繁盛：

说东昌，道东昌，东昌府，好地方。凤凰不落无宝地，东昌府里落凤凰。……古楼角有个"文皇当"，柜台高过人肩膀。这里是押当、赎当抽利息，只有穷人当衣裳。露名的钱庄德聚广，楼南酱园老泰昌。古楼西菜馆饭庄多少处，楼北里栈房旅店住客商。走到楼东抬头看，两溜买卖好辉煌。糕点铺绸缎庄，银楼金店杂货行。绫罗缎疋文龙绢，胡缪蜀锦并杭纺。各色呢绒来海外，印刷被面出本乡。皖闽特产来源富，诸品名茶色味强。银针普洱真龙井，雨前毛尖带旗枪。鲜果海味样样有，绍兴南酒红白糖。黑矾白矾生石膏，花椒胡椒大茴香。金针木耳龙须菜，海蜇海带海虾酱。香粉胭脂洋广货，绣花衾枕置嫁妆。八仙桌子太师椅，高大立橱象牙床。镜台香几描彩绘，龙凤喜棗字金黄。江西磁器多鲜艳，砂罐瓦壶拓沟缸。三百多年的老药铺，怀德堂与益寿堂。采办川广云贵地道药，牛黄犀角真麝香。书铺

---

① 许檀：《清代中叶聊城商业规模的估算：以山陕会馆碑刻资料为中心的考察》，《清华大学学报》（哲学社会科学版）2015年第2期。
② 《山陕商众重修关圣帝君大殿、财神大王北殿、文昌火神南殿暨戏台并建飨亭、钟鼓楼序碑刻》嘉庆十四年立。

开了几十处,刻版印书销四方。四大家名声通四海,贸易远达黑龙江。首屈一指书业德,宝兴、有益、善成堂。十三经、二十四史,资治通鉴版本良。诸子百家种类富,古今碑帖发行广。医卜星相样样有,策论闱墨销路忙。小说演义多的是,鼓词歌曲论车量。书店事业冠全省,各地书贩奔东昌。山陕字号几百户,还有江浙天津帮。钱庄银号百多个,财源茂盛达三江。东关大街真不错,五行八作日夜忙。①

在商业兴盛的同时,昔日"地旷人稀"的东昌府人口也大幅度增加。明代聊城人口的增长在清代地方志中有明确统计:"洪武二十四年,户二千二百七十,口一万四千一百三十四。永乐十年,户二千七百三十四,口一万六千八百八十。天顺三年,户二千七百零七,口一万九千四百三十五。正德十年,户三千二百九十,口二万五千六百四十一。万历十四年,户三千六百三十八,口三万二千三百四十三。"② 显然,在整个明代,聊城县人口一直持续增加。而到清代,这一趋势更为明显。"乾隆五十七年,户三万五千五百九十,滋生人丁共二十万六千二百四十二。乾隆六十年,户四万八百九十八,滋生人丁共二十四万四百二十二。嘉庆十三年,户四万五千四百三十七,滋生人丁共二十五万五千九百一十八。光绪二十八年,户五万三千五百七十六,口三十三万七千八十三。"③ 以此为据,我们发现,从明初洪武二十四年(1391)到光绪二十八年(1902)的500余年里,聊城人口增加了近24倍。在人口增加的同时,城市人口中工商业从业者也占据较高比例。光绪年间地方志记载:"本境居民业农者十常四五,士与工商大略相等。统查:士九千八百余人。农,六万四千余人。工,七千七百余人。商,八千五百余人。"④ 据研究者比较,经商人数远远超过当时山东、河北、陕西的平均水平。⑤

在城市日益发展为地区商贸中心的过程中,明清时期聊城作为军事重

---

① 此歌谣为聊城文史爱好者吴云涛搜集整理,收录于其未出版的手写书稿《东昌野史》,第131页。歌谣作者相传为光绪末年的"武水醉丐"。
② 清康熙《聊城县志·赋役志》。
③ 清宣统《聊城县志·田赋》。
④ 清光绪《聊城县乡土志·实业》。
⑤ 史晓玲:《明清时期聊城商业发展与城市变化》,硕士学位论文,聊城大学,2014年,第100—101页。

镇的地位却日益削弱。明洪武四年（1371）在城内设立平山卫。宣德六年（1431），为保障漕运畅通增建东昌卫。但此后卫所制度日益混乱，士兵逃亡日增。至清代卫所虽因旧制，但功能逐渐削弱。清末"裁东昌卫并入聊城县"，[①]聊城的卫所废止，军户改为民户。

在运河商贸的推动下，城市空间格局也开始发生变化。虽然城内依旧是城市的核心区，但城市东侧至运河两岸的东关大街、米市街、越河圈日益成为城市繁华的商业区，各地商业会馆大都云集于此。运河沿岸的地价也足以说明东关的繁华。以运河沿岸的山陕会馆为例，会馆内的《乾隆八年契碑》记载：购置于清乾隆元年的会馆地基"记地五亩七分"，而价银达836两。东关运河商贸区繁华程度可见一斑。特别是通济桥以南的官用码头——崇武驿，每天南来北往的漕船络绎不绝，舳舻相连，故有"崇武连樯"之称，历代被视为聊城古八景之一。毋庸置疑，聊城东关商业区的产生及其繁华直接来源于运河商贸。换言之，正是运河商贸推动了城市空间的拓展及格局变迁，而这种城市拓展及其空间格局显然是与古城

图2-5 2013年复建的卫仓，2014年2月
注：笔者拍摄，下文图片未注明同。

[①] 清光绪《聊城县乡土志·历史》。

内有很大不同,是在"经画"之外的,更多主导于经济与社会因素。这样的格局也支撑了斯波义信对近代宁波城市的发现:城市商业最为兴盛的区域并非位于城市中心,而是明显地偏于主要通商路线的地方。①

商业的兴盛也给大众生活带来直接影响:随着城市商业的兴盛,"民勤耕稼、士崇礼义"的风俗日益淡薄,更有不少名门望族弃官从商。与此同时,大众生活也不再"节浮费、敦本实"。明代《东昌府志》就记载了这样的变化:明万历年间,作为府治的聊城已"居杂武校,服食器用竞崇鲜华……由东关溯河而上,李海务、周家店居人陈椽其中,逐时营殖"②。城市中大众娱乐生活也体现出与曾经的"仁厚之风"不同的一面。在一本 1983 年地方文史研究者手写的杂志中,孙立武老人记述的清末市民东关斗鸡的场景可以让我们一窥城市生活的这种多面相。

> 话说我聊城东关,从运河沿闸口南行,在山陕会馆的对过,运河的东岸,有个小小的村落。……河堤南岸,接近龙湾有个南北街,叫豆腐巷。大约有几十户住户。在很多年前,这里也算是南北客商航行之要隘。旅邸、商铺颇称热闹。豆腐巷的北段,也就是一溜河堤所在,从前是很宽敞的地方。有无数白杨,高矗天空,槐柳密植。……这段空旷之处叫斗鸡台。斗鸡台是举行斗鸡的决赛场合。从前,这个地方每年的正月初间,有斗鸡的盛会,好不热闹啊!九十多岁的路德宏老先生,还依稀记得那时候斗鸡的火爆情况。他说:"斗鸡台,从南到北,虽只是里许地的光景,但横阔很大,地方既清静又重要。正月里,会馆里天天唱戏,人如潮涌,人们看完了戏,过河来看斗鸡的,有小船摆渡,看完了斗鸡,再过去听戏。饿了喝碗豆腐脑,闹个烧饼,化两三文制钱,就足够一饱。过了年这几天,人们尽情欢娱玩乐,这是正月嘛。"
>
> 路老又谈道:"斗鸡这一种玩艺,既属于娱乐,也是一种输赢很大的赌博性质。它从哪个朝代开始?这斗鸡台的斗鸡之戏,究有多久?也无从查考了。那时候,还没有什么特别出色的洋鸡。参见战斗

---

① [日]斯波义信:《宁波及其腹地》,载施坚雅主编《中华帝国晚期的城市》,叶光庭等译,中华书局 2000 年版,第 487 页。
② 明万历《东昌府志》卷二,《地理志·风俗》。

的鸡，也就是本地土种。或是从别的地方弄来的比较雄壮的公鸡。如临县阳谷的鸡种就优于聊城呀。要想在正月里参见这个决赛场合，希望自己的鸡得以出人头地，一鸣惊人。也并不是那么轻而易举。必须在没有斗以前的漫长日子里，要把它好好地培训。第一：饲料要好。不能和普通公鸡一样，净喂糠秕、剩汤，或任其自行觅食。要得天天拿切碎的牛肉和蛋米、高粱、鲜菜叶等，作经常食料。来健壮战士的生态、丰丽毛羽。第二，更不能任它自由自在地，随意闲荡。必要予以训练和教育。这个是专门有一种鸡把式。可以聘用作训鸡教师。教师对鸡的教练，具有一套擅长技术。他能按合理程序，训练鸡的飞、鸡的啄，鸡的足爪抓、踢、拽、扑攻敌和避敌的技巧。也就是上阵后应具备的声势与智能。……开始下场时，还有鸡头作见证，评判的公正人。别管谁胜谁负，由鸡头作最后宣布。……至于下的赌注，除双方预先摆明外，旁观者也可凭自己眼光跟着下注。由几吊钱到一二百吊。更有的拿整只银锞，来一碰输赢的。……鸡头和双方鸡主都有座位，参观的人站在台下，也看得很清楚。真是人群拥挤，肩摩踵接，别提那个热闹啦！这台的周围，卖杂食的小商贩，摇山梨粘的，拉洋片的，喧嚣吆喝之声，和男妇欢笑呼唤之声，简直说到了北京的天桥了。①

  毋庸置疑，中国历代王朝耗费极大人力财力，营建各个层级的城市，其基本动因是维护帝国权力的稳固。相比而言，社会经济的发展从来都不是帝国城市的首要目的。这在很大程度上解释了很多作为政治中心的城市在长时间里的停滞不前。然而，对这座小城因漕运而兴的回顾也让我意识到，在某些外在因素的影响下，帝国的某些城市也可以获得商贸发展的机遇，由此一改城市长期停滞不前的状况，从而使帝国晚期的城市呈现出相当规模的经济与社会复杂性。这样的经济与社会复杂性进而影响到各个阶层的生活方式与思想观念。显然，这样的状况在很大程度上超出了帝国对城市的控制与支配。这样的发现也再次否定了韦伯对中国城市的认识：城

---

① 孙立武：《斗鸡台》，收录于《聊城野史杂志》第 5 期，政协聊城县革命委员会步云阁学习组，手写稿。

市基本上是行政管理的理性产物，它的繁荣取决于朝廷的管理职能。①

正如罗威廉所言，"中国社会并不是停滞不前的，也不是冷漠地等待着外来刺激的震动，然后才做出反应或仿效外国模式"。在帝国晚期的这座小城中，城市也同样在变化之中，"只不过是沿着由中国自身经济社会发展的内在理路所规定的道路而已"。② 正是在这样的变化之中，作为帝国权力牢固的堡垒，城市的诸多方面，从有形的空间形态，到人们的谋生方式，乃至人们的观念，都日益超出帝国的权力支配。

二 "规划、规划，纸上画画？"

运河城市的命运起伏总是与漕运的兴衰密不可分。清代后期，黄河多次决堤，运河河道日益淤塞。咸丰四年（1854），"黄河穿运，梁道梗塞，益以发捻倡乱于江浙诸省，南漕遂改由海运"③。特别是清咸丰五年（1855），黄河在河南省兰考县铜瓦厢处决口，夺大清河道入海，运河河道中断。光绪二十七年（1901），清政府停止运河漕运。"河身日久浅涸，仅东昌临清间有小舟来往，商业大受影响。"④ 随着运河河道日益阻塞，近代铁路运输兴起，聊城由"南北之通衢"日益变为交通闭塞之地。此外，在太平军、捻军以及地方农民起义军的侵扰下，⑤ 城市商业日趋萧条。这种情形在清宣统年间已十分明显："昔年河运通时，水陆云集……迄今地面萧疏，西商俱各歇业，本地人之谋生为倍艰矣。"⑥

在近代战火之下，古城坚固的城墙以及遍地的会馆、寺观大部分荡然无存。1947年聊城解放后，为了防止敌军卷土重来，驻守军队组织征调各县民工，将古城城墙、城门与城楼全部拆除。此后，帝国时期这座小城的建筑日益消失在人们的脑海中。尽管如此，如今依旧有两处遗迹可以让

---

① ［德］马克斯·韦伯：《中国的宗教：儒教与道教》，康乐、简惠美译，广西师范大学出版社2010年版，第45页。
② ［美］罗威廉：《汉口：一个中国城市的商业与社会》，江溶、鲁西奇译，中国人民大学出版社2005年版，第415页。
③ 清宣统《聊城县志·方域志》。
④ 《临清县志》卷六，《疆域志·河渠》。
⑤ 清光绪《聊城县乡土志·兵事录》记载："咸丰十一年，堂邑土匪宋景诗、雷奉春作乱，焚掠东关，困城数日。……同治七年三月二十五日捻匪张总愚北窜，困扰聊城。"
⑥ 清宣统《聊城县志·方域志》。

那些怀念古城城墙的人们遥想曾经的城市。城墙拆除后，遗留下的一部分三合土砖石被用来修筑古城内监狱外墙。在古城东口北街西侧，废弃的监狱只是剩下了东面与北面的外墙，尽管墙体已残缺，但三合砖历经风雨，依旧牢固。另一处则是古城西北角的用钢化玻璃保护起来的城墙遗址。对于老聊城人而言，城墙是他们儿时游玩的场所，而匆匆的游客同样可以依据复建的城墙与玻璃下的遗址想象城市的历史。

至1949年，除了光岳楼、山陕会馆，城市幸存的也只有残破的民宅及整体轮廓而已。但这对于饱受战乱的民众与充满激情的新政权而言，一切似乎都将重新开始并充满期待。而在未来的很长时间里，城市的空间再造则在很大程度上担负起了建设新中国的使命。然而，与帝国时期不同的是，新的国家政权在意识形态、治理能力、技术等方面有了很大不同。在这种情形下，古城将面临何种命运？城市将会发生什么样的变化？国家权力能够在多大程度上改造旧的城市景观？接下来，我将追溯1949—1999年城市景观的变迁，呈现帝国之后国家政权建设中城市的命运。

图 2-6　废弃的聊城监狱外墙，2014 年 9 月

在1949年后的十余年内，古城区依旧是聊城的政治、经济中心。古城集中了主要政府机关、工商业以及大部分的城市居民。但在30余年的时间里，城市行政区划历经多次变动。1949年8月，中共华北局、华北

人民政府决定，调整行政区划，新建平原省。聊城、博平、茌平、东阿、冠县、莘县等12县区组建为聊城专区行政督察专员公署，隶属平原省，简称聊城专区，专署机关驻古城楼西大街旧县治原址。1952年11月平原省撤销，聊城专区更名为山东省聊城专区专员公署，专署机关依旧驻县治原址，直至20世纪70年代迁出。1958年12月聊城县改为聊城市。1963年3月16日聊城市复改为聊城县。1967年3月12日，聊城地区革命委员会取代专员公署。1978年7月10日，聊城地区革命委员会改称为聊城地区行政公署。1984年聊城县再度改为聊城市，由聊城地区代管。

中华人民共和国成立后，工业发展水平低下，为迅速改变落后状态，工业化一开始就成为中国社会主义建设的重大战略任务。这意味着城市将在短时期内开工建设大量工商业项目。一方面，在最初的几年内，古城内被没收与接管的原有建筑及大量的空地尚能够容纳政府机关、工商企业以及现有市民。然而，四周环水的古城很快就已满足不了经济发展对城市空间的需求。而另一方面，城市既有的狭窄、破旧的道路也日益拥挤，难以满足经济发展与市民生活的基本需求。

虽然中心十字大街一直是古城主干道，但事实上这一时期的街道并非我曾经想象的那般整齐划一。一份1959年聊城市基建委员会关于市内街道扩建规划的档案文件为我们描述了当时城内街道、房屋概况：[①]

> 街道的现状。市内街道从南门到北门，从西门至闸口，共长3350公尺，路面黏土结碎砖，最宽18公尺，最窄5.1公尺，一般6至7公尺，因修筑年限已久，经常维护不好，又加下水道不全……宽窄不一，高凸不平，尘土飞扬，雨大积水，阴雨泥泞，因而严重的影响车辆行驶、行人安全、市容卫生。
>
> 房屋设施情况。市内两个大街的房屋绝大部分是一层土、木、砖、瓦混合结构的平房，楼房很少，房子的新旧程度，90%在百年以上，多数房屋漏雨，其中有20%的房屋已倒塌，有的虽未倒塌，但危险性很大，群众不敢住，空置街位，群众不修不建。

―――――――――

① 《聊城市内街道扩建规划草案》，1959年，聊城市东昌府区档案馆藏，资料号：全宗60，目录号1，案卷编号2。

第二章 古城的源与流

基于上述状况，聊城基建委员会认为：

> 随着工农业的飞跃发展，特别是工业的发展，城市人口突然增加，交通运输任务日益繁重，市内旧有街道南门至北门，西门至闸口，过于窄狭，行人拥挤，车辆行驶不便，严重的影响交通运输任务完成和行人安全以及市民卫生和市容美观等问题，与当前的发展形势极不适应。

于是，"开街"就成为发展形势的急切需要，也是经济建设的重要保障。事实上，早在国民政府时期，山东省第六区行政督察专员、保安司令兼聊城县县长范筑先就主持了聊城的第一次扩街。聊城东西南北四个城门皆为瓮圈，由于古城东门外是聊城的主要商业区，东门一直是四个门中最为繁忙的出口，导致人们进出城内外交通不便。1936年冬，范筑先主持拆除扭头门，在东门瓮圈墙上新开一个朝东的大门，与二道门冲直，由此打通了城内直通东关大街的道路。为进一步拓宽道路以便军队通行，1937年范筑先主持将城内与东关大街的临街店铺厦檐拆除，街道宽度从原来的四五米增至六七米。

在这一次的开街中，聊城基建委员会的《聊城市内街道扩建规划（草案）》提出了这样的方案：将古城内中心大街宽度规划为18米。具体工程规划制订了详细的三套备选方案，并进行了预算。按照规划，1959年4月开始拆建古楼南北大街，7月底完成拆、建、迁三个环节，8月开始铺路。10月开始进行西门至闸口的物料准备，1960年开始进行全部施工，下半年东门至闸口工程全部完成。而在经济问题上，规划提出了"民办公助"的原则：学校、机关、工业、企业自行负担，先建后拆；农民、市民所有的房屋实行发放拆迁补助费，先拆后建。房屋拆迁补助费则根据回料多少实行不同标准：（1）砖瓦结构建筑面积16平方米以上每间65元，12—16平方米每间49元，12平方米以下的每间35元。（2）土木砖瓦混合结构的建筑面积16平方米以上每间64元，12—16平方米每间56元，12平方米以下的每间40元。（3）土木结构建筑面积16平方米以上每间80元，12—16平方米每间70元，12平方米以下的每间50元。

显然，这意味着临街的大量旧有建筑将面临统一拆迁。而这种在地方政府规划下的大规模统一拆迁显然是帝国时期未曾发生过的。当时住楼东大街南侧的陈书德回忆，这样的补助价格还是难以建设同样的房屋，临街拆迁的住户大都有损失。尽管如此，政府的规划并未受到多少抵制。然而，由于1958年开始的"大跃进"导致基本建设投资急剧膨胀，已经呈报省建局的规划已无力正式启动。最终，整体的扩街工程不得不被压缩为对局部交通枢纽的改造：一方面，拓宽了北口、东口、东门里、东门外、闸口里、闸口外六处路口，拆除旧有建筑58间。拆除主要街道中严重影响市容与交通的部分旧有建筑，这包括航运站前、北关、闸口东等处共计10间土房；另一方面，对街道暂时整修，铺筑砖石磨耗层及简易排水道。而古城内扩街工程则一直拖延至1965年方得以实施。

开街并不能解决原有城内空间有限的问题，于是，开辟新城就成为城市建设与发展的重要任务。事实上，古城扩街工程原本是城市规划的一部分。在20世纪50年代古城内部整治的同时，聊城城市规划与新城拓展也在酝酿之中。

在对城市规划的认识上，人类学者们普遍认可城市规划能够成为实现社会控制与政治秩序的有力手段。薄大伟对中国单位系统的起源研究揭示了"中国政府的政治和经济战略是如何通过它们创造和建构的特殊空间秩序形态，并影响城市居民生活的"。[①] 在这座小城中，城市规划又是在一种什么样的背景下提出并实施的？这种规划是薄大伟所说的一种新的统治策略？

回顾中国城市规划发展史，我发现，聊城城市规划的提出与中华人民共和国成立初期国民经济计划密不可分。虽然革命时期的中国共产党依托于农村与农民而取得革命的胜利，但是在新政权成立之前的党的七届二中全会就明确指出："今后党的工作重心由农村移到城市，必须以极大的努力去学会管理城市和建设城市。"1952年9月，中央财委召开第一次全国城市建设座谈会，会议提出，今后要根据国家长远建设计划，加强规划设计工作。而在会后，建工部城市建设局作为全国性的城市建设管理机构随即组建成立。在第一个五年计划之后，为服务于国民经济发展计划，城市规划更是成为城市建设的重点。显然，中国城市规划一开始就是国民经济计划工作的具体化与重要内容。

---

① ［澳］薄大伟：《单位的前世今生：中国城市的社会空间与治理》，东南大学出版社2014年版，第2页。

至 1958 年，随着国民经济的恢复，聊城的工业建设也逐年增加，较大规模的工程有 14 个，手工业社 31 个，人口由中华人民共和国成立初期的 17000 人增加到 49000 人。规划小组更是预计 1959 年的城市人口可达 145426 人。此外，城市建设面貌也发生根本改变："原有的贫困现象已起到根本变化，原有片片的宅荒，建成了幢幢崭新的房舍，到处乱七八糟的破砖烂瓦变成了平坦的碎砖路面，万米护城大堤变成了林荫公路，七千余亩城荒的护城河，变成了丰产鱼米、风光多采的环湖公园。"①

正是在这样的背景下，为了更好地加快经济建设，聊城的城市规划正式启动。1958 年，省局城市规划小组宋绍林、吴开山首次对聊城城市规划提出了功能分区的初步设想。6 月全国青岛城市规划会议之后，省局规划组何其中进一步为聊城城市规划提出了包含道路网、绿化系统以及市区中心的较为完整的设计。至 1959 年 4 月，在省城市规划室第三小组十余人、20 多天的努力之后，初步形成了聊城的第一个城市总体规划。②

在这个初步规划中，城市以闸口为中心，东至飞机场，西至环城河堤，南至四河头，北至何官屯，城区总面积 11.5 平方千米。根据功能分区的原则，城市中心地带为商业、机关与居民生活区；城市西北为污染区，造纸厂、肉联厂分布于此；东北部为工业区；风景秀丽的西南部定位于生活疗养区；东南部则为文化区。在规划指导下，一批建筑项目得以实施：城市公园、自来水厂、专署水利排灌机械厂、第五中学、市交通局综合运输公司、专署水利灌溉处、劳教所窑厂、生建公司窑厂、商业局水泥厂等。

此后，"城市建设必须依据规划"成为各个单位的重要要求。然而，限于物质资源、技术条件以及这一时期政治与经济上的混乱状态，规划并未得以有效实施。一方面，部分单位并未严格按照规划执行。如投资 50 余万元的专署交通局汽车制修厂占地 70 余亩，建在居住区里面，北邻专署中心医院，对周围环境造成很大影响，居民反应强烈，而城建局在 1959 年多次提出搬迁意见都未做通工作。而居民个人乱建房屋的问题就更为突出。特别是"文化大革命"之后，城市规划被视为修正主义，各

---

① 聊城市城市建设规划小组《聊城市城市建设初步规划说明书》，1958 年，聊城市东昌府区档案馆藏，资料号：全宗 60，目录号 1，案卷编号 1。

② 聊城市城市建设局《城市规划和建设进行情况的总结报告》，1959 年，聊城市东昌府区档案馆藏，资料号：全宗 60，目录号 1，案卷编号 1。

地规划机构被撤销，聊城的城市规划工作也基本停滞。在这种情况下，就连曾经的规划人员也感叹："规划、规划，纸上画画，不照着办，费力白搭。"而也正是在这个时期，城区内机关与个人用地、建房等失去较好约束，城市建设趋于混乱无序。直至1974年，这样的状况才开始有所改观。1974年10月，聊城成立城镇规划领导小组，重新修订城市规划。1977年8月，正式出台《聊城县城镇总体规划说明书》（修订稿）。

规划提出要贯彻执行"以农业为基础、工业为主导，发展国民经济的总方针"，详细分析了城市的物质资源与国民经济发展规划，并把它们作为这次修订城市规划的主要依据。将聊城定位于鲁西政治、经济、文化的中心以及交通枢纽，发展为一个以支农机械、基础工业为主，发展轻工、纺织为重点，并相应发展仪表、电子、化工原料的生产小城镇。

在城区空间范围、人口规模特别是用地布局上，这部城市规划为今后城市发展设计出详细的空间布局。

城区空间范围：北起红旗路（范官屯），南至文化路（后罗），长5.3千米。东起二干渠，西至火车站（老柳头），长5.3千米。控制规模为28平方千米。总体规划用地16.96平方千米。

人口规模：近期至1985年控制在15万人左右，远期至2000年控制在20万人左右。

城市用地及布局包括：

工业用地：（1）机械工业（重工业）分布在东方红路以北，红旗路以南，红卫兵路以东，二干渠以西，控制面积330公顷。（2）轻纺工业分布在备战路北，红卫兵路西，向阳路以东，控制面积172公顷。（3）化工工业：小型化工工业分布在支农路以北，向阳路北段以西，新建路以东，控制面积110公顷。大型化工工业设在城市下风。（4）无污染、噪音的日用工业、街道工业可设任意地区。

生活用地：（1）居住用地分片集中布局，不宜一厂一个生活区。规划用地338公顷，每人平均16.9平方米，建二至四层楼房住宅。城镇区禁止私人建房，依靠集体力量，统一规划新村，清除小农经济痕迹，巩固发展社会主义集体所有制。（2）公共建筑控制用地277公顷。非地方性行政经济机构，大型公共建筑（如展览馆、剧院、体育场、广场等）沿主干道布置，东方红路、红卫兵路交叉路口三至五百米处设商业中心网。凡属日常生活服务的公共建筑，如小百货、零售店、小学、幼儿园、饮食店等，均分布在居住区。凡服务范围不限于当地的公共建筑，根据业务需要设置在备战路或其他次干道上。大专院校、专业学校，可设置在城东南区域。此外，生活用地还对公共绿化、道路广场作了细致规划。①

此外，规划还对仓库用地、对外交通、特殊用地、城镇公用设施、人防工程、环境保护乃至城市郊区都作了详细说明。在结束语中，规划明确指出："城市规划要认真贯彻党的路线、方针、政策，必须置于党委的一元化领导下，沿着毛主席的革命路线，为无产阶级政治服务，为社会主义生产服务，为劳动人民服务，并为逐步消灭城乡差别、工农差别创造条件。"②

在城市规划的全盘布局下，城市建设"日新月异"，一改"国民党反动派统治摧残下民不聊生，废墟成片，街道狭窄、市容萧条"的旧貌，至1977年，"城区人口已达十万余，城镇规模八平方公里，为解放前的六倍。已具有机械、化工、轻纺、仪表等轻重工业二百多个企业，一九七七年工业总产值一亿八千七百余万元，比解放初期增长七十倍。随着工业生产的发展，对外交通、住宅、医院、学校、商店、影院、市政设施等逐年增加，铺了沥青路，扩建了新区，各项事业欣欣向荣，城镇面貌起了翻天覆地的变化"③。

尽管城市规划者对城市建设与经济发展充满期待，但很多超出经济发展水平和城市管理能力的宏图显然无法实现。在1984年山东省全省总体规划执行与管理工作的检查评比中，省城乡建设委员会除了肯定了聊城较早的规划工作与领导重视外，也指出了问题与不足："环境卫生较差，杂草丛生，道路两侧还有污水明沟，影响市容市貌。……各条街道尘土飞扬很突出。……规划部门虽做了小区住宅规划，但没有得力措施去执行。"此外，还特别指出："老城区变化不大，古楼周围环境风貌不协调，建

---

① 聊城县基建局《聊城县城镇总体规划说明书》，1977年8月，聊城市东昌府区档案馆藏，资料号：全宗60，目录号1，案卷编号17。
② 同上。
③ 聊城县基建局《高举毛主席伟大旗帜绘小城镇的宏伟蓝图》，1977年12月，聊城市东昌府区档案馆藏，资料号：全宗60，目录号1，案卷编号17。

筑、绿化、广场均应改善。"①

虽然城市环境并没有随着规划而得到上级的肯定，但这一时期的城市规划却长远地影响了此后城市的空间格局。在旧城空间已不能满足需求的情况下，开辟新城就成为发展的必要策略。而新城开辟则是在部分机关、企业的搬迁及新的城市道路的修建下实现的。1959年以前，聊城城区以古城为主，北侧与东侧大部分为村庄与农业用地。1959年，聊城县在运河东侧新建柳园南北大街，大街北起聊城宾馆，南闸口，与东关大街东首相街，全长2220米，宽40米，路基为碎石。此后，柳园大街逐渐成为聊城的中心街道之一。自北向南，大街东侧分别是农业局、百货大楼、邮电大楼、教育局等单位，西侧则有聊城宾馆、汽车站、影剧院、文化局等单位。1960年，古城以北新建东西走向的东昌大街，大街长3900米，宽40米。而这条街道更是成为当下聊城的主干道，无论是市委、市政府，还是城市核心商业楼，都分布在东昌路两侧。

自20世纪60年代开始，在新城区道路建设以及机关、单位、企业大量迁入的推动下，旧城东部与北部日益繁华，日益增多的楼房与宽阔的街道显示着这里已是城市的中心。而与新区对比，古城区则一直保留着往日的模样，失去了城市中心的地位。而在市民的眼中，昔日的中心已成为"老城里"。新城区不断增加的单位与小区取代了原来的平房与村落，越来越多的年轻人入住到新建的家属院楼房。而老城里拥挤的平房却日益破旧，日益变成有待改造的棚户区。

回顾改革开放之前聊城的城市规划，我发现，城市规划是以服从国家发展战略、国民经济发展规划为中心。通过对城市空间的有效支配，国家的整体规划与设想得以实施。作为社会控制与国家政治秩序的一部分，城市规划在大规模的城市建设中得以体现，进而激发出人们的激情与对未来的憧憬。

尽管书面上的规划没有完全有效执行，但这种"部分的失败"并非和巴西利亚城市规划的失败属于同一逻辑。在对巴西利亚的批判性解读中，斯科特指出，巴西政府本来希望通过创造现代性城市以推动国家发展与社会生活改善，然而，由于规划城市仅遵循简单化规则，在城市大

---

① 聊城市城市建设局《山东省辖县级十地市总体规划执行与管理检查评比情况的报告》，1984年，聊城市东昌府区档案馆藏，资料号：全宗60，目录号2，案卷编号68。

众的抵制下,规划从开始就没有完全严格按照规划进行,也无法产生出有效的社会秩序。"如果我们从它在多大程度上可以改变巴西利亚其他地方或者促进人们喜爱这种新的生活方式角度看,成功则微不足道。与规划文件上所设想的巴西利亚相比,真实的巴西利亚带有明显的反抗、颠覆和政治考虑。"[①]事实上,无论是在旧城开街、新城区道路规划中,尽管大量沿街居民将承担部分损失,但整个过程中并不存在普遍的抵抗,哪怕是"弱者的武器"在这里也并没有影响到工程的执行。对于这种情形,原古城老居民陈书德给出的解释是:"政府开街是统一组织的,对大家都好,你个人不同意这不是跟政府对着干吗!不服从运动那还有好果子吃?有点损失那倒不假,谁让你摊上了呢?"而对于个别居民没有按照规划建设房屋、私搭乱建的现象,陈书德则认为:"都是实在住不下了才偷着盖点,又不是故意跟政府对着干,也不至于犯多大错误吧?"在陈书德看来,很少有人会故意跟政府对着干,否则那是自讨苦吃,而对于那些没有办法而违反"政令"的行为,似乎也就可以原谅了。

至此,我理解了为什么在统一的规划与行动中较少遭到抵制,而在日常生活里却存在抵抗。对于这种抵抗,基于其非主观对抗,我称之为"非对抗性抵制"。可以认为,无论是"不能故意跟政府对着干",还是"非对抗性抵制",都显示出国家权力的强大及其对底层大众的驯服,这也解释了为什么这座城市的规划与建设并非如巴西利亚的结局一样。事实上,导致规划不能实施最主要的因素更多的是这一时期的政治运动以及经济发展水平的限制。

三 打造"江北水城"

人类早期文明与水有着直接的联系,人们也总是愿意把孕育文明的河流比作他们的摇篮。古希腊历史学家希罗多德曾感慨:"埃及是尼罗河的赠礼。"而黄河更是被称为中华文明的"摇篮"与"母亲河"。在中国传统思想中,水则经常被作为各种喻体被赋予丰富的哲学意蕴。为此,美国

[①] [美]詹姆斯·斯科特:《国家的视角:那些试图改善人类状况的项目是如何失败的》,王晓毅译,社会科学文献出版社2011年版,第174页。

学者艾兰认为水是中国早期思想中的基本隐喻之一。①在各种隐喻之中，水最为经常的是与人的道德品格相联系，并为人所喜爱。如是，就有了"智者乐水""上善若水""心如止水"等，这也由此解释了中国人钟情于水的文化背景。

研究者早已发现，水与国家、权力同样有着密切的联系。这其中，德国历史学家魏特夫的《东方专制主义：对于极权力量的比较研究》一书有着广泛的影响。通过分析水利灌溉与专制主义之间的内在逻辑，魏特夫提出了"治水社会"的概念用以解释东方专制主义的形成。魏特夫认为，对于中华帝国的最高统治者而言，基于北方广大的干旱农业区，水利系统的建设始终是关乎政治命脉的一个基本命题。通过一系列的水利设施建设，帝国的税收系统得以强化，进而实现了由中央到地方的集权政治体系。"作为水利建设和其他巨型建筑的管理者，治水国家阻止社会中的非政府力量形成势力强大得足以对抗和控制政府机器的独立机构。"②对于水利建设与政治一体化之间的上述逻辑关系，格尔兹通过对东南亚国家水利村庄的人类学分析指出，国家在灌溉体现中并未充当专制者的角色，水利并没有导致专制主义与中央集权。③对于水与中国传统政治的联系，杜赞奇则将水与"权力的文化网络"结合在一起，通过对19世纪河北邢台一个水利组织的研究说明了文化网络是如何将国家政权与地方社会融和进一个权威系统机构。④尽管许多学者早已批评魏特夫的论断并不符合中国的实际，但魏特夫的研究还是推动越来越多的研究关注水与国家、政治、社会之间的联系。这其中就包括人类学关于"水利共同体"的研究。

作为地处黄河下游的一座平原小城，这座城市的命运一直与水密切相关。水患导致城市多次迁址，运河带来的城市兴盛，都成为这座小城永远的历史记忆。如今，威胁城市的水患早已消失，运河上舳舻相连早已不在，然而，自20世纪90年代起，地方政府主导的打造"江北水城"再

---

① [美]艾兰：《早期中国历史、思想与文化》，杨民等译，商务印书馆2011年版，第258页。

② [德]卡尔·A. 魏特夫：《东方专制主义：对于极权力量的比较研究》，徐式谷等译，中国社会科学出版社1989年版，第42页。

③ [美]克利福德·格尔兹：《尼加拉：十九世纪的巴厘剧场国家》，赵丙祥译，上海人民出版社1999年版，第89—99页。

④ [美]杜赞奇：《文化、权力与国家：1900—1942年的华北农村》，江苏人民出版社2008年版，第22页。

次把这种北方小城与水联系了起来。在这场地方主政者主导的水城地景的制作中，现代景观如何实现与历史文化的联结？水如何被重新制作与解读？城市大众又扮演着何种角色？它又如何影响到城市文化与大众生活？

（一）从护城河到东昌湖风景区

地处黄河下游的聊城地势平旷，自古以来境内有多条河流经过。清宣统《聊城县志》记载的河渎就有：古黄河、漯水、漯川、武水、黄沟、郭水、湄河、小湄河、蓬关陂、鹅子泊、鹅鸭波、莲花泈、金家洼。平坦的地势加之众多的河流使得这里自古饱受水患之害。会通河开凿后，"治河之道通漕为急"[①] 的思想一直延续至清代，这也在很大程度上加重了聊城的水灾。

长时间的水患促使历代地方官员极为重视城市护城堤的修筑与加固。明万历年间，"隍深一丈广十九丈，堤高八尺，厚二丈许"。[②] 清雍正九年知县蒋尚思重修护城堤后，"长共二千二十三丈，高一丈，堤脚横量六丈，面广二丈"。[③] 至清宣统年间，"三护城堤延亘二十里以御水涨，金城倚之"。[④] 即使到了20世纪50年代，每每遇到洪讯，城市也要全力筑堤防洪。

水患的频繁也导致聊城一带盐碱地众多，地下水水质普遍苦涩浑浊。而城市西关的一口水井却自古甘甜可口，这也成为城内吃水的首选。百姓流传的民谚："东昌府有三美，古楼、会馆、西关水。"就描述了百姓对西关井的喜爱。明清时期，每日里除了众多百姓自己来西关井挑水，更有专门以推水为业的人为城内茶馆与大户人家送水。即使是到了1949年后，依旧有机关、市民继续饮用这里的水。位于城东北步云阁街的一处茶馆就曾有这样一副对联："掌柜的越远越推西关水，饮茶人且饮且唱东方红"。至20世纪70年代，西关井因挖湖修路而被掩盖。

历代重修护城堤、城墙以及居民建筑取土形成了护城堤内宽广的水域。长时间以来，盛产苇子与鱼虾的广阔护城河也成了很多老百姓生存的重要依托。护城河内自然生长着大面积的苇子，尤以南关附近最多。在

[①] 陈子龙：《明经世文编》，中华书局1962年版，第416页。
[②] 于慎行：《东昌府城重修碑》，清宣统《聊城县志·艺文志》。
[③] 蒋尚思：《聊城护城堤碑记》，清宣统《聊城县志·艺文志》。
[④] 清宣统《聊城县志·建置志》。

1949年以前，苇地都依传统继承，各家都有自己的地方，每年收割的苇子都卖给城乡盖房的居民。张玉梅老人曾经回忆："那时，南关家家有小船，户户有渔网，小孩子也会使棹、划船、捕鱼捉蟹，然后再到集市上去卖，以养家糊口。当时，本城的饭馆、商号，住家吃的，买的鱼虾，多为南关渔民供应，四季不断。"① 1949年以后，湖中鱼类开始由水产公司统一管理。

尽管运河与护城河曾是很多人赖以生存的重要资源，但在城市的历史记忆里，水更多的是与水患密切相连。即使是到20世纪70年代末，无论是盛产鱼虾的环城湖，还是穿城而过的运河故道，从来也没有成为城市规划与建设的重点。这样的情形到了20世纪80年代初开始发生了变化。在东昌府区档案馆中，我看到的第一份关于环城湖规划的文件是1982年《聊城环城湖规划座谈纪要》。②

聊城县人民政府为了规划、建设好环城湖风景游览区，于1982年4月8日聘邀天津大学建筑系城市规划教研室予以支援，派专家学者来聊城编制环城湖详细规划。

一、建设环城湖风景区的意义

这个城市具有得天独厚的自然环境，环城湖水面这么宽阔，湖岸线这么曲折优美，在全国城市中是少见的。聊城城市规划布局合理、功能分明；古老的运河从中间穿过。还有很多有价值的历史文物古迹，城市绿化基础较好，旧城结构方正，湖水环绕，好似一盘围起漂浮在水面上，城市景观优美，独具一格，很有特色。……从聊城近、远期发展和鲁西"两个文明"建设角度来看，搞好环城湖的规划和建设是很有现实意义和深远意义的。这次我们从接触、交谈中特别感到地、县两级领导对环城湖水域资源的开发、利用决心很大，并采取了一些得力措施。同时，业务部门的同志做了大量工作，群众的要求迫切，这些都是搞好环城湖规划、利用和建设的先决条件。

---

① 张玉梅、吴云涛：《南关今昔》，《聊城文史资料第六辑》，第149—151页。
② 《聊城环城湖规划座谈纪要》，1982年，东昌府区档案馆藏，资料号：全宗60，目录号1，案卷编号33。

二、保持城市特色的几个问题

……

要充分利用现有景观条件，结合现状逐步改造。我们这里的湖区各有特色，铁塔南边东关一带的那片湖，是湖区的精华地段，环境幽静是城市中难得的水湖宝地。近期应该把它控制起来，现有的居民要订出计划，逐步搬迁。铁塔东边靠小运河的那些平房，近期就应该搬迁，逐步开辟为城市的文化休息中心。

聊城城市还应该创造新的景观，在很长西北角屯庄东开辟一个新湖区，要挖湖造山；新盖的地区二招四立面的建筑造型要下工夫处理一下。屯庄南侧要多搞绿地，营造绿化带。东方红路以南要逐步建成开放性游园；西南片聊堤口一带的低洼地要再开些湖区，堆些山、造点景，山上搞些绿化，种上树控制住。东昇桥北侧也是湖区的精华地段，景观最好。近期稍加建设就可以发展成为很好的城市公园。

三、环城湖的控制范围和旅游线上景点的几个问题

……

古码头遗址应列为文物保护，要就地整旧如旧，恢复原来的面貌，码头后边可以开辟一片旷地，竖一块石碑，刻塑些浮雕，呈现当年漕舟云集的景象。三棵古槐树也是历史古城的见证，是很好的文物，应该用铁栏杆保护起来，园林部门应加强管理。海源阁是驰名全国四大藏书楼之一，最后创造条件恢复起来。

古运河是聊城兴衰的标志，与聊城发展息息相关，起到过中央的历史作用。会馆、铁塔、古槐树都在运河沿岸；古楼、会馆的坐向都是朝东，面向运河，因而运河也是一个重要的古迹。建议：城区运河全部保留下来，加强绿化、整修，使其与环城湖连成浑然一体的水系。

环城湖区控制的范围：北至东方红大街，东至古运河，南至铁路线，西南至端庄，西至聊莘路，西北至屯庄北路为湖区控制范围。其中：旧城北关、东关、王口为建筑控制区，其余都作为风景游览区。

四、其他问题

①湖区水源以引黄补源，通过古运河进入环城湖，为了避免河水泥沙淤积，选择在运河东、湖区南端建一个沉沙池；湖区西或西北应多留几个泄水口，以保持正常水位。②应该充分利用河、湖水面和沿岸地带，广开生产门路，自力更生，以湖养湖，积极发展淡水鱼和水

生植物，营造果树、林木为社会创造物质财富。③对这么好的环城湖，从现在起就应加强管理，要明清权属，健全机构，建议政府对环城湖的保护应该专门立法，采取有力措施保证风景区规划，付诸实施。①

在这份文件中，"水"一改曾经的历史记忆，不再是威胁城市的水患，也不仅仅以自然状态而存在，而开始成为城市的"景观"与"特别景色"，成为城市的风景。更为现实的是，水开始与城市的长远发展密切相关。而这次规划座谈似乎也预示着此后水与城市文化的交集。

尽管早在1982年地方政府就已意识到水的规划、建设与利用对城市发展的意义，但限于地方政府的资源与能力，水文化的制作实践却到了20世纪90年代方全面实施。

很长时间以来，古城四周由护城河发展而来的广阔水域继续沿用了护城河的名称。1949年后，护城河改称环城湖。随着20世纪80年代对古城、环城湖功能定位的确立，环城湖改造逐渐开始。90年代初，途经聊城的京九铁路工程需要大量土方，东昌湖借此大规模开挖清淤，数千亩的湖面整体挖深两米，并将开挖的土方用于铁路建设。工程之后，湖面周围原有的大片荒滩、盐碱地以及芦苇荡彻底改观，环城湖湖面进一步扩大。1995年，总投资200万元的环城湖湖滨浴场开工建设，6月10日，正式投入使用。1998年聊城撤地建市后，城市开始了大规模的改造与建设。这其中，水更是成为影响城市规划与发展的重要因素。在经营城市的理念下，"利用自身丰富水资源，做足'水'文章"正式进入了政府的工作报告。1998年，负责湖区综合整治和湖水保洁的东昌湖管理局成立。与此同时，环城湖开始了大规模改造，在专业园林设计公司设计施工下，湖滨公园取代了荒草遍地的湖岸。2001年，湖滨公园内的竖有巨大雕塑的腾龙广场、金凤广场竣工。2002年9月，横穿东昌湖、连接古城与西关的东昌大桥落成通行。桥全长322米，号称"中国江北最大内陆湖泊石拱桥"。大桥仿照颐和园十七孔桥，上部为石砌拱桥，汉白玉栏杆上雕刻着水浒人物故事。2004年2月，湖面西岸的水城明珠大剧场落成。

---

① 《聊城环城湖规划座谈纪要》，1982年，东昌府区档案馆藏，资料号：全宗60，目录号1，案卷编号33。

图2-7　连接古城与西关的东昌大桥，2015年5月

图2-8　水城明珠大剧场，2015年5月

在制作水的物质景观的同时，新的城市形象也通过多种方式得以产生。为呈现水的历史与文化，1995年"东昌湖"取代环城湖的名称，这样的更名也得到了山东省地名委员会的批准。1999年，聊城正式打出了"江北水城"的城市称号。为了从法律上保障这样的称号，"江北水城""北方水城"以及"北国水城"的商标都在国家工商总局正式注册。此后，在江北水城的品牌定位下，城市的形象宣传通过多种方式全面展开。这其中最引人注目的就是连续7年的"江北水城文化旅游节"。

2002年4月30日，首届中国江北水城（聊城）文化旅游节开幕。在为期一周的文化节中，地方政府举办大型文艺演出、全国焰火比赛、全国龙舟邀请赛等一系列文体活动。旅游节期间，名为"水城之春"的文艺晚会由中央台节目主持人张政、德江主持，更是邀请了彭丽媛、尹相杰、侯耀文、满文军、那英、魏积安、万山红、朱明瑛、田连元、石富宽、李丹阳等众多知名演员。随着城市旅游的发展，2004年1月，在郑州的全国旅游工作会议上，聊城获得"中国优秀旅游城市"的称呼。2006年，东昌湖风景区被国家旅游局评定为4A级景区。此外，多种媒体的宣传也让"江北水城"的城市形象走出了本地市民之外。2001年9月，中央电视台"城市平台"栏目首次推出了江北水城。此后，"江北水城"的天气预报广告在中央电视台一套节目播出，江北水城的城市形象广告在中央电视台四套节目推出。

自2010年以来，东昌湖风景区改造工程持续进行。3月，投资100余万元的东昌湖生态湿地水上绿化项目开工。4月，东昌湖名人岛工程开工，在江北水城集团的宣传中，它将作为东昌湖景区的"点睛之笔"，是打造水上古城、丰富旅游文化内涵的重要举措。这个时期的工程建设主要是由名为水城集团国有企业负责。据地方媒体报道，自2012年以来，水城集团"在做好日常维护的同时，根据景区现状投资1500万元，先后实施了十项绿化、亮化提升工程。其中包括：荷香岛绿化综合提升；西关、北关、南关大桥亮化；运河一、二期绿化提升、亮化改造工程；明珠剧场广场和五号拱亮化改造；明珠剧场漏水治理；龙湾桥、廊桥、湖河连通桥、利民桥及东升桥亮化；运河道路及二嵌道整治；景区码头、廊桥、湖心亭等彩绘粉刷；湖滨公园基础设施修补；古城四周湖岸整治工程等"。①

---

① 《东昌湖保护现状：2012年以来投资1500万元实施绿化亮化》，聊城新闻网，2013年1月29日，http://news.lcxw.cn/liaocheng/yaowen/20130129/310486.html。

（二） 运河的新生

除了东昌湖风景区外，地方政府打造水城地景的另一个重要项目则是运河故道的改造。

清末漕运停止后，缺少维护的河道日益阻滞。至光绪二十七年（1901），"河身日久浅涸，仅东昌临清间有小舟来往，商业大受影响"[1]。1949年后，经过重新清淤的河道依旧可以通航，但河道内的水已不是很多，货船在即使有纤夫拉拽依旧行驶缓慢。山陕会馆北面有一座连接运河东西岸的木桥，行驶到这里的货船需要放下桅杆方可通过。这一时期运河沿岸的商铺很少，只有一些零星的小饭店、商铺，早已没有了古人描述的运河胜景。偶尔有货船通过木桥，总是能够给站在桥上的孩子们留下一阵欢呼。大约在"文化大革命"之前，木桥被砖桥取代。1984年，砖桥再次变为水泥桥。然而，这时的河道却已淤塞，除了偶尔被用作引黄渠道，河道更多是垃圾遍地、污水横流的臭水沟。

在城市打出江北水城、改造东昌湖的同时，城区内运河改造工程也在1999年正式开始。

1999年6月6日，运河开发建设城区段一期工程拆迁施工动员会召开。会议宣布，全长1600余米、历史上最为繁华的龙湾至闸口段是这次工程的重点。在拆迁施工动员会上，市委副书记张秋波强调："古运河开发是城市形象工程，拉动第三产业发展工程，改善居民生活条件和旅游环境的工程，各级各部门要增强大局观念，全力支持古运河开发建设。"[2] 工程内容主要包括：拆迁运河沿岸近9万平方米民居，拓宽、加深河道，在丁家坑与龙湾设立两处连接东昌湖的通道。铺设沿岸道路，绿化河岸，建设沿岸商业住房，建设闸口广场。尽管有大量居民面临搬迁，但这样的工程还是得到大部分市民的支持，而这样也进一步推动剩余河段的改造。2001年，古运河城区段二期开发改造工程开工，工程河段是闸口至王口段。内容包括：河道开挖衬砌，形成与一期工程一致的运河景观；建设沿河景点，规划建设运河广场、仁义广场等5处广场，保护河道岸边古槐；

---

[1] 《临清县志》卷六，《疆域志·河渠》。
[2] 《我市运河城区段开发改造工程启动》，聊城市住房和城乡建设局网站，http://www.lcjs.gov.cn/List_ Content. asp? ArticleID = 2607。

建设沿运河两岸仿古建筑，形成商业步行街。为解决资金不足问题，工程特别倡议市民、企业捐资。至 2013 年，运河改造三期、四期、五期工程已全部建成。至此，贯穿城区的运河河道全部改造完毕，昔日垃圾遍地的臭水沟变成了市民休闲的重要去处。毫无疑问，这样的政绩也得到了绝大部分市民的认可。

如今，改造后的河道平日里可以称得上是碧波荡漾，只是由于东昌湖水面低于市区地面，连通东昌湖的河道要比路面低约 3 米。河道两侧围有石栏，栏杆上嵌有灯光，两岸是绿化的草地和青青的垂柳。沿河道路是石板路面，宽约 5 米，单行道。河沿小道上，不时能看到环卫工人在清扫路面，以及三三两两的老年人沿河散步。每日里，河边总会有三三两两的垂钓者，只不过钓鱼要向东昌湖风景区管理处购买"鱼票"，每年 600 元。从鱼兜里能够看到，钓上来的几乎都是几厘米的小鱼而已，但这似乎并不减垂钓之乐。沿运河西北而行，过了健康路，不久就是城市东西主干道——东昌路。跨越运河的王口桥南侧是一个船形的茶楼，周围停了几艘游船，只是平时也不见茶楼、游船有多少生意。河西岸有一棵古槐树，树干要 3 个人才能围起来。树的中心已经空洞，虽历经岁月，但枝叶倒也郁郁葱葱。古槐树被精心保护起来，部分树枝用钢管支撑，周围是栏杆，南北两侧竖有石碑。

图 2-9　改造后的运河，2014 年 9 月

图 2-10　运河上复建的廊桥，2015 年 4 月

与闸口桥北的运河相比，闸口以南的古迹更多一些。明清时期，闸口一带曾是这座城市繁华的商业中心。特别是闸口以东的越河圈，店铺林立，寺观遍地。如今的闸口则是这里的交通要道。清光绪《聊城县乡土志》记载，通济桥"在城东门大街会通河上，为往来之通衢。永乐九年改为闸，仍置木桥，漕船至则闸夫暂行撤去，亦两便也"。[1] 由于通济桥是河道重要船闸，很长时间以来，老百姓都把这里叫作闸口。

闸口桥南的运河折向东南，桥南运河北岸是一处码头遗址，名为小码头。遗址附近竖有一块标示牌，牌子上记载了文物部门对遗址的发掘与保护：

> 小码头位于今聊城城区东关闸口南 600 米处的古运河北岸，西距大码头约 200 米。始建年代未见明确记载，从发掘时清理出来的不同时期的实物资料分析，应始建于元末明初，明、清两代都曾经进行过维修。

1999 年，文物部门在配合城区运河清淤整治工程时，曾对小码头进

---

[1] 清光绪《聊城县乡土志·地理》。

图 2–11　重新修葺后的小码头，2016 年 5 月

图 2–12　重新修葺后的大码头，2016 年 5 月

行过抢救性清理发掘。东端结构比较完好，西端残破严重，没有发现西部端点的确切位置。清理发掘时，水下有直径 0.15 米的木质排桩。修复时，按照发掘的遗迹现状修整加固。修复后的小码头全长 13.30 米，高 3.26 米，宽 6.50 米。民间相传，小码头为富大贾资修建的私家货运码头。其体量仅为大码头的 1/3。由此看来，为私家货运码头之说较为可信。小码头之建筑形制较大码头复杂，更便于货物的装卸。

从小码头遗址向西南约 200 米，就是被称为大码头的遗址。这处遗址就是被地方志称为崇武驿的大码头。"崇武水马驿在东门外河西岸，洪武八年建，二十五年省，永乐九年开会通河复置。"① 1994 年 4 月，大码头遗址被聊城市人民政府列为市级文物保护单位。遗址较小码头遗址更大，沿河是石块砌成，有台阶通往岸上，岸上平整的石砌地面上有两个古代的镇水石兽。遗迹附近同样有标示牌，记载着发掘时的情形与遗迹的历史：

> 大码头位于今聊城城区东关闸口南 800 米处古运河西岸。始建于明洪武二年（1369）……1999 年，文物部门在配合城区运河清淤整治工程时，曾对大码头进行过抢救性清理发掘。清理现场表明码头北端比较完整，南端残破严重，未发现南部端点的准确位置。水底发现紧密排列的直径约 0.15 米的木质排桩，以加固码头墙体。修复时，按照发掘遗迹现状进行了修整加固。修复后的大码头全长 43.80 米，宽 7.00 米，通高 3.03 米。大码头水上部位之结构，基本上按照发掘原貌修复。从建筑体量分析，大码头应为官用码头，主要供过往达官显贵登岸及公用货物装卸用。据方志记载，清朝之康熙、乾隆二帝东巡、南巡经过聊城时，东昌府和聊城县官员均在大码头恭迎圣驾。大码头距馆驿街很近，此说当为可信。

对于改造后焕然一新的运河而言，文物部门发掘修复的码头遗址成为证明河道历史的重要印记。无论是修复的码头，还是添加上去的古代石兽，都能够引起游客对古老运河的无限想象。

与地方政府对运河的制作不同，百姓对运河的记忆与想象总是有自己的方式。这就是故事与传说。在这座城市里，民间广为流传着码头附近无

---

① 明万历《东昌府志》，卷十五。

税碑的故事：

  清朝康熙年间，曾任刑部侍郎的任克溥告老还乡，回到聊城养老。然而就在这时候，东昌府连年水灾，百姓为了逃荒，流离失所，卖儿卖女。看到这样的情形，任克溥一方面号召地方士绅救济百姓，一方面多次上书朝廷，希望能够为遭遇水灾的东昌府减免官税。然而，朝廷却一直没有回应。正在这时，任克溥得知康熙南巡要经过东昌。于是他想到了一个主意，便吩咐手下按照他的安排做好准备。这一天，南巡的康熙来到了东昌府。只见波涛滚滚的大运河里，龙舟上旌旗招展，鼓乐齐鸣，两岸是列队恭迎圣驾的地方官员。任克溥也在其中跪迎。皇上的龙舟过了闸口不远，突然被河底的东西拦住，无法前行。这下地方的官员可吓得不轻，连忙下令水工下河清理障碍。任克溥也来到皇上面前请罪。不一会儿，水工从河底打捞上一块石碑，石碑上隐约有字迹。康熙帝问："石碑上刻的是什么？"任克溥连忙说："河中有石碑拦驾，还望皇上亲自明察。"康熙走上前一看，随口说出："今日无税。"话音刚落，任克溥连忙跪倒："谢主隆恩。"康熙帝这才明白，肯定是任克溥做的手脚。正要斥责，任克溥连忙把东昌府连年水灾，百姓流离失所的情形向皇上汇报，并请求皇上开恩，能够救百姓于水火之中。康熙帝一想，任克溥也是为了黎民百姓，就不再怪罪。皇上离开东昌府后，地方官员随即把这块"今日无税"碑立在了码头附近的河边，并修建了牌楼保护。从此，凡是在这里装卸的货物，都不再缴税。

  对于这样的传说，由于如今已没有了任何遗迹，地方志也没有记载，即使在民间也有不同的说法。当我向附近的老居民打听"今日无税"的事时，一位老居民告诉我："老人们都说是有这么个无税碑，这个应该是有这么回事。好像是解放聊城的时候，北杨集要修烈士陵园，就派人来城里寻石料。这个碑就叫人给拆了，运走了。"为了能够让我相信有这样的事实，他又颇为认真地向我讲述了它的来历。事实上，也有个别老人回忆，虽然这里曾有一块石碑，但并没有"无税碑"的字样，早些年时候老百姓叫它碑楼子。在吴云涛老人的《东昌野史》笔记中，我也看到了这样的记载："聊城闸南太平街西头（现电厂门口）靠近运河崖，以前有座碑楼子，里面有一统石碑，上面额上是'圣旨'二字，两边为二龙戏珠石雕，碑上有'聊城临清等五处永禁添设关卡'等石刻字。"① 对于尚未明确的无税碑，聊城地方史研究者刘洪山一直呼吁相关部门寻找它的下落，并恢复原貌，使无税碑成为运河边上的一处景点。然而，地方政府相关部门也一直没有给出回应，"无税碑"似乎也只能在民间流传了。

在我看来，无税碑的故事似乎更像依据"禁添设关卡"碑而制作的民间传说。尽管地方文史研究者也怀疑故事的真实性，但还是有很多人更愿意相信这样的历史。而在老百姓的传闻里，这样的故事似乎更是言之凿凿。而事实或许是，人们更愿意相信辉煌的大运河就应该有许多的故事，曾经的"江北一都会"也应该有更多的传奇。

过了大码头遗址不远就是山陕会馆，会馆前的运河也被改造为码头的形制，只是更为宽敞。偶尔有从东昌湖来的游船经过，在游览了东昌湖后，游客可以在这里看到代表了城市商贸历史的山陕会馆。此后，古色古香的游船还可以进一步经过闸口桥，从北关大桥返回东昌湖。

如今，那些曾经在运河边生活了一辈子的老居民们，依旧喜欢来到运河边走走，更愿意给年轻人们讲述运河曾经的历史。一位在河边钓鱼的老人这样对我谈到他的看法："老辈人那些时候，聊城这一片可是热闹。江南去往北京城都要走这里，你想想那时候的聊城厉害吧？那时候叫东昌府。刚解放后，河里还有船。可惜这些老事你们现在都不知道了。政府把运河这一改造，倒不孬。"老人一边指着码头遗址，一边说："你看那边还有政府保护重修的码头，年轻人看看也知道点历史。当然了，现在这河造的好看是好看，就是不是早年那样子了。"我想，这或许也代表了那些在这里生活了一辈子的老人的想法。

（三）徒骇河与南湖新城

随着东昌湖风景区与运河改造的完成，水城从书面的规划变成了城市的景观，也成为城市的自我称谓。而这样的制作进一步影响了接下来的城市规划与景观建设。

在2008年的城市总体规划中，城市性质被定位于"中国江北水城，国家级历史文化名城，以发展商贸、旅游为主的区域性中心城市"。基于

---

① 吴云涛：《碑楼子》，载于其手写稿《东昌野史》。

水城的定位，规划特别提出了"水城水系规划"：

> 形成一湖、两河、一环、五线、十五点的水系网络结构，使河流总长达108.2千米，水域面积达8.4千米。
> 一湖：东昌湖
> 两河：古运河、徒骇河
> 一环：沿城区外围形成环城河
> 五线：穿插于城区内的五条河道
> 十五点：规划在河道交汇处、重要地段以及历史文化景点周围，形成大小不等、内容各异的水体景观节点。

在东昌湖与运河改造完成后，城市东部的徒骇河很快就被确立为城市建设的重点项目。2011年，该项目正式开始。在聊城市规划局的介绍中，徒骇河世界运河（建筑）博览园是市委、市政府确定的"两城一河"城市发展战略的重要组成部分，是构成"江北水城"特征的重要水态形态。项目力争把徒骇河风景区打造为世界滨水文化博览园、世界运河主题公园，使之成为山东著名、全国知名的滨水游览线，成为聊城最具活力的区域之一。如今，曾经主要作为城市排污通道的徒骇河已改头换面。尽管它还没有项目宣传中所期待的那般华丽，但也已经成为市民休闲的重要去处。

与此同时，南湖新城的规划也已经从纸上的文件开始成为城市新的一部分。2014年，位于城市以南的新城区——江北水城旅游度假区确立了总体规划。规划中的一个重要内容就是开挖面积约4800亩的金龙湖。根据度假区网站介绍，"该项目既是南水北调工程的大型蓄水库，又是度假区的核心景区。……目前，已完成300亩的房屋征收、土地征用及土方开挖，完成投资约4.69亿元。同时，对凤凰苑、姜堤乐园、荷花湿地公园等现有旅游项目进行提升改造，全力打造以金龙湖为重点的核心景区，为国家级旅游度假区的创建奠定基础"[①]。

水城地景的制作不仅仅影响了城市的整体规划与景观，同样也影响到城市内的大量公共建筑、小区、单位、街道的名称。以市内建成小区为

---

① 江北水城旅游度假区网站，http://www.lcdjq.com/content/? 804.html。

第二章 古城的源与流

图 2-13 徒骇河世界运河博览园
资料来源：聊城市规划局网站。

图 2-14 江北水城旅游度假区总体规划
资料来源：江北水城旅游度假区网站。

例，在并不完全的统计中，与水有关的命名有近30个。[①] 在近十年来兴建的城市公共建筑中，几乎每一处都与水城相关。例如，毗邻东昌湖的有水城明珠大剧场以及水城广场；位于东昌湖东北部，2004年建成的博物馆被命名为中国运河文化博物馆，博物馆由著名社会学家、人类学家费孝通先生题名；位于徒骇河风景区，2014年刚刚落成的市民文化中心主体建筑则以荷花为造型，取名"水城之花"。位于东昌湖南侧，2015年5月1日开放的摩天轮高达130米，据称为全球首座建筑与摩天轮相结合的城市地标，高度居亚洲第三位。在公开征名之后，将名称定为"水城之眼"。

对帝国的城市而言，护城河是城市安全的重要屏障；帝国之后的近百年里，它又成为众多百姓重要的生存依赖；在过去十多年的风景区建设下，这里又被制作为城市的景观。同样，曾经联结帝国南北的大运河为这座小城带来了数百年的繁华，如今，一度荒芜的臭水沟再次被制作为城市的风景。回顾水城地景的整体制作过程，在地方政府主导的物质性景观制作极大改观了城市曾经的地貌之后，通过一系列技术手段，附着于其上的历史再次被制作出来：名称的改变、遗迹的挖掘与保护、故事与传说等等。经由这样的历史制作，水的现代景观被重新赋予了历史与文化，实现了当下与历史的衔接。可以认为，水城地景的制作过程就是人们对水再度阐释的过程。这也再次验证了人类学家所指出的：地景并非一固定的、静态的研究对象，地景本身随日常生活与社会潜能、记忆机制而不停变动着，因此只能视为一个过程，没有绝对的地景。人类学视野中的地景不仅仅是自然空间的呈现，也不仅仅是文化的图像，更是一种文化的过程，是历史与文化的一部分。[②]

四 再造古城

随着水城地景的打造，城市环境的变化还是得到大部分市民的认可与支持。对于在此生活了十余年的我而言，同样也能感受到城市环境在近十

[①] 这些居民小区有西湖馨苑、龙湾、林湖美墅、湖畔佳苑、翠堤湾、新水明珠、棕澜海公馆、水岸新城、湖景公寓、顺河城、莲湖花园、丽水名都、莲城、在水一方、滨河御府、月亮湾、水城华府、怡情湾、海润公园、观澜一品、盛世天湖、湄河公寓、江北水镇、水岸等。

[②] Eric Hirsch and Michael O'Hanlon, *The Anthropology of Landscape: Perspective of Place and Space*, Oxford University Press, 1995, p. 22.

年来的巨大变化。与此形成对比的是，有着悠久历史的老城里却日益破落拥挤，甚至被视为棚户区。而在地方主政者眼里，这样的老城里也从历史文化名城的核心区变成了"不伦不类的旧城区"。2007年，随着新的市委书记的到来，地方政府做出了老城里整体拆迁与古城再造的决策与规划。

前文已论述到，早在改革开放之前城市规划已影响到这座小城的整体格局，但限于当时频繁的政治运动与经济发展水平，城市建设并未出现大拆大建。尽管水城地景的制作全面改变了城市风貌，但这样的地景制作也未涉及大规模城市拆迁，很少波及城市大众的家园。然而，对于接下来的古城再造，大量的老城里居民不可避免地将离开祖祖辈辈的家园。地方政府何以有能力实施这样的规划？又将制作出什么样的古城地景？面对大拆大建，又会有哪些不同的声音？这一过程背后是一种什么样的文化逻辑与政治？

（一）"满城尽带黄金甲"

随着20世纪60年代新城区建设的开始，大量机关、单位、企业进入的新城区日益繁华。古城区则一直保留着往日的模样，落后的基础设施、

图2-15　20世纪90年代古城街巷，2016年
资料来源：聊城老照片博物馆。

拥挤破旧的平房都显示出老城里日益边缘化的地位。至 2007 年，老城里户籍登记人口达 2.2 万人，常住居民也有 1.7 万人左右，更有数千租住的流动人口。对于这样的状况，老城里居民吴立同的看法是，1 平方千米的老城里有这么多人，最主要的是与居民们普遍较低的收入有关。老城里相当一部分是下岗职工，没有固定收入，大部分靠摆摊、做小买卖谋生。此外，居民中更有大量老年人没有经济收入，生活上要依靠儿女。这些低收入的老百姓很少有能力到外面购买楼房，于是大部分家庭都是通过在院内甚至外围加盖房屋，以解决住房问题。长此以往，不仅居民院落内部拥挤破旧，就连老街巷也被越来越多的违建房屋占据。

1993 年，为申请国家历史文化名城，《聊城市历史文化名城保护规划》出台，规划详细规定了对古城区的保护措施：

> 在古城区，按照保持原古城城市格局和道路骨架，维护其传统空间风貌形态的要求，有计划地改造、拆迁一些形式破旧、色彩不协调、密度过高的民居，改建成单层或二层四合院式住宅，改善居民生活环境质量，使之成为既具有传统风格，又有较高艺术价值、配套服务设施齐全的居民组团；严格控制古城建筑层数和建筑高度，自城墙向里，一至二层为主，局部建设三层，严格控制古城区景观视廊上的建筑高度；建筑色彩以灰瓦、青砖墙为主，采用坡顶的传统建筑形式，确定古楼东、西、北街为传统商业街，楼南街为文化街，……结合遗址现状和历史记载，逐步恢复一些历史名园真面目。

在 1999 年聊城市城乡建设规划设计研究院编制的《聊城市古城区控制性详细规划》中，我再次看到类似的保护原则：

> 保护古城区传统风貌及名胜古迹，有步骤地恢复历史文化载体，保存并延续古城的空间秩序；坚持以旅游景点开发与古城整治相结合的原则；保护古城原有格局，完善基础配套设施，改善旅游环境；坚持可持续发展原则，保护与发展相结合，维护好古城历史文脉的延续。

然而，在很长时间里，上述保护措施也并没有具体实施。作为历史文化名城核心区的老城里却在历史文化保护的名义下成了城市的弃儿。尽管沿湖四周风景优美，但是走进内部后，破旧的道路、狭窄的胡同甚至是脏水外溢的下水道随处可见。一位曾经的老城里居民抱怨道："整个市里就老城里最脏最破了。家里厕所还是土坑，街上也没有路灯，政府能把路油一下也行啊，天天要求整，从来也没有动静。房子漏雨了随便整一下都不行。周围那些村都改造了，老城里最破。早就说要改造，就是一直拖着。"显然，对于流传多年的古城改造，居民们不仅不反对，更多的是期待。

2007年之后，这样的情形终于开始了变化，古城改造也正式列入了城市建设的重点工程。为体现古城改造的专业性，市政府特意委托同济大学国家历史文化名城研究中心编制了聊城古城保护与整治规划，在通过省建设厅组织的专家评审后，2007年9月14日，聊城市规划局网站对规划进行了公示。在公示规划中，我看到了这样的内容：

保护与整治目标：

1. 保护古城区整体历史格局、肌理、风貌和历史文化遗迹将古城区打造成为遵循原真性、整体性和可持续性原则的经典范本。

2. 优化古城区功能增强古城区活力突显古城经营创新活动服务于城市旅游业发展。同时改善古城区居民生活环境。

3. 打造历史文化古城"金名片"将古城逐步发展为高端的生态文化、休闲度假、养生养老、旅游观光的独特空间载体。

保护与整治原则：保护与利用并重的原则 系统有机更新的原则 风貌整体和谐的原则 利于实施和效益最大化的原则。

在这里，保护的内容从"原有格局与传统风貌"变成了"整体历史格局、肌理、风貌"，保护不再是唯一内容，利用、效益最大化成为重要原则，其发展方向更是高端的生态文化、休闲度假、养生养老、旅游观光。在2008年聊城市人民政府工作报告中，古城区开发更是列入了2008年重点城建项目："启动古城区保护开发，着力打造全国著名'水中古城'。……运用市场手段，完善基础设施，挖掘文化底蕴，有选择地恢复历史古迹，努力打造'水中古城'新品牌。"①

在古城改造从传言变成政府文件后，居民们更关心的问题则是：古城如何改造？老城里的居民还能回来吗？改造是否需要个人花钱？要多少钱？在《古城区房屋拆迁补偿安置方案》和《古城区房屋拆迁补偿安置说明书》发放给居民们后，大家的期待最后变成了失望甚至是不满。然而，这样的不满甚至是少数居民的抵抗都没有改变既定的改造规划。很快，古城改造如期实施。

2008年3月，古城拆迁先期试点进行。被拆迁的是南城门以及东南、西南、西北三个城角处的27户居民。在顺利拆迁之后，复建的南城门楼以及三个角楼也在1年之后竣工。据称，复建工程是依照东昌府城复原图设计。在南城门北面西侧的立碑上，市文化局文博研究员陈昆麟撰文的《复建聊城正德门记》在记述了城市历史后，详细记载了城门复建工程：

> 今逢盛世，国泰民安，社会和谐，经济腾飞，百业振兴。聊城变为生态宜居之地。来此观光旅游者络绎不绝、与日俱增。故复建城门、角楼以利观瞻之呼声，不绝百姓之口。应时局，顺民意，市委、市政府决意修复南门及角楼。是役于二零零八年八月兴工，翌年五月工竣。耗资一千八百六十五万元。所费均出于公而弗征于民焉。三座角楼分建于故城东南、西南、西北之隅。楼体之侧，皆循旧垣之迹，复建城墙一段。上宽六米，长二十七至四十七米不等。楼通高二十点七米。台基坚稳，角楼高耸。重檐巧作，拱托斗承。十字之脊，歇山之顶，真一杰构也！复建南门，乃此次工程重中之重。新建九十米之南垣，正对光岳，中开一门，面阔六米，拱高七米，人员车辆，皆可通行。明式门楼，面阔七间，进深带廊五间，通高二十二米有奇，巍然屹立于城垣之上。远眺，歇山重檐，灰瓦复顶。戗脊斜伸，跑兽玲珑。鸱吻高举，正脊卧龙。凌空纤瞻，气势恢宏。近观，长梁虹跨，肘木纵横。檩接枋扣，巧设格棂。立柱紫漆，门窗铁红。姿容洒脱，大方稳重。登楼循堞，感慨无穷。仰视，晴空万里，雄鹰翱翔，寓展我辈鸿鹄之志；俯察，碧波千顷，银鱼畅游，意示今朝祥和之风。

---

① 《2008年聊城市人民政府工作报告》，聊城政务网，http://www.liaocheng.gov.cn/art/2011/4/9/art_ 995_ 114336. html。

猗欤盛哉！诚一大景观也。可招八方之游客，堪引四海之宾朋。广传凤邑之文化，远扬水城之美名。圆百姓之夙愿，树累世之奇功！是以为记，昭示来者。

图 2-16　复建的南城门——正德门，2014 年 9 月

图 2-17　复建的西城门，2014 年 9 月

在这里，城门、角楼的复建并不掩饰吸引游客、发展经济的目的。对此，尽管也有居民将之称为"造假"，但我也发现，将复建城门称为"百姓的呼声"倒也不为夸张。然而，接下来涉及4500余户的古城区拆迁却争议颇多。

2009年2月，由市委常委任指挥长的古城保护与改造指挥部成立，办公地点设在古城东北原东昌府区政府院内。指挥部有成员一百余人，主要从有关单位抽调，下设多个部门，分别负责规划设计、资金筹措、拆迁安置以及工程建设等。在整个改造中，拆迁无疑总是最艰难的部分。由于涉及的拆迁数量众多，古城内拆迁分为了四个片区、八个部分，每一片区由区委常委任指挥长，另有多名县级干部任信访、治安组长。拆迁分三期进行，第一期包括四条大街513户居民，第二期涉及周边临湖500余户居民，第三期是内部中心，共有拆迁户3500余户。拆迁自2009年4月开始，至2011年1月，整个古城区仅剩30户尚未拆迁。在古城拆迁的同时，一项名为"古城区主要道路综合管沟工程"的基建项目同时开始。给水、热力、电力、通信四种市政公用管线实现统一管沟，彻底改善了古

图2-18　古城保护与改造动员大会

资料来源：东昌府新闻网。

第二章　古城的源与流

城基础设施。

古城改造涉及众多居民、投资重大，这样的重点城建项目将如何具体运作？2009年4月9日市委书记在古城保护与改造动员大会上给出了明确说法：

> 古城保护性开发，必须在市委、市政府的统一指挥下实施。要解放思想，充分授权，创新体制机制，积极探索市场化的运作模式。同时，要抓住国家扩大内需的有利时机，按照名城保护、安居工程、文化项目、棚户区改造等渠道积极争取上级资金；要不拘一格地拓展融资渠道，抓住国家实行从宽的货币政策的机遇，积极申请银行贷款；加大招商引资力度，积极寻求与外商的合资合作，多方吸收社会资金投入古城改造和建设。[①]

作为难点的拆迁工作基本完成后，古城外围环境整治也基本完成。这包括3个城门楼、角楼、环城绿带建设、南门广场、北门广场等。2010年后，4条大街改造及景观建设、重要历史建筑复建等项目也随后开工。2011年3月，汉嘉集团的方案被确定为古城总体规划后，古城改造进一步加快。至2014年9月，与拆迁前相比，古城内的十字大街早已焕然一新，路面全部是青石铺设，两侧有凹形的排水沟，人行道则是用糙面的材质铺设。人行道外侧是石砌的水沟，水沟中是从东昌湖引来的景观水流。相隔不远都会有一些造型别致的景观，有铜铸雕像、水车、亭榭等。然而即便是上午，街道上的行人也不多。除了穿城而过的少量车辆，偶有四处观看的游人。3个城门楼、卫仓、七贤祠、南北戏楼等复古景点已经建成，人们可以随意出入，但也只有三三两两的市民参观。由于复古景点基本只是空荡荡的建筑，大部分游客也只是随意转转，在一些小品景点附近拍照。光岳楼东面不远，横跨楼东大街是一座石质牌坊，四制三间五楼形制，东面有"孝行坊"三个大字，西面写着顺德可风。据称孝行坊是仿明代形制，原主人是明代聊城孝子朱举。虽然建设不久，但牌坊的石料似乎是通过某种方法做旧，倒也显得历经风雨。楼西大街中段的牌坊则是木质结构，上面题有进士坊3个字，与楼东做旧的石质牌坊相比，进士坊显

[①] 2009年4月9日市委书记宋远方《在聊城市古城保护与改造动员大会上的讲话》。

图 2-19　楼东大街孝行坊，2016 年 12 月

图 2-20　楼西大街进士坊，2016 年 12 月

得华丽鲜艳。

　　四条大街两侧临街商铺都是仿古建筑。大部分都还闲置,并没有商户入驻。中午的时候,即使想找个吃饭的地方也不容易。光岳楼西侧 30 米处路南,路边摆放着几张饭桌,其中一个上面有 3 盆菜。一个消瘦矮小的老人正在收拾桌子上面的碗筷。房子并不是老人的,是一个亲戚回迁的临街楼,自拆迁后一直闲置,就暂时租借给老人。每天早上与中午,老人与妻子在路边摆摊,几盆菜,一筐馒头,几箱啤酒,就是饭店的全部伙食。由于古城内已拆迁完毕,已没有居民,吃饭的只是建筑工地上的民工。

　　除了周末,古城南城楼上总是很安静。从城楼南望,南关岛基础设施与建筑早已完工,参差不齐的仿古建筑,高耸的教堂尖顶,看上去倒也别致。只是人迹罕至,显得有些荒凉。再南去,正在建设的西安交大科技园高耸密集的住宅楼与古城建筑形成鲜明对比,新落成的"水城之眼"摩天轮更是突出。从城楼往北看,除了临街建筑外,古城内部大部分还是拆迁后的废墟以及刚刚开工的建筑工地。在古城的规制中,拆迁后的古城除了临街商铺、部分复古景点外,大部分土地是用于房地产项目——高档仿古别墅。虽然别墅工地只有部分刚刚开工,但各条大街都打出了各种广告。在树立在古城四周的规划公示牌上,以十字大街划分的 4 片房地产项目由 3 个房地产公司建设。其中,西南片区名为光岳府,共 339 户;西北、东北片区名为东昌首府,共 416 户;东南片区名为东昌御府,共 309 户。所有的房地产都是二层或三层的仿古别墅,其中更有部分是独栋四合院。显然,这样的房屋并不是为拆迁的老城里居民设计。房地产商的广告更是赤裸裸地炫耀着这里的尊贵:

　　　　古城开发改造工程为这座城市翻开了崭新的一页。对城市稀缺资源东昌湖的占有,将古城打造成为以旅游及高端居住功能的一座新城。……无论怎样,如今的古城已经不是一般人能够居住享受的了。傍水而居的东昌古城,以自然为尊,是富豪选择居所的共识。对于城市稀缺资源占有的能力,成为当今财富阶层竞相角逐的焦点凡历史古迹、自然风景、山川险峻、科技新秀概莫能外。众多的财富人群考虑定居古城,就是看中了这个巨大的自然宝库,可以远离紧张都市的尘嚣,呼吸清新的空气,让大自然的纯净呵护全家人的健康与幸福。古城，俨然成为一座"富人岛"。①

首先开发的西南片区光岳府项目在广告中这样介绍：

> 光岳府项目位于聊城市中心区域、古城区核心地段。……城央天元风水宝第，乾隆皇帝行宫尊邸，自古以来就是富人聚居区，如今更是贵脉相传。……光岳府项目定位为环城湖畔中华古城中心首席高端纯别墅居住区。②

图 2-21 古城拆迁后的高档仿古别墅，2016 年 5 月

（二）"古城已作古？"

显然，这样的古城已是"满城尽带黄金甲"。对此，有些老城里居民直接告诉我这是"造假古城"。事实上这样的古城改造自一开始就有不同意见。为体现古城的改造并非地方主政者的自我主张，国内许多知名专家被聘请设计古城规划。这其中，中国古城开发保护协会会长、国内古城保护开发的权威专家阮仪山教授更是被聘请领衔编制《聊城市古城保护与整治规划》。然而，由于他所设计的方案并不完全符合"积极作为"的思路，并没有成为古城改造的主要参考。面对不同意见，市委书记在古城保护与改造动员大会上的讲话为此一锤定音：

> 城市建设不怕破破烂烂，就怕不伦不类。当前，不同的发展阶

---

① 荣盛集团官网，http://www.risesun.cn/liaocheng/content/details114_12999.html。
② 中国房地产超市网，http://lc.fccs.com/news/201309/4010705.shtml。

段，有不同的发展要求。摆在我们这一届市委、市政府面前有两种选择，一种选择是继续保护下去。为了改善古城区老百姓的生活条件，搞一些基础设施建设，修修补补也可以。另一种选择是积极作为，实施古城的改造开发，以此作为我市旅游业发展的龙头，带动经济发展，带动老百姓发家致富。经过广泛征求古城1.4万居民的意见、请高层次专家研究论证，多次市委常委会专题研究，反复斟酌讨论，确定下决心实施古城保护性开发，将其打造成为全市文化旅游业的龙头，促进经济社会发展，让全市人民长期受益。

在这样的改造理念下，除了光岳楼、1992年复建的海源阁以及另外11处保留建筑外，几乎所有民居统一拆迁。绝大部分搬迁至东昌湖西南的望湖小区，古城里仅有数家临街住户得以保留。

很快，这样"积极作为"的古城改造引起了国家相关部门的关注。2012年11月7日，住房和城乡建设部与国家文物局联合发文《关于对聊城等国家历史文化名城保护不力城市予以通报批评的通知》，直接点名批评了这样的做法，通知明确指出，聊城等地方"因保护工作不力，致使名城历史文化遗存遭到严重破坏，名城历史文化价值受到严重影响。……予以通报批评。……要求提出整改方案，完善相关保护制度，坚决制止和纠正错误的做法，防止情况继续恶化"。[①] 这样的发文也引起部分媒体的注意。2013年3月1日，《中国文化报》以"古城已作古：山东聊城历史文化名城调查"为题在第一版大幅报道了古城的改造现状。该文在报道了古城推倒重建的改造后，直接质疑这样的改造导致"古城已作古"。

尽管古城改造的模式自一开始就有不同意见，但这样的不同意见显然是难以左右地方主政者的决策。而如今国家部委的批评以及媒体的质疑显然是地方主政者不能忽视的。从某种程度上看，这样的情况还是让地方政府感受到极大的压力。针对中央的批评与媒体的质疑，地方政府还是给出了积极的回应。在当地媒体上，我看到了这样的报道：

> 3月31日，我市召开国家历史文化名城整改复查迎检调度会。

---

① 住房和城乡建设部、国家文物局：《关于对聊城等国家历史文化名城保护不力城市予以通报批评的通知》。

副市长任晓旺出席，任晓旺指出，国家级历史文化名城是城市品牌，集中反映了我市丰厚的历史文化底蕴。千方百计地做好名城保护工作，是义不容辞的责任。在整改工作，要严格按照国家历史文化名城检查验收的标准和要求进行整改，特别是针对存在的问题进行重点整改。要集中力量抓好古城区米市街等地的综合整治，力求体现历史的真实性和风貌的完整性，保留原有的生活气息。规划、文化、文物以及住建委、古城保护与改造指挥部等部门要增强大局观念，严格按照已制定的方案实施整改，要密切配合、形成合力，杜绝推诿扯皮，确保整改保护到位。①

尽管如此，古城改造木已成舟，推倒重建已成事实。然而，对于批评与质疑，很多地方官员还是表示出自己的委屈。在我与古城保护与改造指挥部的一位人员私下里谈到这样的批评时，他这样表达了自己的看法：

你对改造前的古城也很熟悉，你想想，虽然说是古城，老城里还有多少古物？净是老百姓六七十年代盖的破房子。这些砖瓦房，就跟农村的房子一模一样，还要当作文物保留吗？你说是吧？说是古城，外面的人来也就看看那光岳楼，谁去那里边看？要看那个，还不如去农村呢。古城内只要是几十年前的、有点历史的建筑，都保留下来了，就是那十一处保留历史建筑。老城里说拆迁，都几十年了，谁也不敢动，太破了。你要是把老百姓的房子都留下了，怎么留？除了那些年纪大的，年轻的谁愿意住这儿？

然而，说到完全被迁走的老居民，这位官员还是承认有些措施并不完全没有问题。

你说的老城里居民都走了，从古城保护的角度看确实不好。我们也知道，能把老居民们留下了更好，我也知道有人骂政府。主要的原因还是钱的事吧！把老城里的人都留下肯定不行，人太多了。留一部

---

① 王帅：《聊城召开国家历史文化名城整改复查迎检调度会》，《聊城日报》2014年4月1日。

分，留谁？不留谁？关键是如果不是靠卖地盖别墅，哪有那么多钱改造？聊城的经济也就这些年好了点，政府财政收入多了些。但要完全靠财政投入改造古城，政府肯定没那么多钱。你看俺这些调来拆迁改造的，这几年累死了，天天加班，老百姓还要骂。你说干点事容易吗？

拆迁官员向我解释了政府的无奈，也表达出了自己的委屈。对此，普通的市民又是持什么样的态度呢？

2014年9月5日，一场秋风吹走了多日的雾霾，晴空中点缀些白云，东昌湖风景如画。北城门楼上，几位游客欣赏着美丽的风景。一位60多岁、戴着太阳帽的老人手持相机拍摄风景。在与他闲聊中得知，老人老家齐河，4岁来聊城，后来入伍，20岁后复原回聊城，在市人民医院工作至退休。退休后一直爱好旅游、摄影。今天看到天气特别好，再次来到城楼拍照。当我与他谈到古城的拆迁与改造时，他倒很是健谈：

前些年古城破的不像样子了，早改早利索。你看，现在建得多漂亮，路也好，再过些年，新修的不也是古物了？前年我去凤凰古城、台儿庄古城哪儿，你看看人家整得多好。聊城古城原本也没多少古建筑了，老百姓原来的那些房子根本没法住了。

老先生热衷旅游，谈起著名旅游景点很是熟悉：

前年我去武汉，看那黄鹤楼，黄鹤楼有名啊，那么多人去参观，其实也不过是30年前新建的。还有滕王阁，也差不多80年代初重修的，咱们聊城光岳楼可是真正的古楼，但就是名气没人家大，为什么？古城破破烂烂，又没有宣传，谁知道？没有人来玩，来了也就看眼光岳楼、山陕会馆就没了。

听到老人的话，旁边的两位看上去像夫妻的中年人也表示赞同。他们是聊城下面一个县城的，听说古城建得不错，特意来看看。"九八年俺来过，现在建的确实比那时候漂亮多了。"然而，另一位一直沉默不声、穿着一件泛黄白衬衣的中年男子却表达了不同的看法："漂亮是漂亮，都是新造的。老城里的人都让撵出去了。那些临街的楼，都卖不出去。"听见他的抱怨，摄影老人与中年夫妇继续欣赏自己的风景，我则继续与他攀谈。他姓白，原来就是老城里的居民，现在住回迁的望湖小区。没有正式工作，原来一直打零工，后来孩子成家了，现在虽然50多岁，也就不工作了。提到古城的保护与拆迁，白师傅似乎一肚子的怨气：

> 什么古城，你看现在还有么？全都让政府给糟蹋净了，都是仿古的，造假，还叫什么古城？听说那些老干部们都看不下去了，等有一天来个底朝天，叫你古城改造。

他正抱怨着，过来了一个年轻人向我们打听古楼门票价格，他直接告诉年轻人：

> 可别去古楼，么也没有，就一空架子。也都修理了好几次了，早不是原来那个古楼了。前几天我在古楼下看到一个外地来旅游的，打算上光岳楼，我就告诉他里面没有，可别浪费那个钱。30块钱，白扔。买点吃头，也比给它强。结果他就没买票。

对于这样的结果，他似乎很是得意。而在望湖小区里，同为老城里居民的陈书德也向我说出类似的抱怨与指责："你没到过北京、南京？你看现在古城盖的那些仿古楼，到处不都一样？有么看头？古城老百姓都搬走了，谁还记得古城里的老历史？"谈起古城旅游，陈大爷似乎更是不屑一顾。在我与更多的人谈到古城改造时，我逐渐意识到：几乎所有的被拆迁的老城里都对这样的古城愤愤不平，而多数的市民却表示认可古城改造，认为改造好后的古城比以前漂亮多了。后者的观点似乎在古城开街后的旅游人潮中也得到了验证。

古城推倒重建已成事实，古城再造木已成舟。谈到古城的现状及补救措施，曾经领衔古城规划的阮仪三有些痛心疾首："死马一匹，还能怎么医？我曾拿我们做的苏州、昭化古城的成功案例劝他们，他们不听，现在弄成这样。……现在很多古城保护改造都是大拆大建，这基本上是因为城市的决策者有法不依，不懂什么叫作保护，只晓得做假古董，这是很悲哀的。"① 对于这样的结果，专家将责任归咎于城市的决策者。然而，当我们意识到这样的现象并非个案，甚至是普遍现象中的一例时，或许我们会改变一点看法。

（三）作为景区的古城

在地方政府的规划中，古城改造的主要目标就是"将其打造成为全市文化旅游业的龙头"，以此推动城市旅游产业的发展。"政府主导、市场运作"的模式也在古城旅游中得以体现。2014 年 6 月，聊城市水上古城投资置业有限公司与西安旅游股份有限公司签约，委托后者托管聊城市水上古城景区，合同期限为两年。合同第一年，组建工作团队，建立规章制度；开展宣传工作；组织临街商铺招商，力争 80% 的商铺入住率，引进三秦老字号；合同第二年，保证不低于 10 万的购票游客，申报 5A 级景区。

在专业旅游团队的组织下，古城旅游准备工作进一步加快。尽管古城内部建设只是完成了临街建筑与景点，内部别墅工地依旧忙碌，2014 年 10 月 1 日，古城"开街"盛大开幕。上午 9 点左右，北关桥北首三位交警站在路口，路中间指示牌写着"前方禁止机动车通行"，西侧的道路两侧已经停满了游客的汽车。桥上南行的人流不断，其中有不少是老年人，拿着马扎，应该是去赶 9 点半南北戏楼的免费大戏。北城门口，几位带着志愿者标志的年轻人疏导着车流。过了城门，路口同样是阻拦机动车的栏杆和值守的交警。虽然楼北大街西侧的戏楼尚未开场，下面听戏的人群已坐满了偌大的场地，场地外围的特别设立的小吃摊打着各式各样的招牌，各地的特色小吃一应俱全，生意异常红火。城内道路上游客更是熙熙攘攘。虽然楼北大街并没有什么特别的景点，游客也只能在一些雕像、水池边观赏拍照，但这似乎并不让人扫兴。只是这拥挤的人群已让人感到人气十足。

南城门广场上附近，准备开街仪式的工作人员忙忙碌碌，更有大量的志愿者参与其中。城门挂着条幅与红色的大串灯笼，城墙上旌旗招展，城门下是身着古装战袍的士兵。上午 10 点，开街仪式正式开始。在古城保

---

① 李颖：《古城已作古：山东聊城历史文化名城调查》，《中国文化报》2013 年 3 月 1 日第一版。

护与改造指挥部指挥长刘强的主持下,市长王忠林等多名党政领导共同为古城开启大门,此后就是领导致辞、讲话。仪式结束后,早已在一边准备好的"康熙皇帝"率领一干"大臣""妃嫔"等队伍开始巡游。巡游队伍模仿古代皇帝出行,前面是各等官员士兵装扮,高举黄底黑字的"肃静""回避",身着龙袍的"皇帝"有"妃嫔""宫女"前呼后拥,不时向游客招手。光岳楼广场西侧,另外一支队伍扮演的是民俗婚礼。前面是唢呐乐队,紧跟着的是高举"岳府""迎亲"的家丁。"新郎官"骑在马上满脸笑容,后面更有手拿巨大旱烟袋的"媒婆"以及迎接"新娘"的八抬大轿。除了皇帝巡游、民俗婚礼外,还有状元夸街、打虎归来的表演队伍。这样的表演还是让游客感到有些看头,不少人走上前去合影、搭话。大群的小孩子更是感到新鲜,跟着队伍跑来跑去。

图2-22 古城开街表演,2014年10月

已经布设好的复建景点统统开门迎客。卫仓、七贤祠都是免费开放,里面游客如织。就连平日里游客不多的光岳楼上也人头攒动,而这些购票登楼的大部分是外地游客。楼南大街西侧的两个亭子里,一个亭子里有两名年轻的女子,汉服装束,为游客表演古琴;另一个亭子里是长褂装束的男子,为大家表演山东快书。节目同样吸引了很多的游客。再往南,另一处大戏在高大的戏楼里上演。聊城京剧院的京剧演出吸引了更多的人。一招一式,专业的表演赢得大量喜欢戏剧的老年人。戏楼的北侧则是一到三层仿古楼房,门上写着:中国京剧展览馆。门口站着身着旗袍的女子,不断招呼游客免费进门参观。楼西大街一处建筑外有两位艺人着长褂在表演传统戏曲。先是一位女士,后是一位60多岁的先生。先生自己介绍年轻时

曾从事曲艺，后来转行做工人。退休后又重新拾起曲艺，这次是受政府之邀，来为大家表演。游客对艺人的表演很感兴趣，不时鼓掌。大街西首是复建的七贤祠。七贤祠大门外是一影壁，空闲处停满了自行车、电动车。祠内有王道、穆孔晖、孟秋、王汝训、逯中立、张后觉、赵维新七位东昌府籍先贤的塑像，塑像下有每位人的简介。大多数游客并不知道聊城的这七位先贤，但还是对其表示出很大的兴趣。后院是传统学堂格局，布置并未完工，尚有数位工人在施工。

此外，古城开街的非物质文化遗产展示在楼东、楼西大街也吸引了众多的游客。楼西大街有省级非物质文化遗产东昌毛笔的传承人孙金龙的手工毛笔制作、市级非遗项目郭氏黄屯米酒；楼东大街有东昌木版年画社的年画展销、东昌葫芦雕刻；楼南大街有阳谷张秋木版年画、冠县郎庄面塑；等等。

据旅游部门的统计，古城开街的黄金周里，"景区共接待游客70余万人次，日均10万余人次。以本地市民为主，占70%，其次便是聊城各县（市、区）游客及周边游客，占25%，其余5%则是来自京、津、冀、豫及周边地市的团队游客"。① 虽然大部分游客都是市民，外地游客只占小部分，但古城开街还是显示出几年以来难得的人气。

尽管古城内绝大多数民居已拆迁，但古城依旧保留了部分"历史保留建筑"。对于这样一些得以幸存的遗迹，光岳楼管理处主任魏聊向市政府提出建议，可以利用它们将其打造成博物馆。由于这样的建议贴近了古城的旅游主题，2012年，古城内历史保留建筑博物馆设计初步完成。除此之外，为了能为旅客提供更多参观景点，古城城门、城墙等复建景点也大部分规划为博物馆。如古城保护与改造博物馆、聊城老照片博物馆、契约文化博物馆、明清圣旨博物馆、县衙博物馆、文庙文化博物馆、城隍文化博物馆、考院文化博物馆、东昌状元博物馆等。通过已规划的33个博物馆，指挥部提出了打造"微博之都"的旅游规划。而如今，部分博物馆已正式布设完毕迎接游客。

---

① 杨淑君：《古城开街七天日均迎客10万人》，《齐鲁晚报》2014年10月8日，http://epaper.qlwb.com.cn/qlwb/content/20141008/Articell01003FM.htm。

表 2-1 11 处保留建筑及博物馆设计一览

建筑名称	文化（现状）要素	博物馆规划
聊城日报社	原聊城日报社红砖红瓦建筑，20 世纪 70 年代建，砖木结构	印刷博物馆
聊城专区直属粮库	粮食局机关大院。1950 年建，粮仓四排，容纳粮食 3000 吨	民俗博物馆
聊城地区杂技排练厅	聊城地区杂技团 1972 年成立，原为聊城行署礼堂	杂技博物馆
聊城中矿机械有限公司	原生产农机配件的有限责任公司	创意产业基地
老宿舍区	中矿机械公司老宿舍	
金方昌故居	聊城回族抗日英雄故居	金方昌纪念馆
老区委院内砖瓦建筑	建于 20 世纪 70 年代初，砖木结构，七八十年代典型风貌	红砖房风貌区
监狱	老监狱建于 20 世纪 50 年代初，1985 年停用，改为家属院	监狱博物馆
李士钊故居	李士钊为著名专家学者	李士钊纪念馆
锻压机厂房	原为聊城农具机械厂，1984 年改为锻压机厂	工业博物馆
第三师范小学礼堂	20 世纪初鲁西唯一省立完全小学	纽扣博物馆

图 2-23　聊城专区直属粮库，2014 年 9 月

第二章 古城的源与流

图 2-24 锻压机厂房，2014 年 9 月

图 2-25 古城内已经建设好的博物馆

随着古城建设接近尾声，我越来越发现，老城里居民的抵制并不代表这座城市多数市民的反对。面对古城旧貌换新颜，越来越多的市民发现，闲暇的周末竟也多了个休闲的去处。尽管如今古城绝大多数地方已是仿古复建的建筑，但这似乎并不影响人们游览的心情。一处处古色古香的复建景点，既让厌倦了高楼大厦的市民少了些审美疲劳，也勾起了人们早已断裂的历史情怀。尽管在平日的大部分时间里外来的游客寥寥无几，但每一个节假日里类似的民俗表演总是能够吸引着众多的游人，使得古城呈现出难得一见的热闹与人气。

毫无疑问，地方政府主导的打造水城与再造古城之根本目的是创造旅游资源、带动地方经济发展，从打造水城的"材料"来看，城市历史中的古运河、护城河、徒骇河等成了制作水城的物质基础。通过这样的一个转换过程，加之以各种形式的宣传，水城开始成为这座城市的另一个名称。随着时间的推移，这样的名称自然而然地又成为城市的历史，成为城市的传统。

针对传统是在直线性时间运动背景上的不变与延续，霍布斯鲍姆与兰格通过一系列的个案考察，在《传统的发明》一书中指出："那些表面看来或者声称是古老的'传统'，其起源时间往往是相当晚近的，而且有时是被发明出来的，往往都是为了相当新近的目的而使用旧材料来建构一种新形式的被发明的传统。"[1] 换言之，"传统"与其说是具有古老的历史与渊源，不如说是一种近代的"发明"或"制作"。这样的观点似乎打破了传统的历史性与客观性神话，使其增添了更多的主观性内容。在回顾城市的历史以及打造水城的实践后，我发现，水城地景的制作同样也类似于一种为了某种新近的目的而使用旧材料实现的新的发明。因此，从某种意义上看，这样的一个过程同样类似于一种"传统的发明"。

毋庸置疑，在水城的发明与古城的再造中，地方政府一直担当着主导者的角色。通过制作水城与古城的地景推动经济发展是制作城市再造的重要动机。对政府主政者而言，这更是政绩的景观化。然而，大众的历史记忆与对城市良好环境的需求同样也是支持这一过程的重要因素。由此，通过水城、古城地景的制作，地方经济发展、主政者政绩与大众对城市环境的需求达成了共识。事实上，尽管地方政府始终支配着这一过程，底层大众从来就没有成为纯粹的旁观者。可以认为，水城的发明、古城的再造正是发展话语、历史记忆以及大众现实需求的共同作品。

---

[1] ［英］E. 霍布斯鲍姆、T. 兰格：《传统的发明》，顾杭、庞冠群译，译林出版社2008年版，第1页。

第三章

地景的历史制作

在如今的大众生活中，旅游已经成为大部分人日常休闲的一部分，节假日里各地景区的人山人海更是成为一大景观。观光旅游热也带动了各地景点、景区的建设。在市场经济下，自然风光与历史文物成为旅游经济的主要资源，开始成为大众消费的重要商品。作为国家级历史文化名城，这座小城自然有着丰富的历史文化资源制作城市的景点。无论是帝国时期，还是现代社会，城市地景从来都不是客观的自然，它既是不同时空中的人得以对话、交流的连接点，是人与环境相互建构的集中体现，更是权力的工具、文化的中介。因此，它就成为城市地志学不可忽视的重要部分。

帝国时期的"东昌八景"是如何产生的？帝国权力在其中有何体现？作为权力手段、文化中介的地景如何发挥作用？作为这座小城重要力量的商人如何在地景中书写自己？它们在当下成为文物的过程中又经历了什么样的再制作？本章中，我以"东昌八景"、光岳楼、山陕会馆等地景的历史实践为对象，分析帝国及当下地景制作的文化实践，呈现地景的历史制作过程以及城市空间支配中的多元权力关系。

一 城市风景的制作

（一）"东昌八景"

汉语中"风"字早在甲骨文中就已出现，原意为空气流动的自然现象。[①] 而"景"字出现相对较晚，《说文解字》解释为：光也。也就是说，"景"的本义是日光，后逐渐引申有景色、景致的含义。据学者考

[①] 王力：《王力古汉语字典》，中华书局2000年版，第1654页。

证，中国书面文字"风景"最早出现在陶渊明诗歌《和郭主簿二首（其二）》中。[①] 日本汉学家小川环树认为，"风景"可以理解为风光景色。风的作用在于引起人的感觉，"景"最初带有光的含义，后来专指人所观览物的全体，以至表现一种景致、景象。[②]

风景并非当代人的创造，风景也并非仅体现为自然风光，事实上，帝国时期各地很早就有"八景"的说法。诸如此类的景致更是经常能够在地方志中占据一席之地。有研究者考证，中国"八景"的说法最早起源于宋代画家宋迪的"潇湘八景"。[③] 沈括在《梦溪笔谈》记载："北宋大画家度支员外郎宋迪工画，尤善为平远山水其得意者，有平沙落雁、远浦归帆、山市晴岚、江天暮雪洞庭秋月、潇湘夜雨、烟寺晚钟、渔村夕照，谓之八景，好事者传之。"[④] 此后，各地八景之说在官员与文人的推动下日渐普遍。至清代，大江南北已是"十室之邑，三里之城，五亩之园，以及琳宫梵宇，靡不有八景诗矣"。[⑤] 作为"江北一都会"，明代的聊城也开始有了八景之说。

在清康熙《聊城县志·方域志》中，特别载有"景致"一细目：

巢陵遗牧，在府治东北一十五里，即巢父牧读处。

崇武连樯，在郡城东孝武渡，今名崇武水驿。

绿云春曙，绿云，楼名。在府治西北，城角楼是也。

光岳晓晴，光岳，楼名。在郡城中镇，取其近鲁有光于岱岳。

古甃铺琼，在府治西南神霄宫内。一名玉环井，中白石如玉，凿其中，混然井甃。

圣泉携雨，在郡城西北高阳氏庙前，有圣水井，遇旱取水，雨随至，旧有感应碑。

仙阁云护，在府治南万寿观中。高数丈，时有云气，二鹤常栖其上。

---

① 杨锐：《"风景"释义》，《中国园林》2010 年第 9 期。
② ［日］小川环树：《论中国诗》，谭汝谦等译，香港中文大学出版社 1986 年版，第 2 页。
③ 何林福：《论中国地方八景的起源、发展和旅游文化开发》，《地理学与国土研究》1994 年第 2 期。
④ 沈括：《梦溪笔谈·书画》。
⑤ 于中敏：《日下旧闻考》，卷八《形胜》。

铁塔烟霏，在郡城东北隆兴寺。①

八景之中，巢父遗牧指的是唐尧时期的隐士巢父隐居聊城牧牛的地方。巢父，传说中的高士，因筑巢而居，人称之为巢父。西晋时期的皇甫谧在《高士传》中记载了关于巢父的传说：

> 巢父者，尧时隐人也。山居不营世利，年老以树为巢，而寝其上，故时人号曰巢父。尧之让许由也，由以告巢父，巢父曰："汝何不隐汝形，藏汝光，若非吾友也！"击其膺而下之，由怅然不自得。乃过清泠之水，洗其耳，拭其目，曰："向闻贪言，负吾之友矣！"遂去，终身不相见。②

清康熙《聊城县志》对巢父的记述是：

> 巢父，有巢氏之后。隐居躬耕，潜德著闻。尧欲让天下，巢曰："君之牧天下，犹予之牧犊也。予之牧犊尚不能适其性，何以治天下？"再拜辞。缘巢年老，尝以树为巢，故曰"巢父"。③

传说中，巢父隐居于聊城一带，在他去世后，人们在他隐居放牧的地方修筑了巢父墓，以此纪念。而地方志也多次记载了巢父墓。明万历《东昌府志》卷之十六记载："巢父墓，在府城东南十五里。巢父，尧时隐者，尝以树为巢，故曰巢父。"④ 清宣统《聊城县志》："巢陵，以巢父墓而名，墓在旧城中县治东南。"⑤ 在聊城人的传说中，巢父墓就在如今东郊一个叫"军王屯"的村庄附近。巢父墓显然已成传说，但是巢陵故城的遗址还能够存在于很多老人的记忆中。在吴云涛先生的记述中，邱玉山老人就回忆起早些年这里有"洗耳池""牧牛坡""卧牛坑"等古迹以及种种传说。

---

① 清康熙《聊城县志·方域志》。
② 皇甫谧：《高士传》，巢父。
③ 清康熙《聊城县志·人物志》。
④ 明万历《东昌府志·古迹志》。
⑤ 清宣统《聊城县志·方域志》。

崇武连樯描述的是聊城东关运河崇武驿码头附近漕船云集、络绎不绝的风景。明清时期聊城漕运码头称为崇武驿大码头，为京杭大运河中的重要口岸。漕运兴盛之时，南来北往的漕船络绎不绝，从运河岸望去，舳舻相连，帆樯如林。故有"崇武连樯"之称。清代东昌府通判张鸣鹤的诗文《崇武连樯》就描述了当时这里的地位与盛景："一水分南北，中流亘古今，帆樯通朔漠，楼橹接淮阴。贾氏今何在，徐公惠最深。皇图奠幽冀，谁不羡喉襟？"①

图 3-1　崇武驿大码头遗址，2016 年 5 月

八景中的绿云春曙则是城内的绿云楼。清宣统《聊城县志》记载："绿云楼，在府城西北隅。宋时建，名自公亭。至元九年，尚书徐士隆为总管，改建为绿云楼，亦云绿云亭。……至乾隆三十二年，知府黄检扩其地为园，为学使谦恒题额曰'得水'。三十八年，知府胡德琳重葺，改名

---

① 张鸣鹤：《崇武连樯》，清康熙《聊城县志·艺文志》。

'依绿'。"① 依绿园园内有十二景，主要建筑称为丽农山房。西侧有堆土，名华山，南面土山名为南章。此外，面积颇大的水池边更有游廊、小桥、亭榭、书房等建筑。园内绿树掩映、风景优美，明清时这里是地方官员、文人闲暇饮酒、聚会的重要场所。

光岳晓晴则是指中镇古城的光岳楼。光岳楼建于明洪武七年，最初为地方"瞭敌望远"的军事设施。楼高33米，四重檐十字脊楼阁。明弘治年间，因其"近鲁有光于岱岳"而被命名为光岳楼，此后一直被视为城市的地标与象征。在晴朗的日子里，登楼远眺，四周平川沃野郁郁葱葱；遥望东南，则是若隐若现的泰山；俯瞰城市，护城河环绕城墙，坛庙寺观香烟袅袅。由此登楼望远的风景被称为光岳晓晴。

古甃铺琼是指府治西南神霄宫内的玉环井。由于井底白石如玉，井水清澈，一望见底，井壁青苔碧绿与井中白玉相映。

圣泉携雨位于聊城旧址的颛顼墓。颛顼庙前有一古井，名"圣水井"。民间相传，圣水井"逢旱祈祷，辄降甘霖"。明代聊城县学训导陈黄裳在《请修颛顼神祠稿》一文中就记载了被称为"东郡八景"的圣水井："风景幽奥，气象轩豁，诚哉帝王之佳城也。陵前有祠，祠前有井，既所谓圣泉携雨，为东郡八景之一。"②

仙阁云护位于城内的万寿观。清宣统《聊城县志》记载："万寿观，在城内，旧为房老庵。规模宏敞，内有昊天阁。前明弘治年间郡人候宁建郁罗箫台。西有特室，悬九龙钟，中为三清殿。……后墙有邓书'阆苑瀛洲'四字，大一丈有余，天阴晦人每见之，咸称仙境。"③ 民间相传，那口悬置于特室的九龙钟是很有灵异的，每逢久旱成灾，地方官员都会虔诚地祭祀祈祷，击钟不久，往往就会天降大雨。类似的祈雨法会即使至民国时期依旧盛行。④ 昊天阁为道家教观，供奉玉皇大帝，阁上经常有两只仙鹤栖于其上。故有"仙阁云护"之称。

铁塔烟霏位于城外东关北部的护国隆兴寺。很多聊城市民都知道这样一句民谚："东昌府有三宝，铁塔、古楼、玉皇皋。"这里的铁塔即是护

---

① 清宣统《聊城县志·方域志》。
② 陈黄裳：《请修颛顼神祠稿》，清康熙《聊城县志·艺文志》。
③ 清宣统《聊城县志·建置志》。
④ 吴云涛个人笔记《聊城野史杂志》就记载了一则《李县长祈雨记》的短文，描述了民国七年聊城县长李传煦举行祈雨法会的往事。

图 3-2 复建的万寿观，2015 年 6 月

国隆兴寺里的舍利宝塔。民间相传，隆兴寺建于宋代，明初曾为朱元璋八大护国祝圣道场之一。尽管寺庙早已没有了踪迹，很多老居民却知道隆兴寺与明成祖朱棣有关：明朝初期，燕王朱棣以为国"靖难"为名，起兵征讨南京的明朝政府，明政府大将盛庸率领军队与朱棣会战于东昌府，朱棣大败。当他退到一座石拱桥时，追兵将至，就命令张玉大将军在桥头迎战，然而胯下坐骑却体力不支将他摔到桥下。朱棣顺势藏在桥下得以逃命，而张玉将军却被斩杀于桥上。后来朱棣当上皇帝后，为感激救他一命的这个地方，就将隆兴寺改名为护国隆兴寺。为纪念被杀的张玉将军，将石桥重新修整，命名为白玉桥。而这样的传说在史料中也得到了部分的证实："惠帝建文二年（1400 年）十二月，燕兵薄东昌。盛庸击败之。斩其将张玉。明日复战，又败之。燕兵走馆陶，盛庸檄诸屯军合击燕，绝其归路。"[①] 护国隆兴寺一度占地百亩，寺内有一铁质舍利宝塔。因铁塔高耸

---

① 清嘉庆《东昌府志·兵革》。

入云，寺庙香烟袅袅，故有"铁塔烟霏"之称。时至今日，整体基本完整的铁塔依旧竖立在原来的位置。

毋庸置疑，帝国时期各地的八景都代表着城市的特有景致。每一个城市都有众多的景观，在这些景观中，哪些会被列入城市"八景"？这样的风景又象征着什么样的权力与文化？

在聊城的八景之中，地貌、楼阁、古井、寺观各两处。具体来看，巢父遗牧、圣泉携雨与高士、先帝有关，这样的景致代表着人们对特定人物的纪念，意味着对帝国特定意识形态的继承。作为传说中的上古"五帝"之一，颛顼的主要事迹"乃命南正重司天以属神，命火正黎司地以属民，使复旧常，无相侵渎，是谓绝地天通"。① 李泽厚先生曾指出，"绝地天通"标志着上古政治领袖开始成为"集政治统治权（王权）与精神统治权

图 3-3　隆兴寺铁塔，2014 年 6 月

---

① 《国语·楚语下》。

图 3-4　复建中的隆兴寺，2016 年 4 月

（神权）于一身的大巫"。①　此外，在作为二十四史之首的《史记》中，颛顼被描述为"静渊以有谋，疏通而知事，养材以任地，载时以象天，依鬼神以制义，治气以教化，洁诚以祭祀"。②　显然，这样的形象与帝国的最高统治者有着莫大的相似。可以认为，圣泉风景从根本上讲述的是关于帝国最高权力与威严的风景，是帝国最高权力统治的象征。

众所周知，颛顼长期以来又被视为中华民族的人文共祖。从这样的意义上看，圣泉风景又是讲述个体身份认同与文化表征的风景，时刻地提示着每一个个体的身份与渊源。而这也再次印证了美国人类学家达比（Wendy J. Darby）的发现："风景是民族情绪的共鸣板。"③　总是在历史阶级关系和民族认同形成过程中发挥着重要作用。

---

① 李泽厚：《说巫史传统》，香港天地图书公司 1999 年版，第 37 页。
② 《史记》，中华书局 1959 年版，第 11 页。
③ ［美］温迪·J. 达比：《风景与认同：英国民族与阶级地理》，张箭飞、赵红英译，译林出版社 2011 年版，第 4 页。

绿云春曙、光岳晓晴、仙阁云护以及铁塔烟霏则与城市重要建筑有关。这些建筑或者是中镇城市的地标建筑，或者是帝国官员精心制作的园林楼阁，或者是与民间信仰密切相关的寺庙道观。如果说高峻的城墙是为了加强帝国天命正统的神秘性，是为了彰显政府的威严,[①] 是帝国威权的象征，是一种权力符号，用以从精神上驯服臣民,[②] 那么，城市八景中这些雄伟华丽的建筑同样也可以被视为帝国权力的象征，它们共同组成了一幅象征着帝国威权与力量的风景。

崇武连檣则代表了城市作为运河沿岸重要城镇的繁华与地位，呈现出商业兴盛带来的帝国盛景。它既是城市通往外部世界的重要门户，也是各地文人、官员甚至皇帝得以临幸地方的通道。八景之中，被称为古鳌铺琼的一处水井似乎少了些传说与故事。而事实上，在诗人的笔下，它与文化与历史也产生了几分的关联："东土多平沂，传留古鳌深。地灵能毓秀，龙气更藏深。岂是羵羊幻，疑为象同沉。要知人杰处，应向此中寻。"[③]

总之，这样的风景既可怀古，追述先帝、高士品行；又可颂今，一览雄伟建筑、太平盛世。可以设想，无论是一个外来的游客，还是本地的居民，在畅游完这座小城的八景之后的感受：在一个有先帝与高士的地方，商业兴盛，百姓安居，楼宇雄伟壮观，寺观古老幽静。至此，我注意到，这里的风景皆为与人相关的景致，而无一为"自然"风光。换言之，帝国的历史与文化往往成为选取八景的重要依据，八景从根本上是关于权力与文化的风景。每一个走进这里的人，都会触景生情。在这样的风景中，所激发的更多的是个体对帝国权力的膜拜，对历史文化的记忆与认同。正是在这样的文化认同中，帝国权力持续地进入个体的生命与思想，文化的生命力历久弥新。

针对这样的观点，明代太仆寺卿、聊城平山卫人许东望为东昌八景所作的七律诗为其做出了很好的注脚。我相信每一个人在读完这样的诗篇之后，都会对帝国的风景产生更深的理解。

[①] ［美］牟复礼：《元末明初时期南京城的变迁》，载施坚雅主编《中华帝国晚期的城市》，叶光庭等译，中华书局2000年版，第152页。

[②] 鲁西奇、马剑：《空间与权力：中国古代城市形态与空间结构的政治文化内涵》，《江汉论坛》2009年第4期。

[③] 张鸣鹤：《古鳌铺琼》，清康熙《聊城县志·艺文志》。

巢父遗牧
古来巢父此逃名，牧地犹然一望平。
洗耳既嫌牛口溷，闻诏肯逐凤仪鸣。
只余草色连天碧，时有杨花映雪明。
旧事寥寥人莫问，南山叩角竟流声。

崇武连樯
春风古渡涨微波，彩鹢连樯城下多。
千树垂杨崇武渡，万方蚩粟会通河。
舟人鼓楫争先进，渔子收纶欸乃歌。
几度月明灯火乱，岸头犹听击灵鼍。

绿云春曙
城角亭亭构绿云，中天睇眄隔尘氛。
春光自是东藩早，曙色先从胜地分。
柳暗前汀莺语滑，花明近苑燕飞群。
临风把酒非误景，端为革胥万众䜣。

光岳晓晴
泰山明邦第一楼，窗含晴旭瑞光浮。
仰探日观扶桑近，俯瞰河津宿海愁。
千载伯图雄大国，五云彩色见皇州。
快哉登览神飞越，何事牛山涕独流？

古甃铺琼
此井无从太华移，窍通白石类丹池。
银床露滴梧桐冷，玉液香浮菡萏齐。
酌水自来谁觉爽，灌畦终日岂为疲？
辘轳声断黄昏静，皓月辉辉色更宜。

圣泉携雨
颛顼荒陵荆莽中，独留圣井惠无穷。
蘼芜随地添新绿，古木栖霞照旧红。
甘雨时分沧海润，空坛忍见石碑砻？
春秋不必潢污奠，帝德民忘陋霸功。

仙阁云护
高阁魏巍耸聊摄，登临何必架虹桥。

三皇高构遗前代，万寿前题自帝朝。
双鹤传书来渤海，片云护栋出层霄。
有时玉笛声缥缈，咫尺钧天似可邀。

铁塔烟霏

步出城东到上方，稜层古塔老风霜。
三齐自昔多名胜，七级如今铜莽苍。
绝顶摩云回去雁，暮阴倚树起鸣螗。
争看惨淡烟光里，蜃气分明出海洋。

（二）风景的文化实践

"东昌八景"之外，一直为城市所铭记的另一处风景是被称为射书台的建筑，一直以来它都与这座城市的记忆密不可分。2010年，在古城东门广场改造过程中，文物部门发掘出一处古建筑遗址，经地方考古工作者确定，这就是在历代聊城地方志中多次提到的射书台。而它正是为了纪念战国时期的一位高士——鲁仲连而建。事实上，最初的射书台并非建在如今遗址的位置，而是在前述聊城最初建城的地方——聊古庙。《水经注》就证实了射书台最初的位置："聊城故城东门侧有层台秀出，鲁仲连所谓还高唐之兵，却聊城之众者也。"[①] 这样的一处遗迹记述的正是《史记》所载"鲁仲连射书救聊城"的故事。

战国时期，地处边境的聊城战争不断。齐国与北方的燕国为争夺该地发生过多次战争。《史记·鲁仲连邹阳列传》记载："燕将攻下聊城，聊城人或谗之燕，燕将惧诛，因保守聊城，不敢归。齐田单攻聊城岁余，士卒多死而聊城不下。鲁连乃为书，约之矢以射城中，遗燕将。"在书信中，鲁仲连对燕将晓之以大义，陈述利害，力劝其罢战。"燕将见鲁连书，泣三日，犹豫不能自决。欲归燕，已有隙，恐诛；欲降齐，所杀虏於齐甚众，恐已降而后见辱。喟然叹曰：'与人刃我，宁自刃。'乃自杀。"[②] 对于燕将的行为，《战国策·齐策六》则记载："燕将曰：'敬闻命矣！'因罢兵倒椟而去。故解齐国之围，救百姓之死，仲连之说也。"[③] 尽管史

[①]《水经注》，商务印书馆1933年版，第97页。
[②]《史记·鲁仲连邹阳列传》。
[③]《战国策》，上海古籍出版社1985年版，第458页。

图 3-5　射书台遗址，2014 年 9 月

书对此记载有别，但鲁仲连不战而屈人之兵、百姓免得战争荼毒的故事还是为鲁仲连赢得后世的赞誉。

清代聊城知县杨时荐诗文《射书台》① 就诉说了后人对鲁仲连的景仰与追颂：

> 曾于《国策》诵遗篇，景仰先生已有年。东海高踪何处觅，聊城胜事至今传。恢疆固围饶奇略，排难和纷寄巨篇。屹而一台千古在，临风凭吊思悠然。
>
> 金汤久据未曾开，聊摄阽危亦险哉。齐将无能攀堞上，高人有智射书来。直教虎旅解戈倒，仍今孤臣引剑裁。仰止遗踪濠畔在，至今人说仲连台。

为表达地方对鲁仲连的感激与怀念，在帝国官员的主持之下，城市东侧筑起一处高大的平台，名"鲁连台"（又名"射书台""高士台"）。即使是在城市三迁之后，射书台所带来的历史记忆依旧难以磨灭。在城市因

---

① 杨时荐：《射书台》，清康熙《聊城县志·艺文志》。

水患而迁往今址后，射书台重新在城东门筑起，"台高七十余尺"①，高大俊秀。至明正德年间，鲁连台已破败不堪。时任国子祭酒的王瓒在诗中描述了当时的情形："危台百尺控聊城，断础荒芜复蔓荆。折赵一时首倡义，帝秦他日又成名。风烟东海谁曾往？禾黍西周恨未平。麟笔微辞君识否？聊缘议论想高情。"② 至明万历三十五年（1607），东昌知府陆梦履在聊城东门外再次筑起高士台。此后，清康熙四十七年（1708）东昌知府黄汝铨、同治三年（1864）东昌知府曹丙辉一再重修。至民国初年，射书台上的建筑荡然无存，但台基尚存。1936年，时任山东省第六区行政督察专员、保安司令兼聊城县长的范筑先拓宽东关大街时拆除剩余的台基。如今部分老人还记得，20世纪50年代初尚有散落的石碑遗留在附近。2002年，82岁高龄的白鹤同老人给市委书记、市长写信，建议搜寻相关文物，重新修复鲁仲连射书台。地方文化部门根据他提供的线索，在东关礼大拜寺街的清真寺找到了清康熙三十一年的"重建鲁仲连射书台记"碑。在经过发掘与保护后，如今的射书台遗址已用钢化玻璃罩起，四周围以栏杆，透过玻璃能够看到残留的青砖地基，偶有路过的游客注目参观。

在曾经的射书台多次湮没后，是什么让城市一再记忆起它？帝国官员一再重修射书台的原因是什么？被后人奉为聊城七贤之一的王汝训在《高士台记》中谈到了万历三十五年重修射书台的缘由："昔陈蕃以榻下徐孺子于当时，吾不当以台表鲁仲连于往代耶？夫士而贤，虽百世而接踵，况属吾宇下乎！不台奚观？不观奚劝？任在守矣。"③ 在这里，曾任刑部主事、右副都御使、浙江巡抚的王汝训直言：修建射书台正是为了以此教化百姓。对于每一位在任的帝国官员而言，通过风景的制作，传颂地方先贤的品行与事迹是他们不可推卸的责任。于是，我们再一次看到了风景作为权力工具与文化中介的作用。

官拜建极殿大学士兼吏部尚书的朱延禧也表达了对鲁仲连的赞誉："身居射书里，春登射书台。大邑万家连地起，雄城百雉倚云阁。燕将当年守欲死，一矢能留万生齿。陵谷千秋有变迁，不知遗址今谁是？太守风

---

① 清宣统《聊城县志·方域志》。
② 王瓒：《题鲁连台》，清康熙《聊城县志·艺文志》。
③ 王汝训：《高士台记》，清宣统《聊城县志·艺文志》。

流慕古人，高台新筑郁嶙峋。楼临大道瞰湟水，欲借清风洒路尘。"① 事实上，风景除了能够以有形的物质性景观向进入其中的个体传递特定的权力与文化，更多的时候它也借助帝国知识分子的诗文而影响更多的人，而这样的方式更是超越了时空的限制。

据我不完全的统计，仅在地方志中所记载的以鲁仲连、射书台为题称颂其行为的诗文就达28篇之多，而这其中更有李白、赵孟頫、姚鼐等著名人物。

表 3-1　　　以鲁仲连、射书台为题称颂其行为的诗文

诗文名称	形式	朝代	作者
聊城	诗	唐	汪遵
五月东鲁行答汶上翁	诗	唐	李白
咏鲁仲连	诗	唐	李白
古风	诗	唐	李白
别鲁颂	诗	唐	李白
奔亡道中五首	诗	唐	李白
在水军宴赠幕府诸侍御	诗	唐	李白
咏鲁仲连	诗	元	赵孟頫
聊城怀古	诗	明	孙奇逢
送顾明府之聊城	诗	明	边贡
春日登鲁仲连台	诗	明	朱延禧
聊城歌送顾明府	诗	明	李梦阳
鲁仲连射书台记	文	明	毕亨
登郡城东楼	诗	明	傅光宅
过聊城咏鲁连子	诗	明	李贽
齐义士鲁仲连	文	明	叶天球
登仲连台	诗	明	邓守清
咏鲁仲连	诗	明	何景明
题鲁连台	诗	明	王瓒
聊城怀古	诗	清	孙奇逢

---

① 朱延禧：《春日登鲁仲连台》，清康熙《聊城县志·艺文志》。

续表

诗文名称	形式	朝代	作者
重修鲁仲连台记	文	清	黄汝铨
高士台记	文	清	王汝训
泊聊城	诗	清	姚鼐
鲁连台	诗	清	屈大均
茌平怀古四首	诗	清	王士祯
聊城怀古二律	诗	清	王恕
射书台	诗	清	杨时荐
鲁仲连台怀古	诗	清代	杨绍和

尽管城市八景的选定已无从考证，但从帝国时期各地八景的产生来看，地方精英无疑是认定八景的主导者。这其中包括地方士绅、文人墨客，特别是地方官员。在城市八景产生之后，他们依旧会持续地制作着这样的风景。这其中，地方志记载的大量与此相关的诗文就很好地印证了这一点。

帝国的官员与文人总是有着吟诗作对的能力与爱好。一方面，这是个人能否跻身帝国体制的考核内容，另一方面也是个人修养与知识的体现。每一个在此主政的官员，每一个路过此地的官员或文人，在游历城市的过程中，首先都会回忆前人的诗文，进而留下自己的作品，书写个体的理解与感受。可以认为，风景的文化意义又不仅限于游客触景生情而产生的历史记忆与文化认同，更在于其中人们的文化实践。清乾隆年间依绿园中官员、文人们的日常生活就很好地呈现出这样一个过程。

始建于宋代的绿云楼最初的名称为"自公亭"，元代至元年间改称为绿云亭，明代始称绿云楼，后废弃。清乾隆三十二年，知府黄检复建部分园林，命名"得水园"。胡德琳任东昌知府期间再次加以修葺，因杜甫《陪郑广文游何将军山林》诗中有"名园依绿水"的诗句，遂将园林改名为"依绿园"。对于园中空地，胡德琳更是将其辟为麦田，美其名曰"麦浪坡"，园中主要建筑也命名为"丽农山房"。对于耕种麦田与丽农之名，胡德琳这样解释："夫农，为邦本元。公无逸之戒七月之诗，为稼穑艰难而作也。况守土之责，以重农立本为首务。又《传》：'有之政如农功'，日夜思无有越畔，其旨非可以一端竟也。后之人同我者，自必无废斯义矣。昔人以劝农而有美农之台，今园之亭馆以丽农为主。"① 在这里，因为有了点缀风景的麦田以及"丽农"之名，原本与农业毫无关联的园林风景被赋予了格外的含义。从而昭示着帝国官员亲身躬耕的形象以及对传统重农思想的传承。在这里，风景再一次将帝国的权力与文化"自然化"。这恰如米切尔所言的"风景（地景）抹除自身的可读性，把自身自然化的过程"。② 通过这样一种方式，"自然"与帝国的意识形态实现完美的结合。

此外，园林的复建也让帝国官员、文人有了一个既可休闲又能吟诗作对的场所。在郑板桥、吴竹堂来东昌府期间，夜降大雪。胡德琳在《依绿园记》中记述："余踏雪一至园中，因而有作，诸君子相与和之，吴子竹堂为制得《水园喜雪图》。"③ 而郑板桥则欣然为园中的一室题写了"喜雪斋"的名字。后来，政治家、书法家刘墉更是为喜雪斋撰写楹联"幽人来问篱边菊，仙客相论海上琴"。清乾隆年间遍游五岳、被称为"海岳游人"的张开东也曾在依绿园留下诗文。对于这里的风景，他大为欣赏："古人为治者勤勉之余，不废游观。然或制作太工则劳而近奢，或声华过盛则乐而易淫。唯此萧散旷野，任其草木禽鱼之性，使人悠然有山林江湖之想。所以淡其富贵利欲之私，而浩浩乎发其德义文章之美，故足尚也。"④ 对于这里旷野之美，张开东则把它与帝国士人淡泊宁静的价值追求联系起来。反复阅读他留下的诗篇，地景中帝国官员、文人们的所见、所行、所思更是跃然纸上：

> 古有东郡，坦坦平原。乃瞻郁葱，太守之园。有山有水，有亭有轩。有沼有台，有杨有槐。水则有荷，山则有梅。兼葭苍苍，溯游且回。明月之夜，清风徐来。与客乘舟，玉管金罍。既醉且歌，其诗满堆。公仕而学，其书盈匦。公平其政，其斋曰砥。公仁其物，遂厥生理。鱼物在渊，喋唯唯。鸟鸣喈喈，并枝而栖。勿网勿罗，载跃载飞。载芟载柞，载刈我麦。兴彼胶庠，力此稼穑。不浓不奢，幽虚澹

---

① 胡德琳：《依绿园后记》，清宣统《聊城县志·耆献文征》。
② [美] W. J. T. 米切尔：《空间、地方及风景》，载 W. J. T. 米切尔主编《风景与权力》，杨丽、万信琼译，译林出版社2014年版，第2页。
③ 胡德琳：《依绿园记》，清宣统《聊城县志·耆献文征》。
④ 同上。

泊。我游海岱，白驹既絷。逍遥林苑，以永朝夕。公将迁去，贻兹芳泽。优哉游哉，爰以铭石。

毫无疑问，诗人们也会明白，自己的诗文与想象同样也会成为此后游人欣赏、传诵的内容。对于这样一个过程，有学者认为"这个现在—过去—未来所形成的连接就是文明社区的形成。一个文明的社群，乃是超越当下的时空限制，与远处的人形成的一种想像的连结"。① 在这里，它不仅是与前人想象的连接，更是与帝国权力、历史与文化的连接。文学与风景从来都是形影不离，风景总是激发士人灵感与思想的灵丹妙药，由此就有了触景生情、借景抒情。毋庸置疑，个体的情感总是离不开具体的现实与文化背景。风景的理解与欣赏是建立在已有作品的基础之上，借景抒情同样并非仅仅抒发个体的境遇。对于帝国的每一个士人而言，欣赏风景、吟诗作对从来不是个体的体验，更多的是一种文化的习得与传承的实践。士人们在风景的实践中，既习得了属于自己的社会规范，更不自觉地接受并传承着属于他们的价值观念乃至帝国的意识形态。

至此可以认为，风景从来都不是客观的景观，风景的产生一开始就与人观看的方式密不可分，与特定文化密不可分。正如西蒙·沙玛所言："即使是那些我们认为完全独立于文明的风景，只要详加考察，也同样是文明的产物。"② 对于风景作为文化的中介，米切尔曾道出了其中的本质与内在逻辑："风景不仅仅表示或者象征权力关系；它是文化权力的工具，也许甚至是权力的手段，不受人的意愿所支配（或者通常这样表现自己）。因此，就某种类似于意识形态的东西而言，风景作为文化的中介具有双重的作用：它把文化和社会建构自然化，把一个人为的世界再现成似乎是既定的、必然的。"③

正是在这样的风景定义中，我们意识到，作为城市地景重要内容的风景不仅仅意味着"是什么"，更重要的还包含着它在"做什么"，作为一种文化实践如何起作用。换言之，地景并非是静止的图像，更是文化的实践与过程。

---

① 林开世：《风景的形成与文明的建立》，《台湾人类学刊》2003年第2期。
② ［英］西蒙·沙玛：《风景与记忆》，胡淑陈、冯樨译，译林出版社2013年版，第8页。
③ ［美］W. J. T. 米切尔：《空间、地方及风景》，载W. J. T. 米切尔主编《风景与权力》，杨丽、万信琼译，译林出版社2014年版，第2页。

二 光岳楼：城市地标的产生

作为文化过程的地景不仅体现在它作用于人的一面，同样，这一过程中也包含着人如何构建自己的地景。接下来，我将以作为城市地标与象征的光岳楼的文化历程，呈现地景的历史制作历程。这包括：作为城市防御建筑的余木楼如何成为城市的地标与象征？帝国官员、文人以及底层大众等多种主体通过什么样的实践活动实现了这一地景制作？他们之间又是一种什么样的关系？在当下成为文物的过程中，光岳楼又经历了怎样的再制作？

（一）从余木楼到光岳楼

聊城人很久以来就流传着一首家喻户晓的民谚："东昌府有三宝，铁塔、古楼、玉皇皋。"这其中的古楼指的就是中镇古城的光岳楼。它不仅是东昌八景之一，更是早已成为城市的地标乃至象征。事实上，光岳楼修建之初的目的是作为城市防御的军事设施，此时的名称是余木楼。而至明中期以后特别是清代，光岳楼已是福佑城市、增辉东岳的城市地标了。

每一个来到聊城的人，如果对城市的历史感兴趣的话，这里的人首先都会推荐他参观光岳楼。位于古城区中心的光岳楼建于明代洪武七年。整体高度有33米，由墩台及四层木结构楼层组成。墩台为砖、石、土砌成的正四棱台，底边长34.43米，高9米。墩台底部有十字形过街通道，主楼四层，四重檐十字歇山顶。如今，矗立在古城十字大街中心的光岳楼四周是宽阔的广场，在古城区普遍三层以下的仿古建筑的映衬下更是显得高大古朴。无论是在官方的介绍中，还是在大众印象里，它早已成为城市历史与文化的象征。

毫无疑问，在遗留至今的中国古楼中，光岳楼能够称得上是中国古建筑史的典范之作。而它一楼南边檐下"宇宙文衡"的匾额也标示出其能够称得上是建筑的标尺。然而，从光岳楼建筑本身的特点来看，它处处显示出最初用作军事防御设施的建造目的与功能。光岳楼墩台四面正中各有一个半券拱门，南向的拱门两侧分别设有小拱门，形制与中间拱门类似。而西面的小拱门是假门，以求与东门对称。登楼的唯一通道就是东侧的小门。小拱门里面的门洞不足两米，颇为狭小。进入门内，右侧进入通道，

图 3-6　光岳楼，2016 年 3 月

即使是白天通道内依旧昏暗，只有南壁上的一个小窗口透过一点亮光。通道再次左转，就是直登一层的 52 级台阶，台阶中部设有盖板。墩台四周是一米多高的围墙，站在围墙内已能够俯视很远。而登到四楼后，从四面对开的大窗，更是可以俯瞰整个古城，乃至几十里之外。即便是在高楼林立的今天，站在光岳楼上的人几乎也能一览全城。这样的建造设计显然有着典型的军事瞭望、防御目的。

如前所述，古城内部格局为十字大街连通东西南北四个方向。这样的规划设计似乎与大部分帝国城市稍有不同。因为中国古代"大多数城市的规划明白地显示出一种避免在两座城门之间形成毫无阻碍的直通大道的倾向。这种选择无疑是既同防御的考虑有关，又同民间关于鬼只沿直线行走的迷信有关"[1]。以此来看，古城十字大街连接四座城门的特点既不利于城市的防御，也与民间信仰冲突。基于聊城自古以来在军事上的重要地

---

[1] ［美］章生道：《城治的形态与结构研究》，载施坚雅主编《中华帝国晚期的城市》，叶光庭等译，中华书局 2000 年版，第 107 页。

位,为进一步提高城市的防御能力,洪武七年(1374),陈镛在修筑城池之后在城市中心以余料修筑光岳楼。对于修筑光岳楼的目的,如今保存于光岳楼内的明代户部主事梁玺《重修东昌楼记》碑刻有明确说明:"明开辟以来,设城垣以为之保障,置谯楼以为中镇,其所以严更鼓、察灾祥、测气候而窥敌望远,举在是也。""严更鼓、察灾祥、测气候而窥敌望远"再一次明确了光岳楼建造之初的目的与功能。

对于光岳楼的修筑者,虽然清代康熙十三年、乾隆元年《山东通志》皆载"创始莫考",但如今收藏于光岳楼的一通石碑证实了光岳楼的创修者。石碑题名为"东郡光岳楼壁记",作者为顺治十八年(1661)顾瞻,碑文如下:

顺治十七年春三月,前太守堂台卢公,清正廉洁,百废具举,乃重修光岳楼……余观夫东郡胜状,在光岳一楼,衔远岱,接长流,风气绵亘,高下镇达。原隰成文,云霞相陵。荡远目于天涯,丛四境于台端,诚一郡之名胜,天下之伟观也。观止矣,然创造之月日,经始之姓氏,询之父老,茫然不知;阅之载记,阙焉不讲,噫,不甚可叹乎?余揣揣于心而窃有所疑焉。会修名宦祠竣,将历代诸名公置诸祠,欲得郡志,备考姓氏,有府庠安邦者,先朝安赤绥之苗裔也,班荆与语而言其故,对曰:"《山东通志》曾有载之者,则明初陈镛其人也。余祖金章公亦与有劳焉。"继而以志阅之,志曰:"洪武初,陈镛为东昌守御指挥佥事,东昌旧系土城,镛始甃以砖石,树楼橹,作潜洞、水门、暗门之类,又作光岳楼,肇建平山卫治,凡军旅备御之事多所更定。在镇十有二年,军民安乐,有古良将风。"今志载班班可考,光岳楼之作实惟陈公,请有以记之。余曰:"唯唯,夫东郡旧城在府东北十五里,宋太宗淳化三年六月,博州河决,城坏,徙州治于孝武渡西,则光岳楼之建之洪武初之陈镛也,明矣。"

第陈公位为守御,不甚显荣,乃克尽职业,费重资甃治城垣,肇造崇楼,不仅适我而能惠众夫,亦有见乎风气所钟,民社重寄,使后之人观,感而兴起也。呜呼,是乃仁术也,岂直目观而已乎?予赞。郡之明年,鲁经理其役,今降谪去任,若不休,扬其所自,则古人之良德美举,湮灭弗彰,斯楼之巍焕嶙峋创始莫考,存名废实,将信传疑,是亦兹郡之轶事也。嗟乎!陈公以武臣而留心地方民物之盛,读通志而想见其为人。所谓人杰者乎。殆未可数,数见也,惟是建弘业、树奇勋。而当日不立碑记,以传之无穷,倘所云:不求人知之意耶。是耶非耶?予故表而出之,作记刻石,用图永久,以补太守卢公记之所未及,使后之登是楼者,将彻览夫斯文。

据民间相传,光岳楼是以修筑城池所剩余料修建,故民间称之为"余木楼"。[①] 这样的名字在清道光年间进士杨以增的《重修光岳楼记》中也有记载。

明代成化二十二年(1486),东昌府知府杨能对光岳楼进行维修,户部主事梁玺曾撰文记述了重修过程。如今保存在光岳楼内的碑刻《重修东昌楼记》显示了它此时的名字是东昌楼。对于东昌楼,梁玺有这样的描述:"基高数仞,楼耸千寻,梯月连云,魏巍峨峨,如翚如翼诸,人所谓'手可摘星'不过是也。"显然,此时的东昌楼在人们的眼中不过是一个耸立于城内、"几近倾颓"的高大楼阁,楼的名字也不过是因其位于东昌府而被称为东昌楼。

十年之后,东昌楼第一次有了自己特别的名称,而这也开始了它光辉夺目的历史。明弘治九年(1496),吏部考功员外郎李赞途经东昌府,看到这座高大巍峨的楼阁后,不禁感叹:"余过东昌,访太守金天锡先生。城中一楼,高壮极目,天锡携余登之,直至绝阁,仰视俯临,毛发欲竖,因叹斯楼,天下所无,虽黄鹤、岳阳亦当望拜。乃今百年矣,尚寞落无名称,不亦屈乎?因与天锡评。命之曰:'光岳楼',取其近鲁有光于岱岳也。"[②] 在李赞的笔下,这座高大的楼阁开始与黄鹤楼、岳阳楼等天下名楼相提并论,并与五岳之首的泰山产生了关联,从而使得长期以来默默无名的建筑开始光辉夺目。而独特的光岳楼的名称也让人过目不忘。

自此之后,历代诗文与重修碑刻都沿用了光岳楼的名称。与此同时我也发现,统计地方志中以光岳楼为题的诗文,此前的数量寥寥数篇,而绝

---

① 清宣统《聊城县志》记载:"光岳楼在城中央,明洪武七年东昌卫指挥金事陈镛以修城余木建。名余木楼。以料敌望远。"清代聊城知县何一杰在诗《光岳楼》中也记载了余木楼的旧称:"余木结层楼(旧称为余木楼),河山望里收。呼吸通帝座,身世小瀛洲。地结三台近,堂开五凤游(东郡名凤凰城)。魁名应络绎,与此共千秋。"清康熙《聊城县志·艺文志》。杨以增《重修东昌光岳楼记》也有记载:"楼建于明洪武七年,名余木楼。"见于光岳楼碑刻。

② 李赞:《题光岳楼诗·序》,清康熙《聊城县志·艺文志》。

大部分都是在此之后。正是在此后文人墨客、地方官员乃至帝王将相的笔墨之下，光岳楼日益成为东昌府的地标乃至镇城之宝。在如今保存在光岳楼内的清道光二十八年（1848）杨以增撰写、傅绳勋书丹的《重修东昌光岳楼记》碑刻上，杨以增解释了光岳楼何以能够镇城："论者谓，魏博千里，沃野旷衍，惜无山作镇，形势阙焉。然无山而有足以为属城之保障者，曰光岳楼。……楼为东郡之镇山久矣。"在杨以增的解释下，在皆为平原的东昌府，由于无山作镇，光岳楼既具有军事防御的实际功能，也是保佑城市安定的精神符号。

在光岳楼文化象征不断演绎的过程中，除了地方官员、文人墨客外，帝国最高统治者的多次临幸更是增添了它的神圣性。特别是清代乾隆九次路过东昌府，六登光岳楼，先后作诗13首。这些诗文至今大都保留在如今的光岳楼中。如南门东壁上有壁碑一块，刻有乾隆丙申年（1776），御制诗作二首。东门北则有立碑一通，刻有乾隆庚子年（1780）、甲辰年（1784）、庚戌年（1790）3次御制诗文7首。

表 3-2　　　　　　　　　　　光岳楼诗文

诗文名称	朝代	作者	官职
重修东昌楼记	明	梁玺	进士、官户部主事
题光岳楼	明	李赞	考功员外郎
题光岳楼	明	李贵	
题光岳楼	明	陈镐	进士、湖广右布政使
东郡肖太守应邀登光岳楼诗	明	赵用贤	进士、吏部侍郎
光岳楼诗	明	盛周	
奉陪冯府尊中秋夜登临光岳楼	明	贺治	贡生、县丞
光岳楼夏日宴	明	孙荣宗	
光岳楼怀古	明	许成名	进士、太常寺卿、礼部左侍郎
再登光岳楼	明	许成名	同上
光岳楼夜望	明	许成名	同上
重修光岳楼记	明	许成名	同上
登光岳楼	明	张惟精	
光岳楼记	明	陈儒	进士、东昌府知府
秋日初登光岳楼	明	张鸣鹤	

续表

诗文名称	朝代	作者	官职
光岳楼壁间诗	明	屠隆	进士、礼部主事
九日偕诸僚宪郡徐锡宾节推于光岳楼	明	董汉儒	进士、兵尚书
饮光岳楼诗	明	傅光宅	进士、重庆知府
光岳楼赋	明	不详	
光岳楼	清	杨时荐	聊城知县
射书台	清	杨时荐	同上
光岳楼	清	何一杰	聊城知县
重修光岳楼记	清	卢紘	东昌府知府
登光岳楼	清	叶重熙	南充知县
登光岳楼	清	姚宗京	诸生
光岳楼	清	余缙	进士、河南道御史
重修光岳楼记	清	蔡学颐	东昌府知府
重修光岳楼记	清	杨以增	进士、江南河道总督
光岳楼	清	施润章	进士、刑部主事
追次施愚山先生韵	清	吴国耘	
七月七日登光岳楼	清	许天宝	
八咏颂蔡使君	清	蘘庵、占鳌	
重修光岳楼碑记	清	牛运震	进士、平番知县
登光岳楼	清	占鳌	贡生
登光岳楼	清	金启洛	东昌府知府
登光岳楼志感	清	勾章	
光岳楼成恭赋志喜	清	李金枝	
同应畅翁登光岳楼	清	潘访岳	诸生
题光岳楼诗二首	清	敖山	进士、江西提学副使
赠卢使君重新光岳楼并祠文昌帝君	清	朱鼎廷	进士、工部尚书
光岳楼	清	叶绳武	
光岳楼成恭赋志盛	清	卢士振	
春日登光岳楼	清	陈之辰	贡生
光岳楼赋	清	耿大光	进士、南京刑部湖广司主事
登光岳楼	清	谢香开	聊城县教谕
策马过东昌府城作	清	乾隆	皇帝

续表

诗文名称	朝代	作者	官职
登光岳楼即事	清	乾隆	同上
过东昌城作	清	乾隆	同上
登光岳楼即事叠旧韵二首	清	乾隆	同上
再叠旧作韵二首	清	乾隆	同上
三叠旧作韵二首	清	乾隆	同上
四叠旧作韵二首	清	乾隆	同上
登光岳楼即事	清	乾隆	同上
初春登光岳楼	清	朱正履	进士、工部尚书

资料来源：《东昌府志》《聊城县志》及光岳楼内碑刻。

除了诗文的文化演绎，楼上的门额、匾额同样呈现了类似的过程。而这些也大多为清代的作品。光岳楼墩台东西南北大门之上各有石质门额，分别是"太平""文明""兴礼""武定"。虽然已无从考证它们是何时、何人所制，但显而易见的是我们能够看出它们所表达的帝国理想。墩台南面，东侧拱门门额是清代安跃拨题写的"凤城仙阆"，这里的凤城源自聊城的凤凰城传说，仙阆指的是光岳楼为神仙居住的地方；西侧小拱门门额为清代朱续罩题写的"阆苑瀛洲"，"阆苑"与"瀛洲"都表示神仙居住之处。可以认为，至此光岳楼早已脱离人工建筑的初貌，成为只与神仙相关的神圣之处。一楼的东门木质门额为清代著名诗人、山东学使施闰章题写。"泰岱东来作翠屏"的门额取自其诗文"危楼千载瞰沧溟，泰岱东来作翠屏。拂槛寒星晴历历，侵衣银汉尽泠泠。地连朔雪孤城白，天入齐烟一带青。尊酒未酣人欲散，西风黄鹄度空冥"。一楼南檐下匾额为"宇宙文衡"，意思是光岳楼称得上是建筑的典范，作者为清康熙年间福建巡抚董沐。二楼东檐下的"太平楼阁"四字则是被康熙御批为"文章平平，字压天下"的邓钟岳太平楼阁所写。二楼西檐下是清代史学家解岚题写的"就日瞻云"。此外，二楼南檐下的蓝底金字御制匾额更是让光岳楼光彩夺目。它是康熙帝题写的"神光钟瑛"，意思是泰山与光岳楼的神光交相辉映。

（二）光岳楼的传说

在代表官方的地方志中，我看到了帝国官员、文人墨客对光岳楼的文化书写，当我来到底层大众中，我却听到了他们自己关于光岳楼的故事与传说。这两种不同的传统是否相同？又有怎样的差异？在城市地景制作的过程中各自又起了什么作用？

对于复杂社会中的不同文化层次，人类学家罗伯特·雷德菲尔德（Robert Redfield）曾经提出了经典的"大传统与小传统"分析概念，以此分别代指与国家权力相关、由城市知识分子书写的文化和乡村中通过口头传承的大众文化。① 此后的欧洲学者则以"精英文化"（elite culture）与"大众文化"（popular culture）的概念进一步修正了雷氏的大小传统概念。尽管雷氏也认为两个传统是相互依存、相互影响的，② 但大小传统的二分对立还是引起诸多质疑。大小传统的分析框架对中国传统社会文化的研究产生了重要启示，许多学者提出了进一步的在地概念以对应具体的文化分析，大小传统之间二分与互动得到进一步验证。③ 而在光岳楼的官方传统与民间传统中，我再次看到了两者之间的互动以及它们在地景制作中的协作。

在民间关于光岳楼的传说中，流传最广的是鲁班建造光岳楼的故事。④

> 明朝洪武七年，驻守东昌府的官员陈镛，要利用筑城剩余木料，在城中心，修建一座雄伟壮观的楼阁，用以瞭敌遣兵和设鼓报时。这一建议，受到全城百姓的赞赏。陈镛对楼阁建筑的要求是：基座要有十字拱门通道，上部为四层全木结构，外加围廊，不准用一寸铁钉，

---

① Robert Redfield, *Peasant Society and Culture: An Anthropological Approach to Civilization*, Chicago: University of Chicago Press, 1956, pp. 70–71.

② Ibid., p. 71.

③ 费孝通先生认为中国传统社会大小传统有明显区分，进一步把小传统分为"地上"和"地下"两层。此外还提出了"潜文化"的概念以补充两分的不足（《重读〈江村经济·序言〉》，《北京大学学报》1996年第4期）。针对大小传统之间的相互关系，李亦园提出了"三层次均衡和谐"的理论模型，以解释华人社会民间文化的普遍性，以及民间文化与士绅文化关系的复杂性（《人类的视野》，上海文艺出版社1996年版）。庄孔韶则从多方面指出了中国文化层次的开放性，论述了高层文化和基层文化的相互关系（《银翅：中国的地方社会与文化变迁（1920—1990）》，生活·读书·新知三联书店2000年版）。王铭铭在指出大小传统的界说的缺陷后，在对民间宗教的分析中强调了大小传统关系的复杂性（《社会人类学与中国研究》，生活·读书·新知三联书店1997年版）。

④ 朱华堂：《光岳楼的传说》，载聊城地区文化局、文学艺术界联合会主编《鲁西民间故事》，山东文艺出版社1986年版，第139页。

并限期一年完工。承办人按要求建起了青砖底座,可全木型的楼体,却总也拿不出一张可心的图样,所以工程迟迟不能进行。正在大家焦愁之际,一日,在木场的废料堆旁边坐下了一位似寻找活计的木工老头。他一边听着大家的议论,一边用手扒拉着废料堆儿,在低头暗暗发笑。木工头儿见他把粗细不等的木条捡了一堆,不带好气地说道:"哎哎,要找营生去乡下转转吧,这里你搭不上手儿,别在此扒拉废料凑热闹了。"老头笑了笑说:"匠心有成人自请,废材巧用大器成。老弟,您就别为俺操心了。"人们听了老头这一番话,认为他有些憨傻,都对他不再留意了。第二天一早,当一名工匠出来晨解时,发现在老头停坐处,却放着一个用杂木条搭扣的精巧楼阁模型。他急忙报了工头,工头来此一看,不禁惊呆了!原来这模型,正是想建的楼阁的雏形。他让人四处寻找老头,可老头早已无影无踪了。

工匠们听说一夜间有了模型,都争先恐后地围上来观看,只见这小小楼阁,全用粗细方圆不等的木工废料,纵横交错地搭扣着,五向楼角带廊,四面拱排檐,歇山十字脊,坚固异常。人们不仅惊叹这技艺的高超,而且高兴地说道:"有这座模型作样,就不愁如期交工了。"于是大家各自作了分工,备料的备料,成型的成型,便七手八脚地干将起来。第一层最要紧的工料是四十根一搂多粗、三丈多高的立柱。由于它是全楼的基础,因此不仅要选料精良,而且根根要尺寸准确。三十九根已经备好,谁知在截锯第四十根时,却发现中心存有严重糠洞,不能使用。这么大的木料没有余数,这可咋办?去外地采购,不说一时难以找到合适的料源,光是远程运输,也是个大难题。一时间,大家又长吁短叹,不知如何是好了。

就在这时,那位失踪的木工老头,又出现在了木料场上。工头见他如见了救星,忙迎上施礼道:"老师傅,您可来了,快给俺想想办法吧!"木工老头笑着道:"您这次工程我怕搭不上手儿吧!"工头又施礼道:"老师傅,上次您我有眼不识泰山,对您多有得罪。如没有您赐赠的模型,俺如今也开不了工。今日又遇到缺一立柱的难题,还请您老再给想想办法吧。"木工老头笑道:"此非难事,你今日令人备下锯末五车,芦席二十领,水胶二十斤,明日不误你应用就是了。"工头听了哪敢怠慢,忙吩咐众人准备。要的料一一备齐,老头却在一边闭眼养神,睡着了。工头不敢惊动于他,只好让人备下酒饭，置于老人身边。

　　第二天一早，只见在工料场的空地上，出现了一条又粗又长用芦席紧紧卷着的圆形物体。工头让人打开芦席一看，正是需要的立柱。用尺子一量，粗细长短恰好，无须一锯一斧；其质虽全系锯末合成，却坚实如木。工头心里又感激又敬佩，要人去寻找老人时，和上次一样，又不见影儿。四十根基柱很快竖了起来。可是当往上按扣斗拱时，却不是这斗大了，就是那拱的弯度不够，总也不合适。画线工说锯工走了墨线，锯工却埋怨线工没有画准尺寸，工头也一时急得束手无策。有人见工头难得光转圈儿，说道："吵也没用，急也没法，还是去请那位造立柱的老师傅来帮忙吧。"工头虽然点头称是，可嘴上说："这老人来无踪去无影，可到哪里去找呢？"有个岁数大的工匠说："那老师傅本事这么高强，我看他不是神仙，也是鲁班祖师，咱烧个香，祈祷祈祷，兴许能让他老人家显显灵。"工头一听在理，于是买来了信香，在木工场点燃，就祈祷起来。整整盼了一天，却连影儿也没盼来。可是在第二天一早，在备作斗拱的木料上，却出现了纵横交错有曲有直的墨线，按状锯木加工成形，相互搭扣，结果个个严实合缝，不大不小。大家这才知道，这全是那位神秘的木工老人所为，只好拜地相谢了。

　　工程终于如期完工了。庄严宏伟的楼阁，被陈镛验收认可后，大家欢天喜地地拆除了脚手架，由陈镛命名的"余木楼"，明日就要举行落成典礼了。可就在这时，却突然有人发现在楼的最高层的西北角正檐下，露着半拃长的一根椽头。上去锯吧，又得重搭脚手架，十分费工，不锯吧，又十分碍眼。这可怎么办？正当大家为难之时，不料那神秘的木工老头，又出现在大家面前。他没等大家求助，只见他慢腾腾地从腰后抽出一把利斧，往那椽子头上一扔，只听"嚓"的一声响，便把那长出的椽子头砍齐了。在众人一片欢呼声中，工头去寻找老头时，老人却不见了。人们纷纷议论说，这一定是鲁班祖师所为。大家为了纪念鲁班在建楼中的功绩，特在一楼北墙，修了一个小型的鲁班祠，里面画上了鲁班像，以示纪念。

　　这样的传说在光岳楼的建筑上也得到了体现。如今的光岳楼一楼北墙中就有一个神龛，里面供奉的就是鲁班，尽管鲁班像已是如今的作品，但很多人还是愿意相信光岳楼与鲁班有着某种联系。神龛上方则是 1988 年为庆贺光岳楼被列为国家重点文物保护单位时傅杰题写的"巧夺天工"匾额。鲁班像两侧的楹联更是用寥寥数语概括出城市的地理与历史:"泰山东峙,黄河西临,岳色涛声,凭栏把酒无限好;层台射书,微乡明志,人杰地灵,登楼怀古有余馨。"

鲁班造楼的故事被收入了如今出版的书籍之中,更多的故事与传说还在民间流传。曾经住在楼北大街的邓祥海老人就为我讲了一个光岳楼上莲花井的故事:

> 有一年,乾隆皇帝南巡的时候来到了东昌府。到了晚上,乾隆就住在光岳楼内的皇帝行宫里。第二天,乾隆帝早早起来,来到光岳楼最高的地方,靠着窗户看东昌的风景。他的妃子忽然指着楼顶说:"皇上快看,屋顶上有一朵大莲花。"乾隆帝顺着妃子指着的方向看去,屋顶上果然有一朵很大的莲花。莲花的叶子上还沾着许多露水,露水不停地往下滴,一直落到楼底下。当乾隆再往下看时,就发现楼下正当中还有一口深井。乾隆皇帝与妃子觉得很奇怪,就下楼去看看怎么回事。当他们走下楼朝井里看的时候,一条红色的大鱼从水里蹦出来。妃子拔下头上的金簪子,一下子扎到了鱼背上。那条红色的大鱼立刻沉到了井底。乾隆皇帝很不高兴,沉下脸来,怪罪妃子不该杀生,那妃子吓得赶忙向皇上谢罪。过了十几年,有一回乾隆皇帝东巡,来到了渤海边上,忽然看见大海中一条巨大的红鱼,朝着乾隆皇帝游来。乾隆仔细一看,竟然在鱼背上看到了当年妃子在光岳楼上扔出的金簪子。皇帝连忙叫人把鱼背上的金簪子取下来,大鱼才游走了。这个事情传到了东昌府,老百姓都感到神奇。大家都说,光岳楼地下有海眼,能够通到大海里去。

除了光岳楼连通大海的传说,民间也有鳌鱼驮楼的神话。吴云涛先生曾经记载,在范筑先将军驻守聊城期间,日军曾派飞机轰炸聊城,一枚炸弹曾经在古楼东北转角落下,炸了一个巨大的坑,古楼差一点被炸毁。1945 年日本投降后,聊城的伪军搜刮完城内的钱粮后,在古楼一层北侧的大抱柱下点燃了大堆的柴草,企图烧掉古楼,然而火势并没有扩大,古楼得以幸存。对于古楼的这两次平安保留,老居民们还是愿意相信,老祖宗留下的东西，不是说毁就毁了，有东西保护着呢。对于这个东西，吴云涛回忆，原来老人们都说，古楼地下有一条巨大无比的鳌鱼，它用巨大的身躯驮着整个古楼，平常日子里它也懂得职责所在，在地下纹丝不动。但不要小瞧它，因为它的呼吸动静关系着古楼的安危，就是它开合一下眼睛，古楼都要摇晃不止。如果惊动了它，惹得它生气了，它翻个身的话，整座城市都要颠覆。因而，古楼楼洞内历来不准走大车。怕是惊动了鳌鱼，招来意外之灾。"文化大革命"期间，为揭露这样的迷信传言，红卫兵小将们特意在古楼楼底中心，向下挖了一个数米深的大坑。而这样的举动在很多老人看来实在是大不敬。①

除了神鱼外，清末聊城县衙师爷须方岳也曾记载一个关于光岳楼鬼怪的故事：

> 聊城某书店有一个学徒，年轻韶秀。有一天晚上忽然失踪，过了好几天才回来。学徒回来后告诉大家，他被一个美貌的女子捉去。在一个高楼上两个人拜堂成婚，恩恩爱爱。过了几天，由于男子思家就回来了。后来大家发现，这原来是住在古楼上的一个狐狸精所为。但是这个并不是害人的狐狸精，所以男子能够平安回来。②

对于民间关于古楼鬼怪之事，吴云涛老人回忆，早些年的时候，那些上了年纪的人都说，古楼上确实有点说头，每当晴朗的夜空，往往能够看到古楼上有穿着华丽的女子，从楼上往下看，还有人说曾看清楼上女子貌美如仙。但是，如果有轻薄的男子靠近调戏，都会被瓦片打伤。

在光岳楼的民间传说中，我看到，一方面，大众的传说更多的是借助于神仙、鬼怪以增添光岳楼的奇异之处。而这样的诡异之说显然是难登大雅之堂，也就不可能载入官方的记述中。尽管每个讲述故事的人都会半信半疑甚至完全不相信，但这似乎并不影响故事在一代又一代人中口口相传。另一方面，尽管地方官员、文人与底层大众对光岳楼有不同的书写，但从对光岳楼神圣化的视角看，官方与民间的书写在本质上并无区别。换

---

① 吴云涛个人笔记《聊城琐记》。
② 须方岳：《聊摄丛谈》，清光绪十二年文英堂刻本。

言之，帝国时期的帝国官员、文人墨客与底层大众共同演绎出一个神圣的城市地标与镇城之宝，协力制作出一个共同的城市地标，而在这样的演绎中，显然也不是一个一方被动接受另一方的单向过程。尽管不同的知识生产途径带来了大小传统的差异，但这似乎并不妨碍它们共同协作，相互影响。

需要指出的是，尽管精英与大众共同演绎出一个神圣的光岳楼，但是这对于二者却有着不同的意义。在地方主政者的眼中，"国之有楼，所以望云物、察氛祥、节物候、料民事也"，光岳楼对于实现地方治理有着特别的现实意义："登兹楼，察民疾苦而噢咻之。视其劳役而休息之。俯瞰商货之殷赈，思以宣其滞；远览河槽之曲折，思以畅其流。如是，则民安富，民安富则士和附，士和附则本末之力瞻、公私之事举。"[①] 在这里，曾经作为百姓父母官的牛运震，很好地描述了这样一种情形：作为主政地方的官员，登上城市制高点的光岳楼，即刻能够俯瞰全城，掌控民众劳作生息，进而实现对民众的有效治理。换言之，无论是在现实功能还是文化象征上，光岳楼关系到地方的安定与和谐，乃至与帝国的统治也具有了内在的关联性。而对于底层大众而言，光岳楼更多的是与神仙、鬼怪相关，更多的是一个令人敬畏与崇拜的对象。

总之，光岳楼的修筑是以城市防御为直接目的，是保障帝国对城市支配的重要军事设施。而其后，通过文人墨客、达官显贵特别是皇帝的笔墨，经由民间的传说，光岳楼日益演绎出更多的象征意义，它不仅成为聊城乃至东昌府的地标，更是保佑地方昌盛的镇城之宝，乃至其"兴废关人才""关气运"，"光岳楼气故，则圣贤出，而天下治，光岳楼气分，则天地闭，而圣人隐"[②]。在这样的过程中，我再一次地看到了不同主体如何共同制作出城市地景，也看到帝国官员如何利用它实现对大众的思想支配与控制。

（三）文物的制作

时至今日，在战争与革命的破坏下，城市中帝国时期的建筑大都

---

① 牛运震：《重修光岳楼碑记》，清宣统《聊城县志·艺文志》。
② 陈儒：《光岳楼记》，清康熙《聊城县志·艺文志》。

已烟消云散，只有个别能够历经磨难得以幸存。至20世纪80年代，巢父遗牧之处早已被改造的农田完全荡平，也只有老人们还能记得大概的方位；曾经的崇武连檐因河道的干涸而无从想象；隆兴寺早已没有踪迹，仅剩不完整的铁塔遗留在荒草之中；绿云楼早在民国初年就已风光不再；万寿观也在聊城解放初被拆除；玉环井、圣泉更是已成为城市的传说。东昌八景之中，唯有高大坚固的光岳楼依旧矗立在城市中心。

曾经，帝国的遗迹被视为封建的残余。很长时间里，这里成了老百姓闲暇时登高远眺的一处制高点。由于长时间失去维修，曾经华丽的镇城之宝也落得衰败不堪。此外，遗迹又有了另外的名称——文物。文物一词在汉语中的出现始见于《左传》："夫德，俭而有度，登降有数，文物以纪之，声明以发之；以临照百官，百官于是乎戒惧而不敢易纪律。"《后汉书》也记载："制衣裳，备文物。"在这里，"文物"是指礼乐典章制度。唐代杜牧诗中"六朝文物草连天，天淡云闲今古同"的"文物"一词已接近文物的现代意义。近代以来，随着国家文物保护制度的出现，帝国的风景越来越多地成为文物。1949年之后，光岳楼、山陕会馆也从市民休闲娱乐之所变成了国家保护的文物。

1949年后，历经战乱的光岳楼虽然整体基本完好，但很多部位已破旧腐败。在国家文物保护政策的推动下，1956年光岳楼被列为山东省第一批重点文物保护单位。此后，作为文物的光岳楼得到多次修缮：1956年，在三层楼顶增加工字形钢梁，对全楼进行油饰。1964年，更换楼顶瓦顶，修补楼檐，矫正敲杆；1967年，重修加固基座，在外墙抹水泥墙面；1971年，更换一楼的檐柱以及一层、二层部分檐椽和连檐瓦口；1976年对四层进行加固。规模较大的一次维修是在1984年。在"不改变文物原貌"的原则下，采取重点修缮、局部复原的做法。具体工程包括：翻修全部瓦顶、连檐瓦口，更换望板和部分檐椽，重修制作安装楼顶的透花铁葫芦宝顶。更换修复了一层、二层的廊柱以及四层圆柱，灌注四层金柱，更换部分斗拱、梁檩桁枋、地板，修理全部门窗。重新制作并更换了五块匾额，对全楼进行油饰。这次的大规模维修历时长达16个月，耗资45万元。这次维修得到了国家文物局高级工程师祁英涛、山东省建委总工程师方运承、上海同济大学建筑系教授路秉杰、上海民用建筑设计院高级工程师郭博等专家学者的指导。经过全方位的维修，光岳楼再现了曾经的华丽。

1988年,光岳楼被列为全国重点文物保护单位。被列为重点文物的光岳楼得到了国家文物部门更多的维修与保护。而此时的基座墩台却是1967年的水泥墙面,显然这与遗留下来的历史文物大不相符,为此,1992年,在罗哲文、郑孝燮、傅连星等古建专家的指导下,重新对楼体基座进行了加固复原:铲除基座水泥墙皮,对损坏部分进行修补,最后用青砖对外墙进行包砌;墩台通道则安装清式木门,由过街通道改为封闭建筑。1993年10月工程完毕后,重新与市民见面的光岳楼似乎又恢复了初建时的面貌。2009年,聊城光岳楼管理处委托山东省文物保护中心制订了《光岳楼维修保护方案》。2010年5月20日,经过国家文物局批准的保护方案正式开工。楼体外部木架构重新上漆,部分砖瓦也再次更换。[1]

图 3-7 1957年的光岳楼,更名为文化楼
资料来源:《东昌老街巷》。

---

[1] 裴玉娜、温亚斌:《浅谈光岳楼的修缮与文化遗产保护》,《住宅科技》2012年第5期。

图 3-8　20 世纪 60 年代光岳楼
资料来源：聊城老照片博物馆。

作为文物的光岳楼得到了精心的维修与保护，这既体现在楼体本身的维修上，也体现在周围环境的治理上。在一张 1937 年的老照片中，我们能清楚地看到：光岳楼与临街民居紧密相连，楼下也是大街的通道。而这样的环境显然难以体现出文物的地位。为了给光岳楼留出更宽敞的场地，20 世纪六七十年代以后，光岳楼四周的民居多次拆迁。1991 年 12 月开工的光岳楼广场工程更是拆迁周围 15000 余平方米建筑。工程竣工后，光岳楼四周形成 10000 余平方米广场，广场外围不协调的现代建筑统一拆除，统一为二层仿古楼房。在开阔的广场、四周二层仿古建筑的衬托下，光岳楼更是显得高大巍峨、古朴俊秀。

图 3-9 1984 年光岳楼修复
资料来源：聊城老照片博物馆。

除了得到有形的修护外，作为文物的光岳楼也得到了当代更多名人的题写。在 1974 年光岳楼建成六百周年之际，郭沫若专门为光岳楼建成六百周年而题写了"光岳楼"的匾额，此后，它就一直挂在了光岳楼二层北檐下。1975 年春，著名画家丰子恺则为二楼乾隆行宫题写楹联："光前垂后劳动人民智慧无极，岳峻楼高强大祖国文物永昌。"墩台在敞轩内檐下更有当代著名书法家启功题写的匾额"共登青云梯"。而在楼下南门东侧的一块立石上，更是标有乾隆御题的"天下第一楼"。2007 年，铁道部下属中铁纪念票证有限公司发行《中国名楼》站台票纪念册，光岳楼与鹳雀楼、黄鹤楼、岳阳楼、太白楼、滕王阁、蓬莱阁、镇海楼、甲秀楼、大观楼共享中国十大名楼之美誉。

事实上，当我从古城的老居民们那里去了解光岳楼时，我又发现：参与制作文物的不仅仅有文物部门、专家学者,在最近的几十年里,古城居民们的传闻也在不断地重塑着它的历史与神奇。

  传闻一:光岳楼的砖石墩台之上为木质结构,三十二根金柱贯通一楼至三楼。文物部门早已发现,这三十二根金柱并非通体笔直,部分金柱稍有倾斜弯曲,这似乎也证明了余木楼的名称名副其实。然而,这样的材料瑕疵在很多居民的传闻中,却又成了古人智慧的体现:聊城由于常年西北风居多,古人为了防止楼体被西北风吹歪,在建造古楼的时候特意使金柱倾向西北,由此,光岳楼历经几百年而不变形。

  传闻二:光岳楼上有一种特有的燕子,与普通的燕子不同,它形体较大,全身漆黑,没有白色的肚皮,棱角分明,所以被称为铁燕。铁燕同样秋去春来,但来到北方后,它一般是不去普通人家檐下,只住在光岳楼上。

至此,我再次看到,作为文物的光岳楼再一次被精心制作出来。帝国时期的官员、文人以及底层大众协力将一座高大的建筑书写成城市的地标与镇城之宝,而当下文物部门、专家学者乃至古城居民的制作则把它塑造成了珍贵的文物以及城市历史与文化的象征。在这样的地景制作中,国家再一次主宰了它的命运,而残留的帝国风景也被一再地制作与阐释。

三　义利之辨:山陕商人的历史制作

东昌八景、光岳楼的地景实践展示了帝国官员、文人墨客以及底层大众的文化生产过程。对于曾经商贸繁荣的聊城而言,商人无疑是影响城市的一个重要角色,他们必然也会在城市的地志中留下自己的书写。在遗留至今的帝国建筑中,除了光岳楼,另一处就是运河沿岸的山陕会馆。在这样一处幸存的历史建筑之中,我们能够看到什么样的历史?作为四民之末的商人们又会制作出什么样的地景?它又会对帝国权力产生何种影响?

（一）会馆的兴建

明清时期，随着运河商贸的繁荣，南北各地商贾逐渐汇集于聊城。如今保存于山陕会馆的碑刻就记载当时商贸的兴盛："聊摄为漕运通衢，南来商舶，络绎不绝，以故吾乡之商贩者云集焉，而太汾公所者尤多。自国初至康熙间，来者踵相接，侨寓旅舍几不能容。"① 适应于各地商客的需求，大量的会馆相继兴建。在聊城的城市史研究中，东昌"八大会馆"的说法为人耳熟能详。据聊城文史研究者吴云涛考证，八大会馆中的六座分别为：

太汾公所：在旧米市街路东，清康熙年间，由山西省太原、汾阳两府客商兴建。已无遗址，现为民宅。

山陕会馆：在东关大码头南，运河西岸，双街的南头。清乾隆八年癸亥山西、陕西两省旅居聊城的客商集资兴建。中有关帝塑像，其主要建筑群今尚保存，现为"聊城地区博物馆"。

苏州会馆：又名"尚余会馆"。在东关运河西岸，大码头南，双街以北路西。嘉庆十一年丙寅起兴建，道光四年又由江苏旅聊商人集资建成，道光十八年戊戌立碑。一九四七年聊城解放后拆除，今为民房。尚存一座刻有建筑平面图的石碑，置放县粮食局后院。

赣江会馆：在城内楼东大街路南。为江西旅聊商人所建。据传始建在东关的"江西会馆"之前，何时建立不详。一九四七年拆除，遗址今为"第四诊所"的后院。

江西会馆：在东关大闸口北，运河东岸，路东。为江西旅聊商人兴建。从前有石碑十六座，记载会馆创建经过。残存的一座江西瓷特制的大香炉上，有道光十年庚寅字迹。说明这个会馆，始建于一八三零年之前。一九四七年拆除，旧址今为民房。

武林会馆：又名"浙江会馆"或"杭州会馆"。在东关运河西岸双街南头。为浙江旅聊商人所建。碑石已毁，不知兴建年代。一九四

---

① 《旧米市街太汾公所碑记》，清同治十三年（1874）李弼臣撰写。

七年拆除，今为民房。①

而另外两座，由于缺乏史料，已无从可查。八大会馆之中，至今尚存的只有山陕会馆。

山陕会馆位于聊城东关闸口以南，运河西岸。始建于清乾隆八年（1743），其后历时66年，共耗银六万余两，至嘉庆十四年最终形成如今的规模。而此后会馆又经历多次重修。会馆坐西朝东，东西长77米，南北宽43米，整体建筑自东向西分别为：山门、过楼、戏楼、夹楼、鼓钟二楼、南北看楼、南北碑亭、南中北三殿、春秋阁以及望楼、游廊、南北跨院等。

在山陕会馆之前，山陕商人就已在米市街有了住宿、议事的公所。公所由山陕众商捐厘而建，名为"太汾公所"。随着山陕商人在聊城商业规模的扩大，太汾公所已不能满足需求。实力日增的山陕商人决心再次修筑起一座大型会馆。

图3-10　山陕会馆正门，2015年11月

---

① 吴云涛：《漫话清末民初聊城工商业》，载政协山东省聊城市文史资料研究委员会主编《聊城文史资料》（第三辑）1985年版，第14页。

如今会馆内保存依旧完好的历代碑刻详细记载了会馆的修建与重修过程[①]：清乾隆元年（1736）山陕众商耗资836两白银购置地基五亩七分。乾隆八年（1743）开工建设大殿、南北二殿以及戏楼，工程历时4年。乾隆二十八年（1763），山陕会馆重修戏台，增建看楼两座。嘉庆八年（1803），会馆新建春秋阁、飨亭以及钟鼓二楼，重修关圣帝君大殿、南北二殿以及戏台、看楼、山门。工程耗资近五万两白银，历时7年。至此，会馆建设全部竣工。道光年间因火灾毁坏戏台、山门等建筑，会馆重建戏台、山门，钟鼓二楼。同治六年（1867）会馆重修大门与旗杆。依据会馆现存碑刻资料，会馆自始建至最后完工，历时66年，耗银六万余两。仅大殿前的一对石狮，"石料使银一百六十三两六钱一分，石匠路费使银四十一两，石匠工使银四百二十九两八钱八分"。山陕商人在聊城的经济实力由此可见一斑。

关于聊城山陕会馆兴建的目的，现存于会馆内的碑刻有明确说明："东昌为山左名区，地临漕运，四方商贾云集不可胜数，而吾山陕为居多。自乾隆八年创建会馆，以祀神明而联桑梓。"[②] "通都大邑商贾云集之处莫不各建会馆，以时宴会，聚集于其中，盖客旅见乡人、联桑梓、通款洽，情倍亲也。"[③] 显然，会馆的兴建就是要为山陕商旅提供一个"祀神明而联桑梓"之处。而事实上，自会馆建成后它就成为山西、陕西商人在聊城祭祀、住宿、议事、商贸以及日常宴乐、酬宾的重要场所。

---

① 会馆内碑刻包括：乾隆八年购买地基碑（无名）、乾隆十一年《山陕会馆碑记》、乾隆三十一年《山陕会馆重修戏台建立看楼碑记》、乾隆三十七年《重修山陕会馆碑记》、乾隆四十二年《山陕会馆重修南北亭厦并两楼游廊及补借各处费用开支碑》、嘉庆二年《金龙四大王行略》嘉庆十四年《山陕会馆众商重修关帝君大殿、财神大王北殿、文昌火神南殿暨戏台、看楼、山门并建飨亭、钟鼓楼序碑》、嘉庆十四年《春阁碑》、嘉庆十四年《会馆大功告竣碑记序》、嘉庆十五年《会馆功竣历年进出银开列碑》、嘉庆二十二年《山陕会馆接拨厘头碑记》、道光三年《二十一年至二十五年众号厘金开列碑》、道光二十五年《重修山陕会馆戏台、大门、钟鼓亭记》、道光二十五年《重修山门、戏台、左右二门、南北殿、小鼓棚、重修春秋楼、墨摩油洗各处见新一应费及建立旗杆狮子碑使费开列碑》、同治四年《山陕众商会馆续拨厘头碑记序》、同治六年《重修旗杆大门一切使费与司事之家暨众号乐输银两咸列碑》、同治十三年《旧米市街太汾公所碑记》、光绪九年《钦加同知衔聊城县正堂加十级纪录十次汪为出示缙绅事》、光绪二十年《重修山门外石栏杆序碑》。

② "山陕会馆众商重修关圣帝君大殿、财神大王北殿、文昌火神南殿暨戏台看楼并新建飨亭、钟鼓楼序"碑刻现存于山陕会馆。

③ 乾隆三十一年《山陕会馆重修戏台建立看楼碑记》。

（二）"祀神明"

作为会馆的重要功能，"祀神明"一直是山陕商人日常生活中的重要内容。而这里的神明正是关帝。很长时间以来，关帝崇拜一直是中华传统文化的重要内容。虽然关羽早在《三国志》中已有详细记载，但是关羽故事的家喻户晓与《三国演义》密不可分。至南北朝时，关公信仰已开始形成。此后，社会各阶层从关羽的事迹中不断地引申出符合自己愿望的神力，最终这些神相互融合，使其成为无所不能的万能之神。

宋代以后，关公开始被帝国历代皇帝不断加封，这也大大推动了民间关帝信仰的普及。特别是明代，封号先后有"协天护国忠义帝""三界伏魔大帝神威远镇天尊关圣帝君"。此后，关帝民间信仰达到空前程度。至清光绪五年，其封号达二十六字："忠义神武灵佑仁勇威显护国保民精诚绥靖翊赞宣德关圣大帝。"这既大大推动了民间关帝信仰的普及，也逐渐将其置于帝国权力的控制之下。正如杜赞奇所指出的，在这样的加封之下，帝国则成为"庇护者的庇护者"。此外，帝国控制的其他措施还包括，对某些非官方的解释和传说加以禁止，将关帝儒家化。尽管这样的控制并不能完全改变关帝在大众信仰中的形象与职能，但帝国的措施也不是全无功效。①

毋庸置疑，国家的认可对关帝崇拜的形成与普及具有重要影响。而帝国的支持显然又与关帝所象征的"忠义"密不可分。换言之，关帝的"忠义"象征是关帝信仰形成的重要因素。而另一方面，山西商人对关帝崇拜也产生了重要影响。这其中最为重要的就是明清时期遍及全国的山陕会馆兴建。据统计，全国范围内的山陕会馆超过600余处，其中绝大部分会馆大殿就是关帝庙。这也是明清时期大部分山陕会馆的一个典型特征。事实上，当时很多山陕会馆的别称就是"关帝庙"。在聊城的山陕会馆中，供奉的神明同样是关圣帝君。

会馆的主体建筑以及山门、大门楹联都显示了山陕商人对关圣帝君的敬畏：会馆山门为三间牌坊式门楼，顶部呈歇山式，木质门罩上方挂有"协天大帝"的竖匾。正门上方楷书阳刻"山陕会馆"四字，两侧的楹联

---

① ［美］杜赞奇：《文化、权力与国家》，王福明译，江苏人民出版社2008年版，第127页。

是:"本是豪杰作为,只是心无愧圣贤,洵足配东国夫子;何必仙佛功德,惟其气充塞天地,早已成西方至人。"山门左右的石壁上,分别刻有"精忠贯日""大义参天"。显然,山门上的对联称颂的就是在中国传统文化中被称为"关帝圣君"的关羽。在这里,关羽足以与孔夫子乃至佛祖相媲美。与众多山陕会馆一样,会馆正殿为"关帝殿"。大门两侧石柱上同样称颂关帝的对联:"伟烈壮古今,浩气丹心,汉代一时真君子;至诚参天地,英文雄武,晋国千秋大丈夫。"在这里,山陕商人一方面称颂了关羽的伟业、品行,也体现出作为关羽同乡的自豪。陈清文老人为我讲的一个故事颇能显示出山陕商人的关帝遗风:在聊城,曾经有一个山西商人欠了另一个山西商人一大笔债务,但因生意败落而无力偿还。后来债主提出建议:让欠钱的商人还给他一个箩筐和一把斧头,从此两结。关帝殿檐廊正中是"大义参天"的四字匾额,献殿后面为复殿,殿中则是关圣帝君、关平和周仓三尊神像。关圣帝君居中,左面是持刀的周仓,右面是手托神印的关平。关圣帝君神像身着刺绣衮龙袍,鎏金冠旒,威严庄重,俨然一副帝王之相。

图3-11 会馆正殿,2015年4月

图 3-12　正殿内的关帝塑像，2015 年 4 月

对关圣帝君的敬畏不仅体现在会馆的建筑上，会馆的故事更是传说着关帝的神灵所在。聊城民间相传，山陕会馆的戏台从来不演关公的戏曲。而这就与一个神奇的传说有关：

民间相传，在会馆大殿建造完成之后，关公托梦给会馆住持："此馆乃商贾汇集之处，馆内戏台凡有说书唱戏，不可与我有关。如若违令，定当问罪。"第二天，住持把关公托梦的事告诉了众商，大家都觉得此事不可小视，况且在供奉关圣帝君的地方唱关公的戏也确实不妥。于是，此后会馆就有了一个不成文的规定：禁止上演关公戏曲。有一年，从南方来了几位富商，住在会馆内。富商特别爱好戏曲，于是请来戏班唱戏，并特别要求要有关公的戏。戏班班主就把山陕会馆不演关公戏的规定告诉了富商，但富商并不相信，坚决要求看关公的戏，并许诺如有差错，自当赔付。住持见状只好妥协。会馆破例演关公之戏的说法传出，众多百姓都前来观看，会馆内热闹非凡。当晚最后，关公过五关斩六将的大戏上场。演关公的演员刚要出场，忽然大殿轰的一声,里面窜出一股烟火。随后狂风大作,大火随即漫延,馆内顿时大乱。慌乱中,住持想起关公托梦一事,知道这是关公显灵。赶忙让大家下跪谢罪。说来奇怪,当众人跪地求饶谢罪之后,大火顿时熄灭。大家清理会馆后发现,各间房屋并无损失,唯有那几位富商的行李钱财被烧成一堆灰烬。此后,会馆内再也没有人敢上演关公之戏。而百姓对关公的神灵更加深信不疑了。

另一则关公救会馆内古树的传说也同样显示着关公的神灵:

> 山陕会馆内大殿前有两株古槐,虽然已有几百年树龄,但一直郁郁葱葱。有一年夏天,有人将香火引到了树上,众人急忙提水救火。然而,火却越来越大。正当众人一筹莫展之时,忽然大殿内一道闪光,顿时电闪雷鸣,大雨如注。古槐上的大火很快熄灭。虽然大火将槐树烧出大洞,但并未死亡。人们都说,这是关公显灵,救下了古槐。

为表达对关公的敬畏,会馆内平日里每天要燃起数百只蜡烛。特别是大殿供桌前的一对蜡烛,足足有五尺高,碗口粗。据说,这两只蜡烛是山西一位经营蜡烛的商人特意为山陕会馆制作。每年在关公生日之前,用一头毛驴从山西老家运来。在五月十三关公生日之日,重新换上这对新蜡烛,而它足足可以燃烧一年。山陕商贸的兴盛也让供奉关帝圣君的山陕会馆总是保持着建筑的华丽,这也让其他的关帝庙显得有些简陋。运河对岸也曾有一关帝庙,由于建筑简陋,据说有一年庙门上就有这样一副对联:"河东河西两关爷,一穷一富;沟南沟北双眼井,有苦有甜。"

(三)"联乡梓"

在帝国时期普遍的神灵信仰文化下,山陕商人们同样非常信赖神灵福佑之力。一方面,会馆首先成为人们"祀神明"以求保佑的重要场所。正如河南沁阳山陕会馆碑刻所言:"秦晋人商贾……抑去父母之邦,营利千里之外,身与家相睽,财与命相关,祈灾患之消除,惟仰赖神灵之福佑，故竭力崇奉。"① 而另一方面，会馆更为现实的功能是为山陕商人们商贸、生活提供一个重要场所，用以"联桑梓"、促商贸。

道光二十五年（1845）重修的会馆戏台、山门以及钟鼓亭后的碑文就很好地体现了会馆对山陕商人的现实意义："今众聚集其间者，眈然蔼然，如处秦山晋水间。"② 除了为山陕商人联结乡情，这里也是商人住宿、交易、协调商人内部利益、调解纠纷的一个主要场所。光绪九年"钦加同知衔聊城县正堂加十级纪录十次汪为出示缙绅事"碑文还规定了对无家可归的山陕两省人士的救助办法。

此外，会馆更是山陕商人乃至整个城市老百姓娱乐的一个重要地方。在商人们的娱乐中，最主要的就是能够在戏台下一边饮酒喝茶，一边欣赏着戏楼上梨园弟子们的粉墨人生。会馆内的戏楼坐东朝西，东侧有过楼与山门相连，西侧正对大殿。与大部分两檐八角的戏楼不同，这里的戏楼是两檐结构，十个挑角：东侧两个，西侧下层两个，上层六个。或许这也蕴含着山陕商人们追求十全十美的寓意。戏台为正方形，有一人多高，檐下为福禄寿三星，四根石质檐柱都题有楹联。如今，内侧的楹联依然清晰可见："宫商翕奏，赏心是金榜题名洞房花烛；扮演成文，快意在坦道骏马高帆顺风。"外侧的楹联则是："结五万春花，奏雅宣和，无戾风骚称杰构；谱大千秋色，镂金错彩，有裨世教既奇观。"戏楼后台四壁、南北侧室内壁上遗留的大量题字更显示出戏台曾经的热闹与繁华：

  同治元年八月初一日起初五日止，万庆大班。满堂福、双富贵、万寿亭、忠义图、青石岭、乾坤镜、五龙会。

  山西泽州府凤台县全盛班，光绪八年十月初六日。一捧雪、二进宫、三上殿、四才子、五神官、六人节、七人贤、八仙图、九连灯、十美镜。

  光绪十年四月十四日四盛班在此乙乐也。头天：五福堂、富贵图，二天：黄金台，过午：春秋笔，三天：日月图，过午：美人图，四天：老金镯，过午：紫金镯，五天：宇宙锋，过午：一捧雪。

  咸丰三年九月廿一日鸿庆班在此一乐也。头天：麟骨床，二天：

---

① 《重修关帝庙碑记》，河南沁阳山陕会馆碑刻。
② 道光二十五年《重修山陕会馆戏台、大门、钟鼓亭记》。

富贵图、武当山,三天:忠义侠、南阳关,四天:五福堂、界牌关。
民国七年六月十七日唱戏四天。
民国二十六年六月十七日唱戏四天。

图 3-13 会馆内的戏楼,2015 年 12 月

不少题字只是记述时间剧目,更有大量墨迹已难以完全辨认。据王云、李泉教授统计,墨记中所见戏班名称可辨认者共 29 个,而相当大一部分戏班就来自山陕商人的家乡,各戏班演出剧目可准确辨认者 147 个。① 这些题字让我们仿佛看到了当年戏楼内商人们闲暇时借自身财力为自己组织的丰富的娱乐生活,而这些戏剧在满足商人自身需求的同时,也为聊城当地民众提供了重要娱乐方式,扩大了山陕商人在聊城的影响力。即使是到了民国时期,会馆里各种戏曲依旧长年不断,老百姓经常可以来此免费听戏。吴云涛先生在回忆正月里的娱乐时,特别提到这里的情形:"山陕会馆,从正月初一就唱戏,那里也是好大的会场,庙里庙外,一个

---

① 王云、李泉:《聊城山陕会馆戏楼墨记及其史料价值》,《文献》2004 年第 1 期。

挨一个的摊子，卖吃头的，卖花炮的，卖小孩玩具的，真多真花哨，摇茶碗的棚里，更是热闹，人声哄笑，男男女女，也是拥挤不透。"①

（四）义利之辨：山陕商人的历史制作

随着对山陕会馆田野的深入，我又发现，商人所建造的会馆不仅有美轮美奂的建筑与丰富热闹的生活，更是通过它表达了他们自己对传统儒家义利观的认识与主张，显示着对帝国意识形态的修正。

图 3-14 会馆正门，2015 年 12 月

站在会馆山门之前，除了正中的"山陕会馆"四个大字，山门左右侧门上方刻有"履中""蹈和"的石质匾额也格外醒目。"履中""蹈和"的匾额显然与儒家的"中庸之道"以及"和"观念密切相关，体现了商人们对传统儒家伦理观念的认可与继承。山门左右石壁上的"精忠贯日""大义参天"同样与帝国意识形态中极力倡导的"忠义"伦理完全一致。关帝殿后面复殿的檐廊迎风板上挂有"道续尼山"和"义秉麟经"的匾额。会馆最西侧的建筑为春秋阁，它则源于关公夜读春秋的典故。至此可以认为，山陕商人们用建筑充分表达了他们对儒家正统思想的认同。而嘉

---

① 吴云涛：《闲谈正月里的玩》，手写笔记《东昌旧闻》卷十三。

庆十四年的《春秋阁碑文》开篇就有这样的表述:"盖千古之纲常名教所以永垂不敝者,比赖数圣人为之,维持于其间。砥柱中流,讲明而切究之,遏人欲于横流,存天理于既灭。遥遥千载,心源若接,不以穷达而有异,不以常变而或殊。故孟子云:'先圣后圣,其揆一也。'文文山云:'地维赖以立,天柱赖以尊,三纲实系命,道义为之根。'此物此志也。"在这里,商人们再一次表达了对儒家三纲五常伦理的敬仰。

儒家思想中一个重要的内容是对义利的认识。众所周知,帝国时期历代统治者所倡导的"义利观"是"重义轻利"。正如有研究者指出:"儒家首先把'义'确定为绝对的、普遍的道德原则和标准,而把'利'(私利)理解为对'义'的干扰,从而否定'利'(私利)的应有价值。"[1]作为中国历代最基本的经济指导思想,重农抑商倡导以农为本、限制工商业的发展。而以商贸为生存方式的山陕商人总是不能回避自身的义利观。面对"重义轻利"国家话语,山陕商人又是如何认识与解释的呢?

在集商贸生活与神明祭祀于一体的山陕会馆中,当我仔细体味匾额与楹联的内容后,我看到了商人们对义利观的直接表达。会馆关帝殿檐廊正中,匾额上题有"大义参天"四字,而前殿殿内上方悬有"富国裕民"的匾额。正殿北面的北配殿为财神殿,供奉着财神赵公明,这是当年商人们祈求发财的地方。财神殿外柱刻有对联:"位津要而掌财源,万里腰缠

图3-15 正殿"大义参天"匾额与前殿"富国裕民"匾额,2015年4月

---

[1] 陈勇:《儒家义利观辨析》,《长白论丛》1996年第6期。

毕至；感钱神以成砥柱，千秋宝载无虞。"内柱上对联为："德兆阜财，萃万国物化天宝；行以利涉，庆一时海晏河清。"在这里，商人们极力所传达的一种思想显然是："义利并重"。通过"义利并重"的观念，进而证明商人经营活动的正当性，证明商人的社会价值。而关帝殿石柱外联更是以关羽的品行来质疑那些只知道空读经书的书生："非必杀身成仁，问我辈谁全节义；漫说通经致用，笑书生空读春秋。"不要说通晓经典就能够学以致用、经世济民，如果不能够富国强民，无法让百姓安居乐业，那不过是只会空读诗书的书呆子罢了！在这里，山陕商人直接对帝国重义轻利、重农抑商的思想提出了质疑！

综上所述，一方面，山陕商人从根本上认同并倡导关帝所代表的"忠义"思想，认同儒家根本伦理观念；另一方面，商人们也直接表达了其对"利"的肯定，进而提出了其所倡导的"义利并重"的义利观，并将其付诸商贸行为之中，从而对帝国正统思想观念提出了修正乃至抗争。尽管商人难以在帝国的风景中留下太多的印记，但在这里他们通过有形的建筑同样制作出属于自己的地景，发出自己的声音。在"祀神明而联桑梓"的同时，商人们也表达出自己对帝国意识形态的不同阐释。这样的声音一方面澄清了传统商人"唯利是图"的观念，另一方面也宣示出商人阶层对"经世致用""富国裕民"的重要作用。可以认为，正是通过有形的建筑，商人们制作出了自己的历史。

众所周知，韦伯对中国城市的论断曾极大地影响了许多西方学者对中国城市的认识：中华帝国的城市是由官府创造并为官府而存在的，城市生活受官僚统治的全面压迫，官府对城市生活的各个方面都保持着专制性控制。[①] 中国城市研究的韦伯模式早已受到研究者的诸多质疑。而在这座北方小城里，我看到的是：山陕会馆既为客居的商人们提供了一个"祀神明而联桑梓"的场所，也是他们之间调解纠纷、济困互助的重要场所。通过有形的建筑，商人们既肯定了关帝所代表的忠义象征，也发出了

---

① 白乐日：《中国乡村》，载《让·博丹学会文集》，第 6 卷（1954），第 239 页；埃伯哈德：《前工业化时期中国城市结构资料》，第 266 页，《亚洲的聚落与社会变迁》，第 52 页；墨菲：《作为变化中心的城市：西欧和中国》，《美国地理学家协会年鉴》第 44 卷（1954），第 357—358 页；特雷沃思：《中国城市：起源于功能》，《美国地理学家协会年鉴》第 42 卷（1952），第 81 页。转引自罗威廉《汉口：一个中国城市的商业与社会》，江溶、鲁西奇译，中国人民大学出版社 2005 年版，第 9 页。

"义利并重"的思想观念，从而对帝国正统思想提出了修正乃至抗争。此外，对这座城市而言，会馆也在信仰和娱乐生活方面有力地影响了大众的生活。可以认为，尽管城市总是在帝国的严密控制之下，商人们还是在这里制作出一处帝国权力难以全面支配的社会空间。

（五）作为文物的山陕会馆

清末漕运停止后，城市商贸受到严重影响，近代战乱更是直接导致城市商业萧条。1925年会馆成为奉系军阀张宗昌在聊城的兵营。1929年土匪王金发更是将会馆珍藏洗劫一空。1938年11月，日军占领聊城后再次侵占会馆，并将会馆内200多年的档案资料毁坏。20世纪50年代初，山陕会馆并没有被当作文物加以保存，而是成为聊城第一中学的南院。1953年运河东侧的新校区建立后，被用作教室会馆又被改为学生的宿舍。据曾在此读书的刘洪山老人回忆，这个时候的会馆前后大门平时锁着，学生出入走大殿与春秋阁前通往教室的夹道。他们的宿舍就在会馆西侧的春秋阁，此时会馆每个大殿内立柱都有抱柱楹联。屋顶上的匾额更多，一个挨一个地挨着，每个匾额的字体、颜色也都不同。"我们每躺在床上，特别是夏天午休，总是先欣赏一阵这些书法。记得在南大殿东北角，是光绪末年挂的，由聊城著名书法家萧蒲田题写，由著名雕塑画家徐元祥制作的。听大人说，这块匾虽然是当时聊城一带最著名的书法家所写，但挂到这里一比，水平就显得不高了。"[①] 大殿的石柱上、石狮子上都是铁丝，学生们可以在上面晾晒被褥。

随着国家文物保护政策与条例的下达，用作校舍的山陕会馆也开始被当作历史文物看待。特别是1977年山陕会馆被山东省人民政府列为省级重点文物保护单位后，山陕会馆正式成为需要保护的重点文物。而这一时期它的实用功能还没有完全退出。1978年，山陕会馆被用作聊城地区博物馆。1988年山陕会馆与光岳楼一同被国务院列为全国重点文物保护单位。此后，越来越多的人开始走进会馆参观，会馆也就正式对外售票，以满足人们参观文物的需求。然而，除了建筑本身外，会馆内大部分房屋内部早已没有了昔日的内容。为此，会馆内的大殿、财神殿、火神殿重新制

---

① 刘洪山：《记忆：五十年代初求学聊城一中》，聊城新闻网，2011年7月7日，http://www.lcxw.cn/news/liaocheng/yaowen/20110707/72254.html。

作了神像，以此再现曾经的景观。与光岳楼不同的是，1949年后的会馆建筑并未存在太多破损，只经历两次小规模维修。这一方面与会馆建筑质量有关，也与其位置偏僻，长时间承担实用功能有关。

　　光岳楼与山陕会馆被列为全国重点文物保护单位对城市带来的一个直接影响就是，1994年1月聊城被国务院批准为国家历史文化名城。这样的城市名片也进一步推动了地方政府对文物的再制作。这其中除了文物本身的维修，还有文物外围环境的变化。如前所述，光岳楼广场的开拓进一步强化了它在游客眼中的高大形象。而运河河道的改造同样也为山陕会馆带来更好的视觉效果。特别是在1999年运河闸口至龙湾段的改造中，会馆前的运河河道一改往日垃圾遍地、污水横流的形象。湖水的引入，河岸码头的复原，让每一个来此的游客更容易想象出会馆的历史：京杭大运河岸边，舳舻相连，商人云集，会馆内山陕商人洽谈生意、欣赏戏剧，"漕挽之咽喉，天都之肘腋""江北一都会"的画面油然而生。而这样的帝国风景显然是在我1998年来到这里时未曾想象出来的。

　　仅剩下外在建筑的文物还是难以让游客充分想象其中的历史与文化。为此，导游解说就成为呈现老祖宗们高超技艺、引领游客想象城市历史文化的重要途径。与大部分的景区一样，每一个来到山陕会馆的游客若想深入地了解文物的内涵，都可以在购买门票时额外购买导游服务。导游则通过专业的解说为游客呈现了会馆建筑的精美及其中的丰富文化。正是在导游的解说中，辉煌的历史、丰富的文化、祖先高超的技艺、曾经的故事乃至神奇的传说一并融入游客的想象中，最终再现博大精深的历史与文化。至此，文物的制作最终得以实现。

　　东昌八景与城市地标的产生让我们意识到，一方面，作为文化的中介，地景成为历史记忆、文化传承的重要工具；另一方面，这样的地景也是特定文化与权力关系的作品。而在当下文物的制作与再现中，我再次看到了这样的历史制作。正是在这样的回顾中，我们更好地理解人们如何对待自己的历史，如何感受自己的文化。尽管帝国绝大部分遗迹历经磨难而烟消云散，但总有一些得以幸运遗留，也正是这样一些有形的物质性存在，成为我们创造想象最重要的原料与素材，而这也再一次提醒我们世界的物质性要素对我们的意义。

　　在对历史本质的反思中，历史人类学提出了历史制作（the making of history）的概念，用以突出历史的多元性、主体性以及建构性。"事件也依据其社会重要性的逻辑被记忆。……事件如果要成为历史的一部分,就必须或曾经被认为是重要的。"① 以此为启发,回顾东昌八景、光岳楼、山陕会馆的地景制作历程,我同样发现,地景也依据其社会重要性的逻辑被记忆并制作,地景如果要成为城市历史的一部分,就必须或曾经被认为是重要的。换言之,地景本身就是一种重要的文化选择。

对于历史制作的建构性,布洛克提示我们必须小心对待。"过去并不只是一种建构,而就算它只是一种建构(或重构或解构),我们也必须指出它是谁的建构,并且要描绘出其中的权力安排。"② 事实上,正是在对地景制作历程的回顾中,我有了如下认识,在城市的地景制作中,国家权力经常是这一过程的支配性因素,是决定城市地景的核心力量。而城市大众、山陕商人的历史制作同样让我意识到,不同主体也常常是参与这一过程的重要主体因素与力量,城市地景又是多元权力关系下多种主体的共同作品,城市的历史并非仅仅是关于国家的历史。

---

① [丹麦] 克斯汀·海斯翠普主编:《他者的历史:社会人类学与历史制作》,贾士蘅译,中国人民大学出版社2010年版,第10页。
② 同上书,第134页。

第四章

地景与公共空间

　　长久以来,在对城市的研究中,经济与政治都是认识城市的主要视角与出发点。这也体现在马克斯·韦伯对城市的研究中。在对现代城市的认识上,路易斯·沃思则提出了截然不同的视角:作为一种生活方式的都市主义。沃思提出,城市化不再仅仅意味着人们进入城市,被纳入城市生活体系之中,更为重要的是城市生活方式的特征越来越分明,影响力不断加强。① 这样的视角对我们理解城市的地景制作具有重要启发。事实上,无论是现代社会,还是帝国时期,城市的一个重要特征就是公共空间的丰富与多样。这既为城市大众创造出更为丰富的公共生活,也为国家权力深入城市社会乃至个体生活提供了直接的舞台。

　　街道总是城市大众最为熟悉的公共场所。这里既曾流传着帝国的伦理道德,也成为现代国家构建国家观念、制作历史乃至改造民众的手段。对于帝国的统治而言,城市大量的坛庙与寺观总是扮演着重要角色。它既是帝国官员教化百姓的场所,也是大众生活实践与信仰的重要空间。这其中,帝国意识形态与大众信仰的融合,政治空间与社会空间的重合,在呈现出帝国支配特点的同时,也显示出教化治国的成效。1949年后,在政治动员与大众教育的需求下,新华广场与人民公园取代帝国坛庙成为这座小城中的重要场所。而在过去的几十年里,公园与广场又成为大众休闲与健身的生活需求。

　　显然,上述的公共空间并非哈贝马斯意义上的公共领域。对于公共领域,哈贝马斯有这样的界定:"公共领域最好被描述为一个关于内容、观

---

① Wirth, Louis, "Urbanism as a Way of Life", *American Journal of Sociology*, 1938, pp. 1–24.

点也就是意见的交往网络；在那里，交往之流被以一种特定方式加以过滤和综合，从而成为根据特定议题集束而成的公共意见或舆论。"① 哈氏意义上的公共领域是一个人们通过相互交流而形成的"社会空间"，这样的社会空间是人们之间所产生的话语交流的虚拟空间。② 而本章所探讨的公共空间首先是城市中的物质性空间，由此进一步探讨此类物质性空间如何被制作为社会空间。透过这样的地景制作历程，我期望能够发现不同时期城市空间支配的特点，理解国家支配下城市大众的公共生活。

一 街道的故事

道路从来都是人类在其生存环境中的印记，更是大地景观的重要内容。帝国时期，道路就已是国家支配能力的重要保障与体现。自近代以来，道路的修建经常成为构建民族国家、推动经济发展的重要手段。当发达的交通成为现代社会的重要内容后，道路又成为改造落后、融入现代的首要捷径。"要致富，先修路"口号遍布中国大地现象就说明了这一切。事实上，它早已不仅仅是一种口号，更多为人们普遍认可，而现实中的许多经验似乎也能够证实这一点。为此，我将通过对这座小城中街道的传说、命名、更名、规划与修建的回顾，呈现城市地景制作的一个重要组成部分。

(一) 街道与牌坊

如前所述，在聊城筑城之后600余年的时间里，城市基本保持了最初的城市空间格局：古城呈正方形，东西南北中心各有城门。古城内部以光岳楼为中心，十字形大街连接四座城门。十字中心大街将古城再次分为四个正方形城区，除古城西北，其他各区同样有十字形街道，主干道路纵横交叉，形成棋盘式方格网状结构。明代后期特别是清代，因漕运而兴的商贸推动东关一带发展为重要商贸区。

尽管我们已难以从史料中考证这座城市中十字形的街道格局与哪位历

---

① [德] 哈贝马斯：《在事实与规范之间：关于法律和民主法治国的商谈理论》，生活·读书·新知三联书店2003年版，第446页。
② 王晓升：《"公共领域"概念辨析》，《吉林大学社会科学学报》2011年第4期。

史人物相关，但至少我可以推断它与城市最初的"经画"有着直接的联系。清代东关街道的格局也证明了因势自然形成的街道很少以十字大街为主。有研究者发现，在中国古代城市主干街道的设计中，大多数城市会避免在两座城门之间形成直通大街。这种选择既是基于城市防御的考虑，又同民间关于鬼只沿直线行走的迷信有关。① 与这样的普遍情形相比，聊城十字大街连通东南西北四个城门的设计似乎颇为不同。可以推测，固若金汤的城池与十字大街中心的光岳楼是规划者对城市防御自信的体现。

2010 年后，改造的古城东西大街上相继竖立起两座复建的牌坊。楼东大街是一座石质牌坊，四制三间五楼形制，题名孝行坊；楼西大街则是木质结构，名为进士坊。根据古城改造规划，为再现古城的"历史"与景观，类似的牌坊还将复建十余座。事实上，在帝国时期这座小城的街道上，鳞次栉比的牌坊一直都是城市的重要景观。

随着明清两代牌坊的大量竖立，城市主干街道上已是牌坊林立。康熙二年的《聊城县志》专门有"坊牌"的记载：

> 贞节坊，西门外。围五女孝行建。今废。
> 黄甲开先坊，在东关。为洪武间进士丁志方建。
> 耀英坊，在东关。永乐间为举人梁栋建。
> 进士坊，在楼西。正统为张勉建。
> 魁第坊，在楼东。景泰间为朱举建。
> 青云接武坊，在东关。景泰为举人丁毅建。
> 钟秀坊，在东关。天顺间为举人梁珽建。
> 传芳，在通济桥北。为举人郝希贤建。
> 冠英坊，在月河湾内。为举人索美建。
> 世美坊，在东关。成化为举人丁琏建。
> 飞香坊，在楼北。成化为举人栾凤建。
> 四世青云坊，在楼北。成化间为举人梁玺建。
> 进士坊，成化间为梁玺建。
> 经亚坊，在东关。弘治间为举人王禄建。

---

① ［美］章生道：《城治的形态与结构研究》，载施坚雅主编《中华帝国晚期的城市》，叶光庭等译，中华书局 2000 年版，第 107 页。

凤翔千仞坊，在楼南。弘治为举人许成名建。
继美坊，在东关。弘治间为举人丁孔暉建。
承芳坊，在楼北。弘治间为举人梁相建。
五马归荣坊，在东关。为进阶同知郝希贤建。
进士坊，在楼东。正德间为进士牛天麟建。
进士坊，在东关。正德间为进士丁孔暉建。
霖雨坊，为举人梁荣建。
旌表孝行坊，在东关。孝行裴俊建。
孝行坊，一在楼南，为孝子王安建；一在楼东，为孝子朱举建；一在楼北，为孝子孙良建。
三俊坊，在楼东。为嘉靖戊子举人田濡、陈钺、许东望立。
绣衣坊，在楼东。正德乙亥为御史牛天麟建。
学士里坊，在沙镇。为许成名建。
学士坊，为编修许成名建。
敕封坊，在楼南。为封编修许茂立。
宗伯坊，为侍郎许成名立。
光扬世代坊，为诰赠侍郎许信立。
天绥耄耋坊，为诰封侍读学士、诰赠部侍郎许茂立。
留台风纪坊，在学士街。为御史王禄立。
敕赠坊，在学士街。为敕赠御史王鉴立。
司马铨衡坊，在学士街。为庚戌进士王应璧立。
金殿传胪、玉堂视草二坊，在楼南。为学士许成名立。
大中丞、大廷尉二坊，在楼东南。为大理卿牛天麟立。
青琐纳言坊，在司马街。为都给事中田濡立。
丹樨敷对坊，为进士天濡立。
遗泽扬休坊，在司马街。额外诰赠少卿田寿立。
奕世承恩坊，在楼东。为诰赠右副都御史牛政、牛升立。
金榜题名坊，在东门内。为嘉靖甲辰进士朱熙载立。
东省抡魁坊，在东关。为嘉靖癸卯举人丁懋儒立。
南宫吁俊坊，在东关。为嘉靖乙科进士丁懋儒立。
敕赠坊，东关。为封光山县知县丁尧佐立。
兰台总宪坊，在县西南金井街。为赠右副都御史陈赞化立。

诰赠坊，御史耿明为封君耿耀建。

御史坊，为云南道御史耿明建。

三世大中坊，为山西巡抚耿如杞建。

八世科第坊，在东门里。为许麾、许堂、许路、许东望、许观象、许正学、许典学建立。

九代恩广坊，为赠文林郎许宏、奉政大夫许庠、承德郎许尧、中宪大夫许路等建。

一品三世坊，在城南门三里傅氏先茔前建。清朝顺治丙戌开科状元傅以渐、诰赠三代光禄大夫、少保兼太子少保、武英殿大学士、加一级、曾祖傅谕、祖傅天荣、父傅思敬立。

恩纶重褒坊，在城隍街。诰封翰林院提督四译馆太常寺少卿任怀茂立。

兰省正堂坊，为见任翰林院提督四译馆太常寺少卿任克溥立。

可以看出，在众多的牌坊中，数量最多的是旌表功名、节孝、功德的牌坊。明清时期，立牌坊总是一件极为严格与隆重的事情。凡是被贡举入

图 4-1　20 世纪 30 年代东关牌坊

资料来源：《聊城老照片》。

图 4-2　1957 年傅氏先茔前的一品三世坊，毁于"文化大革命"期间
资料来源：《聊城老照片》。

国子监读书以及获得举人以上功名的人，方可在经由地方官府批准后，依据礼制由官方出资修建功名牌坊。对于依据道德气节、军功政绩等修建节孝、功德牌坊，要求更为严格：在经由地方官府核准呈报后，经皇帝恩准或由皇帝直接封赠，方可以建造。① 此外，牌坊的形制同样有严格的规定：只有帝王神庙、陵寝才可用"六柱五间十一楼"，一般臣民最多只能用"四柱三间七楼"。显然，牌坊的建造本身就是帝国权力的体现，是国家实施社会控制的有力手段。而牌坊更为潜移默化的功能则是通过旌表"忠""孝""节""义"等特定品行对社会成员实施道德教化。

（二）老街巷的传说

牌坊是帝国权力与教化的直接体现，而街道的故事中同样流传着帝国的伦理观念。

城市街道的格局与规划者密不可分，但街道的名称却并非多为规划者

---

① 金其桢：《论牌坊的源流与社会功能》，《中华文化论坛》2003 年第 1 期。

所命名。在这座小城里，每一条街道都会有自己的名字，哪怕它仅仅是一段弯曲狭窄的小道，老百姓都会有对它的称呼。事实上，古城街道名称多为自然形成，习惯称呼延续至今。从整体上看，以相邻建筑命名为多。如楼南大街、楼北大街、楼东大街、楼西大街是基于光岳楼方位；考院街、卫仓街、道署街、后所街、馆驿口街等以相邻官方机构得名；龙王庙街、火神庙街、城隍庙街、关帝庙街、药王庙街等因寺观庙宇得名；状元街、相府街、马宅街、袁宅街、殷家园子街、叶家园子街、顾家胡同、孙家胡同、郭家胡同、蔡家胡同则取名于望族宅院。

在城市街道的名称中，也有一些并非仅仅记载了曾经的地理，它们的名字背后有着老百姓世代流传的故事与传说。在我向古城老居民了解老街巷的历史时，这些故事与传说总是能够被一次又一次地提起。接下来，我将讲述几个老聊城人都耳熟能详的街道传说，以此探寻街道名称中的历史与文化。

1. 羊使君街的传说

早在2005年我来到米市街时，在一位老居民那里我第一次听说了"羊君巷"这个名字。在古城东侧米市街中段偏南，一条崎岖不平的青石

图4-3 羊使君街，2014年6月

板街道朝东延伸至运河岸边。街道东西走向，西起米市街，东至双街，长约 200 米，宽度在五六米。在《聊城县志》及相关地方文献中它的官方名称叫"羊使君街"，而这里的居民们更习惯于称之为"羊君巷"或"羊子巷"。

现存地方志中最早记载羊使君的是明万历二十八年的《东昌府志》："羊使君，史逸其名，后晋开运二年，守博州，河溢城没，使君祝天，冀免生民垫溺，愿以身代，乃投水而死。"① 在民间的传说中，羊使君的故事更为具体与细致，几乎每个老居民都能够为我详细讲述这条街道的来历：

> 早年某个朝代的时候，聊城隶属博州，那个时候的聊城还不在现在这个地方。博州曾有个父母官，具体名字不知道了，后人叫他羊使君。羊使君在任期间爱民如子，很受老百姓爱戴。当时的博州城在现在的旧州洼，有一年的夏天，黄河决了口子，大水围了博州城，那时候的城墙还是土墙，大水冲倒了城墙，进了城里，房倒屋塌，哭叫连天，老百姓都遭了殃，人人都自顾逃命。羊使君看到这个情形，跪倒在地，求苍天开恩，向老天发誓如何能保佑百姓，愿意自己代替老百姓受难，随后羊使君就跳到洪水里去了。老天爷看到羊使君愿意代替百姓受难，受到感动，就命令神仙退了洪水。大水退去了，满城的老百姓得救了。老百姓知道了羊使君代大家受难而死，到处寻找他的尸体，最后在现在羊子巷的东头路南的一个土堆边发现了羊使君。人们将他的尸体安葬好了后，为他举行了隆重的葬礼。再后来，聊城迁到了现在的地方，人们就在发现羊使君的地方为他建了羊子祠堂。为了纪念羊使君，那处发现羊使君的地方被叫作"羊君堌堆"，后来这条街也就被老百姓叫作羊子巷。（根据陈清文讲述整理）

事实上，清宣统年间的《聊城县志》也记载了后人为羊使君建造的祠堂："羊使君祠，永乐旧志，在府城东关湄河东五里，旧志顺治七年，河决荆隆口，庙为水毁，邑人方开基重建。"② 地方志记载显示了建造祠

---

① 明万历《东昌府志·名宦志》。
② 清宣统《聊城县志·建置志》。

堂是历代地方纪念羊使君的重要方式。有形的祠堂建筑或许可以因自然的作用而消失，但无形的地名却永远在民间流传。显然，无论是祠堂还是街道名称，都传达了城市大众对帝国时期官员"爱民如子"行为的称颂。正如后人的碑刻中所言："身为牺牲，祷于洪水，洪水无知，没而后已。民思其人，立庙以祀。呜呼，伟功不书于史。"①

如果说羊使君的故事代表了老百姓对官员操守的称颂与期待，清孝街与仁义胡同的传说则教化着帝国每一个子民做人的道理。因为，孝道与仁义更是帝国传统伦理的精髓所在。

2. 清孝街的传说

在古城东关大街东首，向北有一条沿运河的街道，街道的名字叫清孝街。如今的清孝街西侧已成为沿街商铺，东侧沿运河已被改造为景观绿地。沿河的两株古槐树被栏杆包围起来，不时有游人围观。苍苍的古树也见证了这条街道悠久的历史。关于清孝街名称的来历，如今的市民大部分已无从知晓，但古城老居民们大都还能略知一二。热衷于研究聊城历史的高文秀老先生曾详细整理了清孝街的故事。让我感到奇怪的是，对于清孝街名称的渊源，民间的传说却有两个截然不同的版本。

> 传说一：从前，清孝街有户人家姓孔。孔家儿子娶了个媳妇，既漂亮又贤惠。结婚后不久，丈夫得了急病死了。老母亲一时受不了打击，没过多久也过世了。孔老太爷也一病不起。儿媳妇孔氏见公公离不开人照顾，执意不肯再嫁，留下来照顾公公。一家人只有孔氏帮街坊做点零活度日，这以后孔家的日子是越过越艰难。到了冬天，生病的公公冻得难以入眠。孔氏经常躺在床边为他暖脚。后来这个事情不知道怎么传到外面去了，闹得街坊邻居经常议论。几年后公公身体好转，孔氏与几个邻居一起去泰山进香，在泰山上有街坊说起她与公公的事。当她们来到一个叫"舍身崖"的地方，孔氏想起街坊们的议论，想到公公既然已经不需要照顾。为了证明自己的清白，就从舍身崖跳了下去。街坊们在山下找到孔氏尸体，帮助运回了东昌府老家。当乡亲们抬着棺材回到孔氏家时，却发现孔氏在家好好的。大家询问后得知，孔氏跳崖后被一仙童搭救，仙童告诉孔氏自己是泰山娘娘的

---

① 梁九元：《重建羊使君祠堂记》，清康熙《聊城县志·艺文志》。

丫鬟，奉娘娘的命令救了孔氏。并把孔氏送回了家。这时候，大家打开棺材一看，棺材里空空的，原先孔氏的尸体已经不见了。只有一块红布，上面写着"清孝"两个字。在得知了孔氏跳崖证明清白以及仙童搭救的事情后，孔氏的清白和孝道广为传播。而这以后，这条街也就得名清孝街了。（根据高文秀整理记载简缩）

显然，这样的传说颇为奇异，如今更没有人相信神仙救人的情节，"这都是老人传下来的说法，教育人哩，教育老百姓要孝顺父母。"一位知道这个故事的老居民向我说。尽管如此，但是孔氏清白、孝顺的故事还是在不断流传着。而关于清孝街的来历，地方志则有另外不同版本，而这个版本则与聊城的一位真实的人物——傅尔恒有关。对于傅尔恒，《聊城县志》中有这样介绍：

"傅尔恒，字纯一。幼丧母，育于继母。天性纯孝，以选贡授太仓州判。开苏州大塘八十里，娄与吴人并赖之。署嘉定，革常例二千两，却堂设五百余两。以荐擢山西岳阳令。凡五年，利弊多所兴除。尝以社仓谷不及额，例当夺奉。尔恒曰：'奈何以五斗粟毙吾民？'为代偿之，人为感泣，建生祠。及致政归，僦废宅以居。事母必备甘旨，中丞题其门曰'清孝先生之闾'。母殁，泪尽，继以血，不数日以毁。卒祀乡贤。"[①] 作为傅氏后人的傅静舟认为，在傅尔恒去世后，正是基于他们家"清孝先生之闾"这样的门额，清孝街由此得名。而在曾经的傅氏宗祠中，据传就有这样一副对联："开仓救荒心存爱民岳阳明久；恩晋善政时怀恤黎清孝先生。"此外，更有称颂傅尔恒的诗文："清孝先生清孝街，岳阳五年僦旧宅。伺候继母备甘脂，中丞赐匾誉满台。"[②]

在这样一个故事版本中，地方志为我们呈现了帝国时期一个清廉、孝道的"道德楷模"。对于清孝街传说的两个版本，一位老居民谈到他的看

---

① 清宣统《聊城县志·人物志》。
② 傅静舟：《"御史傅"家族史略》，载政协聊城市东昌府区文史资料委员会主编《东昌望族》，山东省新闻出版局2003年版，第94页。

法:"这些故事嘛,本来也都是口头相传,历朝历代都会有变化。大家也没有把它当作就是真的实事。谁会完全相信这些情节?但大概有那么回事倒也可能。"尽管清孝街的来历有不同版本,或许事实也将终究难以考证。然而,毫无疑问的是,这条街道的名字一直传达着帝国坚守的伦理观念——孝道。尽管老居民们也不相信故事就一定真实发生,但这并不影响街道传说将孝道渗透于民众的观念之中。

3. 仁义胡同的传说

聊城东关大街东部路北,坐落着著名历史学家傅斯年的纪念馆。纪念馆坐北朝南,正对东关大街。紧邻纪念馆的东侧,有一条两米宽的胡同,如今的胡同大门是复古门楼,门额上题有"仁义胡同"四个字,胡同里面是一面影壁墙,墙上题有一首诗:"千里来书只为墙,让他三尺又何妨?万里长城今犹在,不见当年秦始皇。"落款是"康熙御笔"。仁义胡同的传说在很多人看来并不陌生。据聊城文史研究者高文秀统计,全国各地的仁义胡同不下 16 处。① 在聊城的传说中,仁义胡同则与清代开国状元傅以渐相关。

在聊城,提到傅氏家族,可谓家喻户晓。长时间来,聊城就有"五大家"之说。这五大家即为聊城的五大望族:任、邓、朱、傅、耿。其中的傅就是被称为"阁老傅"的傅以渐。《聊城县志》记载:"傅以渐,字于磐,号星岩。……质颖敏,经史过目不忘。为诸生,值明季士寇之乱,昼夜守城犹手不释卷。顺治三年擢进士一甲第一名,授修撰。四年,充会师同考官,篡修庶吉士。十二年,条陈安民大计,除公议外密议三条,皆称旨,加太子少傅。十五年充会试总裁。随以考满加少保,寻改武英殿大学士兼户部尚书,十月以疾致仕归。所著书惜毁于火。每闻百姓疾苦若切于身,间里有义举必赞成之,自处无异寒素,汲奖后进唯恐不及,未尝有疾言遽色。"② 在老百姓大量传颂的故事里,"阁老傅"同样以仁义、清廉名闻东昌,德高望重。即使是如今,也有许多聊城人依然能够记

---

① 这 16 处仁义胡同分别为:聊城仁义胡同、安徽桐城仁义胡同、山东济阳仁义胡同、山东莱州仁义胡同、北京平谷仁义胡同、开封北仁义胡同、开封南仁义胡同、王安石三尺巷、江苏泰州三尺巷、安阳仁义巷、福建泰宁三尺巷、河北省迁安市建昌营仁义胡同、河北省丰润县仁义胡同、辽阳仁义胡同、河南省延津县仁义胡同、河北省迁安市仁义胡同,载于高文秀博客《全国各地的仁义胡同》,http://blog.sina.com.cn/s/blog_4c3ea809010007ld.html。

② 清宣统《聊城县志·人物志》。

图 4-4 仁义胡同，2016 年 5 月

得其三两件故事。这其中，仁义胡同的传说就是一例：

> 傅以渐在朝为官时，有一天，他的家人与邻居因为宅基地产生纠纷。双方发生争吵，差点打起来。后来双方闹到县衙，县令一看，其中一方是傅家，也不敢随便裁断。于是傅家就给在朝的傅以渐修书一封，希望能够借助傅以渐赢得官司。傅以渐收到家人来信，随后回信一封。家人收到信后，打开一看，信里只有诗一首："千里来书只为墙，让他三尺又何妨？万里长城今犹在，不见当年秦始皇。"看到来信，家人很是惭愧，随后就到县衙撤掉诉状，并将与邻居纠纷的墙拆掉，主动后退三尺。而邻居见状，也为傅家所感动，也将墙后退三尺。于是就在两家之间形成了六尺宽的窄巷一条。从此两家化干戈为玉帛，和好如初。后来，康熙皇帝南巡，途径聊城，听说了启蒙老师傅以渐的故事，很受感动。于是为胡同挥笔题写了"仁义胡同"四个字。从此，仁义胡同的传说在聊城百姓中传为佳话。

2003年，傅氏祠堂重修，其名称也改为傅斯年纪念馆。在修缮纪念馆的同时，其东侧的仁义胡同也得以复建。尽管官方对仁义胡同的确认是依据对周围大量老居民的调查，但也有一些人认为仁义胡同应该是在古楼北。虽然仁义胡同的传说在聊城言之凿凿，广为流传，但傅斯年纪念馆馆长陈清义也坦言："当时只是根据群众说法，并没有查到有关的史料记载。"

　　显然，事实是否发生在某个地点已不重要。重要的是，一个类似的故事在全国能够有近20处传闻，这足以证明：一方面，一条街道的名称，特别是一个街道流传的仁义故事，深受百姓所认可。而另一方面，我们也能看到，正是在街道地名中，作为传统文化中儒家"五常"之首，"仁"的价值观念通过一个通俗易懂的故事在老百姓中代代相传，事实上老居民们也明白：故事流传的核心恰恰是"教育人"的道理。

　　与西方发达的神话不同，中国更为盛产民间传说与故事。神话的世界在我们看来似乎是虚无缥缈，而中国的民间故事往往与某个时间、特定地点中的具体历史人物相关。无疑，这样的特征使得民间传说似乎更为真实。通过对神话的分析，泰勒试图证明整个人类社会的进程是一个从野蛮到文明的进化过程，[①] 列维-斯特劳斯则声称可以发现人类心智的共同逻辑，而且"神话思想中的那些逻辑与现代科学中的逻辑是一样的"。[②] 在这座小城的街道传说中，我更多地看到其中所宣扬的伦理观念及其道德教化功能。特别是当传说就发生在大众生活的某个某条街道、胡同，发生在他们的生活空间之中时，牢固地附着于大地之上的故事似乎更加历久弥新。尽管讲述者与聆听者也会怀疑故事的真实性，但一代代的口传身授却让其中的"道理"深深地扎根于大众之中。

（三）街道的"革命"

　　古城中大量依据民间传说而来的街道名称已无从考证是官方的命名还是民间自然产生。然而，当我沿着时间脉络继续追寻某些老街巷时，我却发现这样一种现象：不仅某些时候街道的外在形态会发生改变，它们的名字也曾被更改，或者再次复名。这些街道名称因何而改？又为何复名？这

[①] ［英］爱德华·泰勒：《原始文化》，连树声译，上海文艺出版社1992年版，第31页。
[②] ［法］列维-斯特劳斯：《结构人类学》（上卷），谢维扬、俞孟宣译，上海译文出版社1995年版，第248页。

其中呈现出一种什么样的历史与历史感？

在人类历史上，为抵抗外来侵略而牺牲的人总是为本族群所铭记与赞誉。近代民族国家产生以来，那些为"捍卫本民族的独立、自由和利益，在抗击外来侵略的斗争中表现无比英勇的人"[①] 有了一个特定的称谓——"民族英雄"。作为革命老区的聊城自然也有很多的民族英雄为人所铭记。记得还是在聊城读书时，我就曾到一个叫范筑先纪念馆的地方接受过爱国主义教育。

范筑先，原名范金标，山东省馆陶县寿山寺（今河北馆陶县南彦寺）村人。1936 年任山东省第六区行政督察专员、保安司令兼聊城县县长，以其清廉公正而深得民众爱戴。1937 年抗日战争爆发后，范筑先通电全国："坚持敌后抗战，誓死不过黄河。" 1938 年 11 月，日军围困聊城，范筑先率孤军英勇抗敌，壮烈殉国。[②] 1940 年 10 月，为纪念抗日民族英雄范筑先，经鲁西区行政主任公署批准，改聊城县为筑先县，聊城县抗日民主政府改为筑先县抗日民主政府。至 1949 年 6 月 7 日，筑先县县名撤销，恢复原聊城县县名。1988 年，为纪念范筑先牺牲 50 周年，聊城市人民政府在光岳楼北邻修建了范筑先纪念馆。纪念馆中间竖立着邓小平题写的"民族英雄范筑先殉国处"石碑。[③] 正是这样一个殉国处的纪念碑，让每一个瞻仰者都被这样一个特定的地点所感染并铭记在心。

而另一位同时牺牲的民族英雄张郁光，1905 年出生于济南。1937 年任聊城范筑先部政训部少将高级参议，1938 年，张郁光任中共鲁西北政治干部学校副校长。11 月，在聊城抗击日军战役中牺牲。1947 年聊城解放后，为纪念张郁光，经筑先县民主政府批准，原古城南部的状元街改名为郁光街。1959 年，郁光街设立基层行政机构，并命名为郁光街办事处，管辖古城区南部。此后，郁光街便成为楼东、楼西大街以南区域的泛称。而原来具有帝国时期意识形态印记的状元街就成了曾经的称呼。而在这样一个极为崇尚民族英雄的年代里，不仅是原来的状元街，更多邻近的街

---

① 《现代汉语词典》，外语教学与研究出版社 2002 年版，第 1348 页。
② 中共聊城地委组织部、中共聊城地委党史办公室主编：《东昌人物》，中共党史出版社 1999 年版，第 121 页。
③ 根据 1964 年聊城政协对聊城老人的调查，范筑先遗体发现于东南城墙下的槐花庙。参见田兵《聊城失守和范筑先将军殉国》，载政协山东省聊城市文史资料研究委员会主编《聊城文史资料》（第五辑）1988 年版，第 146 页。

图 4-5　范筑先与古楼东北角的范筑先纪念馆，2015 年 1 月

巷、胡同都开始以郁光街为名。在田野调查的过程中，老居民们向我提供的这些街巷的名字有：二府街、火神庙街、叶家园子、柳树园、殷家园子、小太平街、南顺城街、东口南街、顾家胡同、老府院街、安宅街、二十里铺、考院街、西白衣堂街、蔡家胡同、西口南街、观前街、观后街等。在那个崇尚英雄的年代里，很多人都以居住在这条以民族英雄名字命名的街巷而倍感自豪。

此后，地方政府命名的这条街道更是影响了大量单位的名字。在很多人的记忆中，这些带有"郁光"名字的单位有郁光小学、郁光居委卫生室、郁光粮店、郁光化工厂、郁光饭店、郁光造纸厂、郁光编织厂、郁光沙子厂、郁光印刷厂、郁光农机修配厂、郁光鞭炮厂、郁光浴池、郁光毛毡厂等。

当我向古城的老居民们询问如何看待把原来的名称改为"筑先县""郁光街"时，一位老居民这么回答："政府下令改名叫郁光街，这不就是荣誉么。这就好比古代皇帝下旨给人立牌坊一样，就是为了让老百姓记着他，向他学习。当然，人家是为了国家牺牲的，这叫烈士，应该有荣誉，年轻人应该记住。我们那个时候，人人都以学习英雄为荣，就是住在那个街上的都觉得光荣。用毛主席的话说，人家是'生的伟大，死的光荣。'哎，现在的这个社会不行了，谁还想着为国家牺牲。"显然，在大众的心里，古城带有"郁光"二字的地点名称与为国家、民族做出贡献、牺牲就具有了内在的联系。可以认为，通过这些民族英雄的名字，国家、民族的观念特别是为国家牺牲的意识自然而然地为越来越多的民众所认

图 4-6 张郁光以及以郁光为名的单位

资料来源:《聊城老街巷》。

可。换言之,以英雄的名字命名街道成为官方对特定观念与行为认可与褒奖的重要方式,街道的英雄命名也成为构建国家观念的有效方式。对居住在郁光街上的居民而言,国家不仅仅是通过文字来想象的。在他们的生活实践中,街道名称所叙述的历史、所体现的荣誉观都使得"想象的共同体"① 得以具体化、生活化,国家、民族的观念开始与每一个人的利益、

---

① [美] 本尼迪克特·安德森:《想象的共同体》,吴叡人译,上海人民出版社 2011 年版。

荣誉密切相关,并深深地渗透到大众心里。

也有更多的街道名称的变化反映了某个特定年代的历史以及人们如何对待曾经的历史。

古城街道的原有名称大多依自然地理、方位、建筑等自然形成,这就使得许多街道的名称不可避免地带有帝国时期的印记。如状元街、关帝庙街、清孝街、冤枉胡同、龙王庙街、元宝心、火神庙街、牌坊口、药王庙街、城隍庙街、相府街等。在1949年以后的很长一段时间里,这种街道名称开始被视为"封建主义"的遗留。特别是在"文化大革命"期间,为清除封建主义残余,"破四旧、立四新",各地都提出了"路名大革命,到处一片红"的口号。正是在这样的形势下,聊城的很多街道、胡同也由此改名。

楼东大街与东关大街改名为东风街,楼南、楼北、楼西大街分别改名为反帝街、反修街、援越街,城隍庙街与前王园街改名为红星街,柳园大街改名为红卫路,花园路改名为工农兵路,东昌大街改名为东方红路,等等。在那样一个"革命"的年代,旧的街道名称显然已经与革命的形势不相符合,只有这样一些名称才能够表达"革命委员会"对"红色"的要求。为了让人们能够立刻记住这样一些名称,每条路都竖立了标有新名称的路牌。在公开的场合里,人们为了表明自己的政治立场,也都不再称呼原来的名字而代之以新的街名。而在私下里,很多人还是很难一时改口。于是,在这一时期,就出现了对于同一条街道的不同称呼。

在改革开放的时代里,那些被改名的街道显然会时时刻刻地让人们回忆起整个国家与民族的这次"浩劫"。虽然我们需要反思这段历史,但是,在改革开放伊始,忘记这段历史就成为一种政治需要。

在社会记忆研究中,已有研究曾关注过社会统治者如何通过媒体、教育、艺术、仪式以及国家假日等操纵民众的历史记忆。这其中也包括对当代中国社会记忆的研究。如赵文词对中国"文化大革命"期间复仇政治的研究[1],以及德里克对马克思主义史学在中国起源的研究[2]都揭示了大众的历史记忆与遗忘如何被左右乃至操作。毋庸置疑,街道名称同样影响

---

[1] Madsen, Richard, "The Politics of Revenge in Rural China during the Cultural Revolution", In *Violence in China: Essays in Culture and Counterculture*, ed. Jonathan N. Lipman and Steven Harrell, Albany, New York: State University of New York Press, 1990.

[2] [美] 阿里夫·德里克:《革命与历史:中国马克思主义历史学的起源》,翁贺凯译,江苏人民出版社2010年版。

着民众的历史记忆,而这种极具特定历史时期特色的街巷名称显然会与遗忘这段历史的期望相背离。

"文化大革命"结束之后,国家很快就意识到全国普遍的街道更名所产生的不利影响。于是,1979年12月25日国务院发布《国务院关于地名命名、更名的暂行规定》,规定认为:"地名是历史形成的,应当以历史唯物主义的观点正确对待,以保持地名的稳定性。……地名的命名,要注意反映社会主义革命和建设的成就,反映当地历史、文化和地理特征。"此后,各省市先后颁布相关法规。1982年6月7日,聊城县人民政府发布《关于重名大队和城镇二十一条街巷命名更名的通知》。对于再次更名,《通知》有这样的说明:

> 自秦置县以来,至今已有两千一百七十多年的历史,……所辖街巷已多达九十六条。经过广泛的社会流传和历史演变,才成为人所共知广泛使用的地名,它在历史上和现实生活中,是沟通人们联系、交往和工作、学习、科研活动的重要工具,多数地名都是流源长久的一定历史阶段的产物,所涉及的内容是相当丰富的。它的产生和发展,与自然科学、社会科学以及政治、经济、军事、历史等各个领域都有密切的联系,常常反映着政治、经济、文化和地理特征以及社会民情、风土景物的面貌。受林彪、"四人帮"一伙推行的极左路线的影响,大搞了所谓的"地名一片红",改乱了一些地名,加之对新形成的一些街巷也未及时命名,造成了极大的混乱和不便。[①]

表4-1　　　　　　1982年聊城城镇街巷地名命名、更名表

原名称	确定标准名称	起止点范围	长度(米)	宽度(米)
青年路	利民路	西从县民政局招待所东至豆营	2100	18
东方红路	聊新路	东从板桥西至王口	3200	40
备战路	国棉路	东从二干渠西至聊临路	4700	30

---

① 聊城县人民政府文件《关于重名大队和城镇二十一条街巷命名更名的通知》,1982年6月7日,聊城市东昌府区档案馆藏,资料号:全宗60,目录号1,案卷编号32。

第四章 地景与公共空间

续表

原名称	确定标准名称	起止点范围	长度（米）	宽度（米）
大庆路	运机路	东从付家大门桥西至省社机械厂	2100	30
红卫路	柳园路	南从闸口北至五中	3900	40
卫育路	康复路	南从仁庄北至崔庄	2400	15
工农兵路	花园路	南从聊城师院北至何官屯	4400	20
东风街	楼东街	从古楼至东门口		

资料来源：聊城县人民政府文件《关于重名大队和城镇二十一条街巷命名更名的通知》，1982年6月7日，聊城市东昌府区档案馆藏，资料号：全宗60，目录号1，案卷编号32。

1985年8月，聊城市人民政府发布《关于城区部分街道命名、更名的通知》，再次对城区所辖部分街道进行了命名、更名与复名。经过这次命名、更名，聊城城区所辖街道基本恢复了曾经的历史名称。

表4-2　　　　　1985年聊城城区街道命名、更名表

原名称	新确定标准名称	起止范围
青年路	利民东路	地区化工厂——地区邮电大楼
	利民西路	聊城剧院——小运河
	铁塔路	小运河——东升桥
聊新路	板桥路	鲁西化肥厂——公路段车队
	东昌东路	西板桥——百货大楼
	东昌西路	东风池——东昌宾馆
拖修路	建设路	结核病院——硫酸厂
红卫路	柳园南路	百货大楼——闸口
	柳园北路	聊城饭店——聊城宾馆
	付花路	聊城宾馆——范官屯
备战路	兴华路	市监理站——市造纸厂
康复路	卫育路	地区医院——新医院
北关路	北关路	北门口——输油公司
向阳路	向阳路	湖滨影院——三里铺
楼东路	楼东路	古楼——东门口

续表

原名称	新确定标准名称	起止范围
菜市街	菜市街	猪市口——市供销联社招待所
益民胡同	益民胡同	地委大楼西——青年渠
楼西街	楼西街	古楼——西门口
楼南街	楼南街	古楼——南门口
楼北街	楼北街	古楼——北门口
东关街	东关街	东门口——闸口
玉皇阁街	玉皇阁街	电机厂南——打靶场
帽南胡同	帽南胡同	化肥厂西——王卷帽
越河街	越河街	闸口——猪市口
聚源巷	聚源巷	新区银行——收容所

资料来源：聊城市人民政府《关于城区部分街道命名、更名的通知》，1985年8月10日，聊城市东昌府区档案馆藏，资料号：全宗60，目录号1，案卷编号40。

对于街道历史名称的恢复，地方文史研究者认可其恢复了城市历史的延续性，而更多的民众则觉得"还是原来的名叫着顺溜、好听"。虽然在官方的文件里，恢复名称的原因是地名为历史产物、更名会带来混乱，因此要遵循"符合习惯、照顾历史、体现规划、易找易记"的原则，但是我认为，这其中的政治逻辑显然与历史记忆密不可分。正是通过对历史名称的再次确认，那段需要遗忘的历史仿佛被剪除了，当下从而得以与此前的历史相衔接。显然，在街道更名的问题上，国家、学者与大众各方都达成了共识：遗忘这段历史。

二　坛庙与寺观

在我向如今的老人们了解这座小城的历史时，他们总是觉得最有"说头"的就是曾经遍布古城的大量寺观与庙宇。在他们看来，这里不仅是那个年代人们寻求精神慰藉之地，同样也是人们生活中娱乐、消遣的重要地方。事实上，这些数量众多的坛庙、寺观也正是帝国时期大众生活最为主要的公共空间，它们也详细记载于历代地方志之中。

（一）坛庙与教化

据清宣统《聊城县志》记载，聊城县共有坛庙有43处，寺观26处。

其中坛庙有：社稷坛、风雨雷电山川坛、先农坛、郡厉坛、文昌宫、关帝庙、城隍庙、火神庙、龙王庙、八蜡庙、刘猛将军庙、马神庙、土地祠、都土地祠、风神庙、旗纛庙、大王庙、龙神庙、将军庙、东岳庙、真武庙、三皇庙、三官庙、玄帝庙、泰山行宫、颛顼庙、太公庙、广源王庙、吕祖堂、羊使君祠、铁公祠、僧忠亲王词、忠臣祠、范公祠、双贤祠、宋公祠、程公祠、忠善祠、郝舒二公祠、杨公祠等。[①] 寺观有：万寿观、昊天阁、钟楼、白衣观音堂、隆兴寺、玉皇皋、洪福寺、当村寺、白马寺、高佛寺、性海禅院、海会禅院、龙溪禅院、地藏庵、移竹庵、普渡庵、张家堂、耿家堂、姚家堂、继善堂、神霄宫、固均殿、潘王庙、白衣阁、万缘堂、静夜禅林。此外，更有大量的坛庙、寺观在地方志中并未记载。据不完全统计，所有坛庙、寺观总数可达七八十处，而这些坛庙、寺观基本集中在面积不足两平方千米的城区，闸口东岸的越河圈更是被称作"百步十座庙"。可以认为，除了街道上林立密布的牌坊，数量众多的坛庙、寺观也形成了帝国时期这座小城的主要景观。而它们也代表了老居民们最为主要的城市记忆。

表 4–3　　　　　　　　　　清代聊城坛庙

坛庙名称	祭祀对象	位置
社稷坛	土地神、五谷神	城北堤内
风雨雷电山川坛	风雨雷电山川之神	城南堤内
先农坛	先农神	城东关外
郡厉坛	无祀鬼神	城北
文庙	孔子及历代儒学圣贤	府文庙在道署东街路北，县文庙在城隍庙街东首路北
文昌宫	文昌帝君	东关通济闸东
关帝庙	关羽	一在东关运河东岸，一在西城谯门之右
城隍庙	城隍神	府治东北隅，
火神庙	火神	旧在蔡胡同西口，重建南大口东
龙王庙	龙王	一在城内万寿观，一在崇武驿北，一在李海务闸西

---

① 清宣统《聊城县志·典礼志》。

续表

坛庙名称	祭祀对象	位置
八蜡庙	先啬、司啬、先农、邮表畷、畷猫虎、坊、水庸、蝗螟之属	府城南
刘猛将军庙	刘锜	未知
马神庙	马神	县治西
土地祠	土地神	一在城隍庙东，一在府治内
都土地祠	土地神	东关大街竹竿巷西
风神庙	风神	府治后龙神庙之东偏
旗纛庙	旗纛	平山卫后
大王庙	谢绪	东关馆驿街前河岸
龙神庙	龙神	城东南龙湾西岸
将军庙	刘宰	运河西岸
东岳庙	泰山神	东关
真武庙	北方之神	东关
三皇庙	伏羲、神农、黄帝	旧米市街
三官庙	尧舜禹	河东岸
玄帝庙	玄帝	北门外
泰山行宫	碧霞元君	东门外闸口东
颛顼庙	颛顼	城西北20里
太公庙	姜太公	龙湾
广源王庙	屈原	府城南
吕祖堂	吕洞宾	西关外
羊使君祠	羊使君	东关运河西
铁公祠	铁铉	龙湾西岸
僧忠亲王词	僧格林沁	光岳楼南
忠臣祠	丁志方	东关大街
范公祠	佛伦或范景文	东门外馆驿巷南
双贤祠	安守忠、安赤绂	城西20里
宋公祠	宋守志	东关
程公祠	程鲲化	府城隍庙东
忠善祠	周善民、李应凤	东关旧米市
郝舒二公祠	郝上庠、舒明安其	西关吕祖堂西偏

续表

坛庙名称	祭祀对象	位置
杨公祠	杨朝桢	东关龙湾东岸
元帝庙	玄天上帝	北门
灶王庙	灶王	一在后菜市街，一在城西南角
风神庙	风神	府治后
财神庙	赵公明	一在城东北部，一在南门上
二郎神庙	二郎神	在城东门上
魁星楼	文曲星	城墙东南角楼
华佗庙	华佗	前菜市街东头路北
药王庙	孙思邈	一在城东南部，一在药王庙街
魏征庙	魏征	猪市街南头
七贤祠	王道、穆孔晖、孟秋、王汝训、逯中立、张后觉和赵维新	万寿观西
七忠祠	丁志方、铁铉、陈迪、胡子昭、高巍、王省、郑华	未知
五忠祠	陈枚、吴珤、陈之櫟、吴文秀、杨兆相	未知

资料来源：清宣统《聊城县志》、清乾隆《东昌府志》、清光绪《聊城县乡土志》。

"国之大事，在祀与戎。"[①] 很好地体现了帝国时期国家对祭礼的重视。坛庙之中，大部分是帝国时期地方官府所建造，也有的是由地方人士捐资修筑，如吕祖堂、三皇庙、羊使君祠等。与寺观不同的是，坛庙总是要设有祭祀神位并有相应的祭祀仪式。对于帝国地方主政者的官员而言，主持各种祭祀亦是其重要职责之一。而他们主持祭祀的坛庙往往仅限于特定部分，这包括文庙、社稷坛、风雨雷电山川坛、文昌祠、先农坛、郡厉坛、城隍庙、名宦乡贤祠、关圣帝庙、八蜡庙、刘猛将军庙、节孝祠等。而与此相关的祭礼既是帝国礼制的重要内容，也是地方志中的重要部分。

众所周知，作为儒家学派的创始人，孔子备受历代统治者的推崇，修庙祭孔也总是历代王朝最为重要的活动之一。至明清时期，帝国统治下的州、府、县已普遍设立文庙。东昌府文庙始建于宋元丰年间，至清乾隆年

[①] 《左传·成公十三年》。

间已形成相当规模。清乾隆《东昌府志》记载："元至元年间兵毁，明洪武三年同知魏忠以元察罕帖木儿祠迁改建大成殿。天顺间知府徐垠增建两庑戟门，名宦、乡贤二祠，泮池，棂星门。万历二十八年知府李士登重修。"① 此外的建筑还有崇圣祠、忠义祠、明伦堂、进德修业斋、敬一亭、教授宅、训导宅、至道斋、据德斋、依仁斋、游艺斋、神库、神堂、馔堂、射圃、观德堂等。一直以来，这里既是国家直接管理的传授儒家经典的学校，更是祭祀孔子的场所。

作为国之大典，对于至圣先师的祭祀是这座城市地方官员最为隆重的活动，相关的祭礼则由皇帝钦定。这些祭礼也详细记载于清宣统《聊城县志》中：

> 岁春秋仲月上丁日行释典礼。雍正元年，诏自叔梁公以上五代，并封王爵；木金父公肇圣王，祈父公裕圣王，防叔公诒圣王，伯夏公昌圣王，叔梁公启圣王。启圣祠易名崇圣祠。祭设制帛各一，牛一、羊一、豕一、铏一、簠二、簋二、笾十、豆十、炉一、镫二。……
>
> 大成殿至圣先师位前设：制帛一，牛一、羊一、豕一、爵一、登一、铏二、簠二、簋二、笾十二、豆十二、炉二、镫二。②

此外，随从孔子受祭祀的还有四配复圣颜子、宗圣曾子、述圣子思子、亚圣孟子以及十二哲、东庑先贤、西庑先贤、先儒，这些随从受祀的对象总数多达167人。而祝文则是依照钦定的通礼，这也详细记载于地方志中。

作为帝国的象征，社稷坛长久以来都是中国历代帝王拜祭土地神与五谷神的重要场所。社是土地神，稷是五谷神。在农耕文明中，"社"与"稷"自然成为农业社会的根基，也是以农为本的中华民族最重要的原始崇拜物。特别是明清以来，不仅在北京建有社稷坛，地方城市中也都有祭祀社稷的场所。作为国家大祭，帝国对土地神与五谷神的祭祀从建筑到仪式都着严格规制。东昌府社稷坛最初位于城西北，后移入城北堤内。整体建筑包括"神厨房三间，库房三间，宰牲房三间……稷坛丈尺与社坛同。

---

① 清乾隆《东昌府志》（卷之十三）。
② 清宣统《聊城县志·典礼志》。

墙垣南北长一十七丈，东西阔一十五丈五尺。神门四座"①。清代社稷坛祭礼在清宣统《聊城县志》中也有详细记载："岁以仲春（秋）上戊日昧爽致祭。用制帛二（色黑）、羊一、豕一、铏一、笾四、豆四、簠簋各二，祭礼准通礼。部颁祝文曰：惟神奠安九土，粒食万方。分五色以表封圻，育三农而蕃稼穑。恭承守土，肃展明禋。时届仲春（秋），敬修祀典。庶丸丸松柏，巩磐石于无疆；芃芃黍苗，佐神仓于不匮。尚飨！"②

社稷坛从来都是帝王、官员演绎国家象征的场所，是平民百姓不得进入的禁地，而也有一些坛庙是帝国官员与百姓大众共同的舞台。每年春天，东关的春场与先农坛的祭祀活动期间，整座城市万人空巷。

在以农为本的帝国时期，鼓励农耕总是帝国官员大力推行的重要思想。这也体现在与此相关的坛庙祭祀中。无论是对于帝国官员，还是老百姓，每年的迎春总是整座城市极为隆重的仪式。这样的仪式从立春前五天就已开始。在"演春"的这几天里，官员们忙于检查相关准备工作：制作句芒神、春牛。接下来是"迎春"：立春前一日，县主率领官员穿着吉服，将句芒神、春牛送至东郊的春场。在更换朝服后行礼，作五辛盘，饮春酒，簪春花。整个过程中，有大量的百姓随同观看官员们的"表演"，名为"观春"。整个仪式最隆重的一天是立春当日：官员们从城中出行，经过东关越河圈街东头的迎春桥，再次来到春场。向句芒神行三献礼后，手持柳枝制作的环状物击打土牛，名为"鞭春"或"打春"。

自顺治十一年（1654），清代将每年仲春亥日定为皇帝行耕藉礼。雍正四年（1726），聊城在东关建造先农坛。此后，每年农历二月的第一个干支亥日里，县主都要穿着朝服，率领僚属、耆老、农夫等，献祭先农之神。并祝文："惟神肇兴稼穑，粒我蒸民。颂斯文之德克配，彼天命率育之功陈常。时夏兹当东作，咸服先畴。洪维九五之尊，岁举三推之典。共膺守土，敢忘劳民？谨奉彝章，聿修祀事。惟愿五风十雨嘉祥，恒沐神庥。庶几九穗双岐上瑞，频歌大有。尚飨！"通过这样一种公开的仪式，官员们将帝国"以农为本"的经济指导思想展演出来。

很长时间以来，西方人类学的仪式研究总是与神话与宗教密不可分。众所周知，在中华帝国悠久的历史中，严格、完备的礼制从来都是帝国制

---

① 清乾隆《东昌府志》卷之十二。
② 清宣统《聊城县志·典礼志》。

度的重要内容。这样的仪式或者是为了宣示帝国的至高统治，或者是维护严格的等级。而在每一处帝国官员在场的仪式中，道德教化总会或隐或现。在这座小城中，这既体现在文庙、名宦乡贤祠、八蜡庙、社稷坛、节孝祠、先农坛等祭礼中，也体现在万寿、元旦、冬至、立春、朔望、耕藉、劳农、乡饮酒礼等通礼中。可以认为，在城市的每一处公共空间里，在城市的每一种仪式中，道德教化总是帝国仪式的核心内容。

在这座小城中，作为城市的守护之神，城隍庙总是一个香火兴盛的地方。东昌府城既是东昌府府治所在，又是聊城县治所。因此，在很长时间内并存两座城隍庙，即府城隍庙和县城隍庙。两者都在城市的东北部一条名为城隍庙街的路边。至清末，县城隍庙已年久失修，被老百姓称为城隍老爷和城隍奶奶的神像只好借居于府城隍庙内的一间小屋。东昌府城隍庙始建于明洪武三年（1370），此后，城隍庙历经多次修缮并在地方志留有多次碑文。据统计，在四百余年内，历代官员重修达9次之多。这在清宣统《聊城县志》中有明确记载："明洪武三年，同知魏忠建，天顺间知府徐垠修。宏治十六年知府李举、嘉靖、隆庆间知府盛周、宋豫卿、万历初知府罗汝芳重修；国朝康熙二十七年，知府杨朝桢重修；乾隆三十七年，知府胡德琳重修；乾隆六十年，知府张官五、署知县沈廷谐重修；道

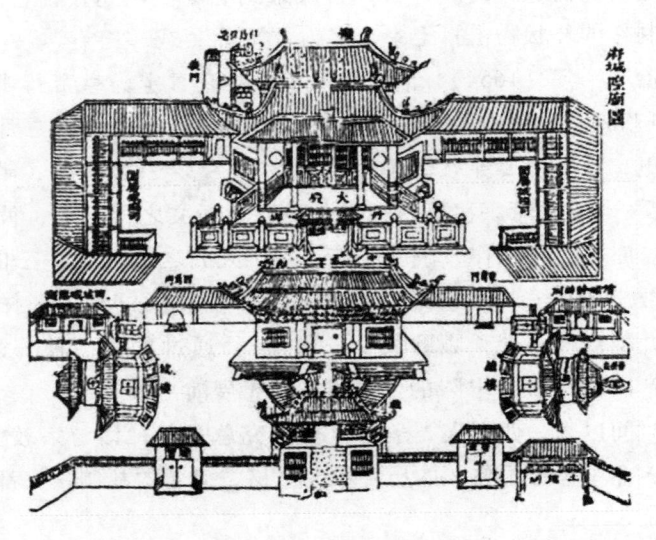

图 4-7 东昌府城隍庙

资料来源：嘉庆《东昌府志》。

光十三年,知府祝庆谷重修,有碑记。"①

民国之后,府城隍庙依旧得到不断维修。吴云涛先生的笔记里就曾记载了一位老人对城隍庙的回忆:城隍庙正门宽约三丈,两边有侧门。大门正上方挂有"东昌府城隍庙"木雕竖匾。门外左右石座树有高木旗杆,每逢初一、十五,旗杆上挂两面杏黄旗,旗上是"威灵公"三个黑色大字。庙内古柏参天,中间为砖石甬道。过厅后连接戏台,戏台朝北,正对的是正大殿。东西各有廊房数十间,廊房内为泥塑的十殿阎君。神像面目狰狞,令人毛骨悚然。

可以认为,城隍庙在建成后的绝大部分时间里都得到帝国官员的维护。此外,城隍庙建筑规模也显示了其自身的重要性。以明弘治十六年知府李举重修后的城隍庙为例,我们能够一瞥当时城隍庙的规模:"殿则更其制而高敞之,寝亦称是,左右神司列。楹白三十余,以间计者四十有四,其像悉绘饰而新之。……内外规模举称其度。"②

城隍庙建筑的规模及历代重修显示了帝国官员对城隍神祭祀的重视。为什么帝国官员对坛庙如此重视?坛庙与帝国治理有着什么样的关联性?"凡治人之道,莫急于礼。礼有五经,莫重于祭。"③ 这样的论断已经道出了坛庙的功能。而道光十三年知府祝庆谷《重修郡城隍庙大殿碑记》中的表述更是为此作了明确回答:"郡故有庙,国典也;修废举坠,神灵妥焉,尊国制也;祀以庙起,礼缘祀行,庙模既焕,祀典正焉,崇古礼也。明则有礼乐,幽则有鬼神。对越以诚,骏奔以肃,所以示劝诫而励人心也。使吾民修其身,胥尽为善之实,则不徒新诸神而新吾心之神,善可好而诚好焉,恶可恶而诚恶焉。然后士雍民穆,风淳俗美,无愧于斯举,可也;无愧于斯心,可也。"④

在这里,我看到:作为维系帝国统治的"礼"依赖于祭祀仪式,而祭祀仪式的举行则离不开坛庙。由此,只有作为仪式空间的庙能够时时得到维护,帝国的规范方可得到维系。由此,百姓则"崇古礼","然后士雍民穆,风淳俗美"。显然,地方官员对城隍庙修筑、祭祀的期望总是与帝国的治理密不可分。换言之,作为城市公共空间的坛庙从根本上与帝国

---

① 清宣统《聊城县志·建置志》。
② 清宣统《聊城县志·艺文志》。
③ 《礼记·祭统》。
④ 清宣统《聊城县志·艺文志》。

统治密不可分。

(二) 坛庙与大众生活

尽管帝国仪式下的坛庙总是在官员的主宰之下，但事实上，在大部分的时间里，城市大众总是这里的常客。

对于帝国官员而言，城隍庙关乎着"民修身、胥为善"，关乎着帝国礼制的尊严，而对于城市大众而言，城隍更多的是他们的保护神。而这样的地位也确保了它常年兴盛的香火。每日里，总会有众多的人来上油献供、烧香磕头。特别是每月的初一、十五，讨签的，许愿、还愿的百姓更是众多。大殿里香烟缭绕，明烛辉煌。磬声、摇签声、呼签号声、祝祷声不绝人耳。帷幔中的城隍爷和城隍奶奶并坐。城隍爷头戴烫金佩珠之冠，身穿绛红绣花龙袍，白面黑须，正襟危坐。右边城隍夫人凤冠霞帔。除了仲春（秋）知府主祭城隍外，城隍爷与夫人每日里也接受着众多百姓的跪拜与祈愿。

而对于穷苦百姓而言，城隍庙里常年不断的施舍也是他们寻求救助的一个重要途径。除了每月的初一与十五，农历十二月二十五是城隍庙最大的一次施舍活动。施舍的物品有米、钱、衣物、棉被、药材甚至是棺木等。此外，这里还是人们主持调解、解决纠纷的地方。在元宵节、五月十一城隍寿诞、六月初八日城隍奶奶生辰以及清明节、中元节、十月初一等特殊日子里，府城隍庙更是大众消遣、娱乐的重要去处。

在七月十五的中元节，城隍出巡更是这座城市万人瞩目的仪式。与帝国官员主持的祭祀不同，城隍出巡则是由庙里的道士以及年年倡导的善人们举办。这使得城隍出巡更多地与地方精英密切相关，而整个出巡仪式更多是民间信仰的展示。城隍出巡的起点是城隍庙。队伍的最前头是三四十人的高跷队，接下来是高举肃静、回避牌的仪仗队，后面跟随着手持旌旗、兵器的兵士。显然，这样的队列模仿的是帝国官员的出行。除了安排好的各种角色，出巡队伍中还夹杂着许多扛枷的人。这些是以前因病灾许愿的人，在城隍出巡时，充作犯人。木枷夹在脖颈上，上贴城隍封条。木枷是出巡前在城隍庙领取的，领取时交少量钱，此后交换庙里。小孩子往往带自己制作的纸质枷锁，由母亲抱着，随队伍而行。吹奏笙管笛箫的是一班道士，跟随着队伍。此外，出巡队伍中更有众多的老年妇女，手持香火，高声念佛。城隍爷的四人大轿在队伍的最后。木质的城隍神像端坐在轿中，前面有八个垂髫的男童，手持香炉，分列两侧，随轿而行。

整个出巡由府城隍庙出行，西行至北口，再南行至光岳楼，然后向东沿楼东大街，出东城门，过吊桥、鲁仲连台、驴市口，再沿东关大街直行，至闸口北行。到北关后，城隍爷大轿在玄帝庙外停下。此后请出城隍爷至玄帝庙正殿。老百姓讲，这是城隍爷走丈人家。在聊城的民间传说中，有这样一个城隍爷走丈人家的传说：

> 据说，有一年，城隍出巡从北关回城，有姑嫂二人在大门外看热闹。小姑看到城隍仪表堂堂，笑着对嫂嫂说："嫂嫂看，城隍爷长得真有福相呀！"嫂嫂打趣道："小姑，你如果看中他，就嫁给他做城隍夫人不是很好嘛。"岂知当天晚上小姑就病倒了，告诉爹娘她梦见了城隍，要娶她做第二夫人。第二天，这个本来好好的姑娘就死去了。

老百姓们说，她后来就成了城隍的第二夫人。此后不知何时，聊城府城隍庙正殿东侧向后，就有了城隍的"寝宫"。里面有一个布置有绣帏、镜台、雕花垂幔的卧榻。榻上是一个泥塑的美人，衣着华丽，相貌姣好。据说这就是城隍爷的第二夫人。由于她躺在床上，老百姓都称之为"卧城隍奶奶"。而这位"卧城隍奶奶"床前平日里也是香火不断。来的都是太太小姐们，许愿的时候都送上一双精美的绣鞋。

事实上，也有人说，城隍爷在玄帝庙休息只是路过拜访而已。城隍爷走丈人家只是因为传说二夫人娘家是北关的，老百姓穿凿附会而已。

对于中国城隍信仰和仪式的认识，美国历史学家姜士彬（Johnson）认为，在边远的小城镇，城隍较少受官方的控制，而对于较大的城市，城隍则代表着官方的意识形态，是统治阶级意识形态的表达。[①] 也有研究者对此持不同意见。如王笛对帝国晚期成都城隍庙的研究发现，虽然政府与官方参见城隍出巡，但整个活动是由城隍会这个自发的机构组织的，这种仪式与其说是统治阶级意识的表达，不如说是大众娱乐的一种形式。[②] 事

[①] Johnson, "City-God Cults in T'ang and Sung China", *Harvard Journal of Asiatic Studies*, 1985, No. 2, pp. 434–443.

[②] 王笛：《街头文化：成都公共空间、下层民众与地方政治（1870—1930）》，李德英等译，中国人民大学出版社2006年版，第80—81页。

实上，上述两种不同的观点并不矛盾。这座小城城隍庙的文化实践让我意识到，城隍庙既代表着帝国的意识形态，同时也是大众信仰、娱乐生活的重要公共空间。尽管基于不同的社会背景，官方与大众对城隍的理解并不完全相同。但这并不影响他们在同一空间中的共生、融合以及相互影响。而从帝国支配的视角来看，这恰恰呈现出帝国意识形态对大众信仰与公共生活的渗透与控制。

　　除了城隍庙，华佗庙与吕祖堂也是这座小城中香火最为兴盛的庙宇。据米市街的陈清文老人讲，老辈人都说这两处庙中香火兴盛是因为这里的签特别灵验，无论是生病还是遇难，远近的人们大都会去这两座庙求助。

　　华佗庙位于古城东关前菜市街东头的路北，庙中供奉的就是东汉末年名医华佗。很长时间以来，这里都是人们求签问药的重要去处。帝国官员的祭祀仪式拥有一套严格的仪式，大众与神的交流并不需要复杂的仪式。来此求签的人跪在神像前，摇晃手中的签筒，直至摇出签，凭借签号取方买药。由于讨签取药的百姓众多，以至于附近的药铺多达七八家。据传，这里的签极为灵验，很多人在此求签取药后都能够药到病除。以至于华佗庙的名声越传越远，甚至百里之外都有人来此求签。生病之人在求签痊愈后，都必会来还愿——或者是为华佗爷请戏，或者是上供。由于每日里的供品不断，更有大量穷苦之人靠吃残供为生。此外，在每年的农历九月九日华佗爷的生日，这里更是香客云集，水泄不通。与华佗庙相邻的则是一处叫作七圣堂的庙，庙中主祀碧霞元君。七圣堂原与华佗庙无关，但后来相邻的两处地方逐渐合成了一处院落。此后，在华佗庙兴盛香火的影响下，七圣堂也日益兴盛起来。而它兴盛的另一个原因则是由于这里供奉着一个"送生娘娘"的神。对于这尊主管婴儿的神位，老百姓们都称为送生奶奶。除此之外，另有"眼光奶奶""疹豆奶奶""催生奶奶"，她们都在碧霞元君的统帅之下。

　　吕祖堂坐落在古城西关，清宣统县志记载，"东昌西门外，吕祖堂不知所始。有元至正四年，半截碑由来久矣。康熙末，太守文乾杨公又增修之"。[①] 庙里供奉的就是民间传说中的"纯阳夫子"吕洞宾。老人们流传"吕祖堂外的扁食随便吃"的说法就说明了这里神签的灵验。吕祖堂里有"月灵""药方"两种神签。有病求签的选药方签筒，求神问事的选月灵

---

① 《吕祖募缘墨迹》，清宣统《聊城县志·艺文志》。

签筒。求签的人烧香磕头之后，跪在蒲团上，庙祝将签筒递给他，摇出签后，庙祝根据签号给出解答。除了每日求签的人不断，每月的初一、十五更是有大量百姓来此求签、还愿。富裕的人家来此还愿都会抬着隆重的十大碗供品，而大多数百姓则是提着一碗扁食，供奉给吕祖。还完愿后，把扁食留给庙祝，带着空碗回家。由于还愿的百姓众多，每月初一、十五的扁食能够盛满几个硕大的竹筐。道童们就把盛满扁食的竹筐抬到庙门外，任由过路的人们取食。只是有一个要求，只准吃，不能带走。这叫"享神福"。能够"享神福"的除了吃不饱的百姓，最多的就是来附近西关井拉水的人了。

帝国的覆灭也直接关系到坛庙的命运。帝国之后，古城坛庙在战乱之下逐渐湮没。一方面为生存奔波的民众无暇也无力施舍，另一方面部分坛庙在失去修理维护的状况下逐渐破落坍塌。特别是20世纪20年代末，随着北伐军占领聊城，在国民党县党部的倡导下，拆庙拉神运动开始，聊城县成立"清理庙产委员会"，大量庙产被拆除、查封、拍卖。吴云涛先生就曾记载了当时一个拆庙大王被杀的事件。拆庙大王原名将庆福，家住东关清孝街，由于善于钻营，把持了大部分庙产的拆除拍卖，从而获得了一个拆庙大王的称号。[①] 在1946年解放聊城的战役中，城楼、城墙之上的大量庙宇毁于战火。包括西城墙玄武庙、东南角楼上的魁星楼、西城门上的关帝庙、西关吕祖庙、铁塔北的性海禅院以及闸口北的江西会馆等。1947年聊城解放后，在破除封建迷信的号召下，县文庙、城隍庙、华佗庙、玉皇皋、火神庙、文昌宫、东岳庙、万寿观、白衣观堂等庙观陆续被拆除。至此，帝国时期城市中蔚为壮观的坛庙、寺观景观彻底消失。

至此，可以认为，在中华帝国的城市中，坛庙、寺观一直是城市最重要的公共空间。对于维系帝国统治的"礼"，它们具有无可替代的作用。地方官员的坛庙修筑、祭祀总是与帝国的治理密不可分，作为城市公共空间的坛庙从根本上与帝国统治密不可分。这也解释了为什么帝国官员经常在此扮演着主导者的角色，甚至某些仪式空间中只有帝国官员的身影。在每一处帝国官员在场的仪式中，道德教化总会或隐或现。正是在帝国各种祭祀的仪式空间中，国家意识形态得以展演，帝国权力得以直接呈现。

帝国的官员并不总是其中的主角，坛庙也不仅仅是帝国权力的舞台。

---

① 吴云涛：《拆庙大王被杀案》，1991年个人手抄本《东昌野史》。

无论是城隍出巡,还是大众日常的烧香许愿,都体现了坛庙更多地与底层大众的信仰与生活密不可分,乃至关系到他们的平安、健康与生存。帝国城市大量的坛庙并非时时在官员的直接支配之下,而更多依赖于信仰者的施舍与供奉及流传下来的风俗。在大部分的时间里,这些地方同时又是民众祈福、娱乐的公共场所。这在城隍庙、关帝庙、火神庙、龙王庙、八蜡庙、药王庙、吕祖堂等场所有着直接的体现。

长期以来,民间宗教经常被认为是处于正统文化的对立面,事实上,尽管大众文化在其产生过程中经常与国家文化存在清晰的距离,但"国家政策有足够的伸缩性,允许各阶层人民去构筑他们自己的神,同时也有足够的稳定性以提供'一种国家的文化'。大众文化虽然是民众创造和享有的文化,但国家从未放弃对其施加影响。如果大众在文化上一旦显示出一种影响力,国家就会及时介入"。[①] 而这样的观点也在诸多个案研究中得以证实。[②] 在某种意义上讲,坛庙既是帝国的政治空间,同时也作为一种自主的社会空间而存在。正如王斯福所指出的,"国家宗教是中心化、等级化和排斥性的,它同时还对民间宗教起着意识形态控制的作用。城隍庙是这两类宗教发生接触的主要地点"[③]。换言之,在帝国坛庙中,我又看到了国家意识形态与大众信仰在同一空间中的共存与融合,帝国政治空间与社会空间的重合。由此可以认为,在帝国的城市公共空间中,国家与社会更多的是一种融合与共生,并不存在国家与社会的二分与对立。进一步讲,城市公共空间中帝国权力的柔性渗透,帝国意识形态与大众信仰的融合,对于中华帝国政治文化的维系具有重要意义。

在城市公共空间中,帝国时期的坛庙总是扮演着重要角色。它既是帝国官员教化百姓的场所,也呈现出大众的日常行为与信仰。坛庙既是帝国官员教化百姓的场所,也是大众生活实践与信仰的重要空间。从另一个角

[①] 王笛:《新文化史、微观史和大众文化史:西方有关成果及其对中国史研究的影响》,《近代史研究》2009 年第 1 期。

[②] 华生关于天后、姜士彬关于山西赛会、杜赞奇关于关帝崇拜的研究都反映了这样的事实。见 James L. Watson, "Standardizing the Gods: The Promotion of T'ien Hou ('Empress of Heaven') A long the South China Coast, 960 – 1960", in David Johnson, A. J. Nathan, and E. S. Rawski (eds.), *Popular Culture in Late Imperial China*, pp. 292 – 324; David Johnson, "Temple Festivals in Southeastern Shansi: The Sai of Nan she Village and Big West Gate",《民俗曲艺》1994 年第 91 期;[美] 杜赞奇:《文化、权力与国家》,王福明译,江苏人民出版社 2008 年版,第 127—141 页。

[③] [英] 王斯福:《帝国的隐喻》,赵旭东译,江苏人民出版社 2008 年版,第 366 页。

度看，帝国意识形态与大众信仰的融合，政治空间与社会空间的重合，显示出的则是帝国教化治国的策略与成效。

三 广场与公园

（一）新华广场

帝国之后的革命浪潮中，作为封建迷信的象征，坛庙成为革命的直接目标。1949年后，随着坛庙的消失，广场第一次出现在了这座小城中。它的出现则与新的国家政权建设特别是政治动员密不可分。

自西方近代革命以来，各国在推翻旧的封建王权之后，重修旧的政治空间或者建造新的政治空间成为新政权较为普遍的措施。这种空间政治的再造既有其现实的功能，也是新时代的象征。事实上，在苏联的影响下，1949年以后的中国共产党也致力于建设新的政治空间。这其中一项重要的工程就是广场建设。对于法国大革命后对露天广场的需求，法国史学家法莫娜·奥祖夫认为：" 只有开放的空间才能成为联盟活动即民族团结的戏剧所需要的舞台。……只有这种空间才能让所有的人都能感受那独一无二的汇聚时刻。"[①] 正是在这样的政治需求下，中华人民共和国成立初期天安门广场扩建工程在中央领导人的决策下得以实施。对于天安门广场的功能，曾任北京市委书记的郑天翔有这样的认识："天安门广场应当设成一个以马克思主义为指导的社会主义精神文明建设的基地，成为一个对人民特别是青少年进行爱国主义、集体主义和社会主义教育的基地，成为培养有共产主义远大理想的，有道德有文化有纪律的新人的大学校。"[②] 正如有研究者认为："1949年后天安门广场的修建，代表中国共产党改造传统的神圣空间来确立起合法地位，并同时宣示中国的主权。"[③]

作为国家政治中心的北京需要这样的政治空间，新政权下的这座城市同样也有着对广场的需求。

在1949年以前，古城内并没有能够容纳大规模民众的公共空间。在一些老人记忆中，古城西南部的万寿观是抗战期间多次举行民众大会的地

---

① ［法］法莫娜·奥祖夫：《革命节日》，刘北成译，商务印书馆2012年版，第209—213页。

② 郑天翔：《行程纪略》，北京出版社1994年版，第760页。

③ 洪长泰：《空间与政治：扩建天安门广场》，《冷战国际史研究》2007年第10期。

方。万寿观南侧是戏台，戏台之前有一片较为宽敞的空地。在范筑先任聊城县长期间，这片空地就是多次举行抗日爱国集会的重要场所。1938年3月8日，万寿观举行庆祝妇女节大会，在大会上，"聊城妇女抗敌后援会"向范筑先将军敬献了"民族救星"锦旗。1938年3月黄庄大捷、7月濮县大捷之后的庆祝大会也是在此举行。1938年7月26日，为欢迎美国人卡尔逊，范筑先在万寿观主持"欢迎中国人民之友卡尔逊大会"。此后，"鲁西北阵亡将士追悼大会""纪念抗战一周年大会"也在此举行。此外，这里也是演出的主要舞台：鲁西北政治干部学校、军事教育团经常在此举行联欢晚会的场所，鲁西北抗战移动剧团也多次在此举行演出。

图4-8 20世纪50年代的新华舞台

资料来源：《东昌老街巷》。

中华人民共和国成立初期，万寿观拆除，聊城的各种演出转移到楼东大街东段路南一处叫作新华舞台的地方。新华舞台建于1949年，位于楼东大街以南、二府街东首北侧。舞台坐东朝西，建成初期能够容纳观众千余人。1955年舞台增建二层圈楼，1967年翻建后更名为新华剧院。在20世纪五六十年代，新华舞台成为聊城各种演出的主要场所。古城的很多老居民还记得，20世纪50年代古城流行"评书热"，新华舞台与广场附近几乎每天都有说评书的，经常是几个艺人各自占据一块地盘，听书的人都能各自找到自己的所好。此外，"聊城专区京剧团""新华京剧团""聊城县评剧团""聊城县河北梆子剧团"以及地区所属各县剧团经常在此演出古装传统戏剧。

然而，传统戏剧占据演出舞台主角的情形显然与新的时代难以相容。正如有学者所言："任何一个民族国家的建立，都必须重新讲述或结构自己的'神话'，这一神话既包含了一种起源性的故事（这一叙事提供了国家政权的合法性依据）；同时，这一神话还必须成为一个民族寓言，或者一种深刻的国家精神乃至民族真理的象征。"① 1964年6月5日，全国京剧现代性观摩演出大会开幕式在人民大会堂举行。此后，依据上级指示，聊城各剧团摒弃旧戏，全部改为现代戏。聊城县京剧团先后在此演出现代京剧包括《红灯记》《沙家浜》《智取威虎山》《奇袭白虎团》《红嫂》《王杰》《平原作战》《盘石湾》《苗岭风雷》等。新华舞台上的演出开始真正与这个舞台的名字相契合，成为宣传党与国家意识形态的舞台。

新华舞台前原为一片荒废的旧园。1950年，这片旧园被新建为占地8000平方米的"新华体育场"。体育场内设有200米跑道、两个排球场、3个篮球架以及部分体操器械。1957年，体育场新建灯光球场，面积进一步扩大。体育场与新华舞台前的空地成为聊城县面积最大的一片广场。居民们习惯上统称为"新华广场"。2014年当我初次来到这里时，古城拆迁改造中的广场已是一片荒芜。只是空地西南角残留的铺装地面还能够依稀辨别出是曾经的体育场。广场北侧是一片20世纪90年代初建设的二层仿古建筑。由于古城改造尚未完成，城内居民极少，商铺生意冷落。偶尔开门的几家店主也大都是租住在此，并非古城老居民。广场东侧留有两栋相邻的建筑，一处是曾经的新华剧院，建于1967年，红色砖瓦结构；另一处面积较小，屋顶为青瓦，青砖框架，中间粉刷的墙面已残破，露出土砖。建筑的西北角悬挂着标有聊城市历史建筑的黑色牌，牌上面写着："建于1910年，砖木结构，原为山东省立第三师范附属小学礼堂。"而在50年代至80年代，这片空地所在位置既是聊城主要的体育运动、大型文艺演出的场所，也是各种政治运动中召开群众集会的地方。

1952年，在毛泽东"发展体育运动，增强人民体质"的题词后，全国各级体育机构相继设立，体育运动会也成为国家政权建设的重要组成部

---

① 蔡翔：《革命/叙事》，北京大学出版社2010年版，第208页。

图 4-9 古城改造中保留的新华园，2016 年 5 月

图 4-10 改造中新华剧院，2016 年 5 月

分。1957年，新华体育场举行聊城县首次武术大赛，聊城县36名民间武师登台表演。如今古城70余岁的老居民郑秀明依旧记得："上有60岁老人邓清源，下至30多岁的青年周广兴，他们各亮绝技，各显神通。那是一次聊城传统武术技艺的集中展示，也是一次群英大聚会。"1958年11月5日，为迎接全国运动会，新华体育场举行全区运动会。运动会竞赛项目有篮球、排球、乒乓球、田径、体操、举重、自行车、杂技、马术、射击和技巧运动11个。参加大会的有两个市、24个县和专直机关27个单位，运动员两千余人。体育比赛总是有着特定的政治功能。每一次体育赛事都动员、汇集起这座城市不同群体的广泛关注与参与，而这显然是前所未有的。

新华广场另一个更为重要的功能是为群众集会提供重要场所。在1959年的"五一""五四"及"十一"三个重要节日里，新华广场见证了这样三次群众大集会。1958年11月1日创刊的《聊城大众》记载了这些场景。这些场景的再现让我再次理解了广场对于动员、支配民众的必要性以及广场空间的政治性。

（一）五一来临万众欢腾，庆功献礼检阅队伍：聊城市各界万人集会纪念伟大节日[1]

聊城市工人、农民、部队、学生等各界庆祝五一国际劳动节万人大会于今日上午在新华广场隆重举行。大会由市工会主席杨秋苓主持，并由中共聊城地委第一书记李吉平同志作为国内外形势报告；省先进生产者、专区建筑公司木工王金波、市农业劳动模范宋洪礼等都将在大会上讲话。会上，还将有许多工厂、企业单位以自己的优越成绩向大会献礼。东关小学的小学生还向大会演出舞蹈等文娱节目。

（二）聊城市六千青年集会，欢庆"五四"青年节[2]

聊城市纪念五四运动四十周年庆祝大会，于今日上午在新华广场隆重举行，参见庆祝会的有地直和市直各机关、工厂、学校、街道等各个单位男女青年6000余人。中共聊城地委宣传部部长魏力国和共青团地委书记吴振齐等同志到会作报告。会上，还由团地委负责同志

---

[1] 《聊城大众》1959年5月1日第一版。聊城市档案馆藏。
[2] 《聊城大众》1959年5月4日第二版。聊城市档案馆藏。

受团省委委托，向各战线成绩卓越的红专积极分子颁发"五四"四十周年纪念奖章。团地委直属团委和团聊城市委对六十名青年积极分子颁发奖状。青年们为了更好地渡过自己的节日，晚上将举办晚会和篮球锦标赛等节目。

（三）伟大的节日，万民欢腾的节日：聊城将举行五万人盛大集会①

今天是伟大的中华人民共和国建国十周年纪念日。聊城市各界人民将在新华广场举行五万余人的盛大集会，热烈庆祝这个光辉灿烂的节日。大会将由中共聊城市委第一书记赵国壁同志主持，中共聊城地委第一书记李吉平同志作重要讲话。会后举行游行。晚间还将举行规模巨大的文娱晚会。……部队、工人、农民、干部、文艺、体育等十六个游行大队已经组成。各大队都准备了各式各样的标志十年来伟大成就和今后奋斗目标的实物、图表、模型。1000余人的文艺大军排演、选拔好了二百多个精彩文艺节目。其中包括150人的戏曲队，300人的合唱队，200人的秧歌队，180人的高跷、花船、狮子、龙灯队，30人的唢呐队。广大人民群众都在以万分兴奋的心情等候着伟大节日的来临，检阅自己的队伍，歌唱祖国的胜利。

（四）万众沸腾，欢度佳节，高举红旗，阔步前进：我区各地隆重庆祝建国十周年②

地、市各直属机关、工厂、学习、人民团体、部队和市民五万余人，天刚亮就整容盛装，载歌载舞，昂首阔步，高举巨型图表、模型和实物标本，从四面八方涌向新华广场。中共聊城地委第一书记李吉平同志在会上作了重要报告。报告在阐述了目前国内外政治形势后，详尽地讲述了我区十年来各项建设事业获得的辉煌成就和经验。报告最后号召我区人民深入贯彻党的八届八中全会精神，反右倾，鼓干劲，争上游，抢时间，加措施，完成与超额完成今年两万吨铁、七十三亿斤粮食、三百四十万担棉花、九千一百零八万斤花生的生产任务；搞好秋收，种足种好一千四百万亩小麦，争取明年小麦更大丰收。李书记的报告，不断被暴风雨般的掌声打断。会后举行了盛大游

---

① 《聊城日报》1959年10月1日第一版。聊城市档案馆藏。
② 《聊城日报》1959年10月3日第四版。聊城市档案馆藏。

行。游行队伍在大街小巷形成巨大的洪流，口号声和锣鼓声响彻云霄。直到下午一点钟游行才结束。晚上两万人在新华广场等处举行了联欢晚会。

"文化大革命"期间，新华广场更是难得空闲。数万人的群众集会使得广场人山人海，大喇叭震耳欲聋。1967年3月12日，聊城地区各县的"造反派"在新华广场联合，召开由群众、干部、解放军"三结合"的夺权大会，夺取了地委、专署的一切权力，宣告成立聊城地区"革命委员会"。[1] 在这里，我再次看到，对于政治运动而言，广场既是其酝酿、发动的摇篮，也是其进一步扩展的重要途径。广场把这种激情传达给每一个个体，进一步实现领导者对群体的支配。

我曾多次想象，淹没于广场集会的巨大洪流之中，每一个渺小的个体是怎样的一种感受？在聊城的田野期间，我有幸看到了这样一本私人日记，日记记载了一次公判大会及作者的感受：

一九六九年十二月二十九日　星期六

今天上午，我们全体同学一起到新华广场参加了由聊城地区军管会召开的公判大会。广场上人山人海，数万人挤在一起，大喇叭口号一喊，震耳欲聋。会上对一些刑事犯罪分子进行了公开宣判。反革命杀人犯×××等3人被判处了死刑，立即执行，得到了他们应有的惩罚。其他的分别被判处有期徒刑。通过这次公开宣判，大长了无产阶级革命派的志气，大灭了资产阶级反动派的威风，真是大快人心。

而这样的公判大会每年都要有数次，各机关、工厂、学校以及农村都要派人参加。更有无数看热闹的人挤满了广场，甚至连周围的房屋上都站满了人。大会宣判时，有指挥群众喊口号的，声音震耳欲聋。

在广场这样一个巨大的空间之中，宏大的场面对视觉的冲击，震耳欲聋的声音对听觉的冲击，都使得整个群体激情澎湃。一方面，每一个渺小的个体汇聚成了巨大的洪流，而另一方面，个体又淹没在洪流之中，随波

---

[1]　张振声：《聊城地区政权志》，山东大学出版社1993年版，第436页。

逐流。正是在这样的一个空间之中，作为"人类自然属性的一部分"[①]，暴力得以酝酿与激发。换言之，广场总是政治暴力酝酿、扩散的温床。在巨大的广场中，中心舞台上的批斗或审判显示出暴力的巨大威力，它让恐惧弥散在每一个个体心中。与此同时，群聚的个体又如同欣赏着一场戏剧，不自觉地进入一种"集体无意识"状态，共同创造出他们的"集体欢腾"[②]。正如涂尔干对法国大革命期间集体行动所描述的，"在这种普遍亢奋的影响下，我们看到最平庸、最老实的市民也变成了英雄或者屠夫"。[③] 而在这样的集体欢腾中，中心舞台上角色无疑总是在影响甚至主宰着这个群体。

　　对于每一个经历这个时代的城市大众而言，广场记忆总是他们城市历史的一部分，它也直接影响了中国1949年以后的政治与社会生活。在我田野访谈的过程中，与每一个聊城老居民提起新华广场时，引起他们记忆的大多是"开大会"。换言之，这样一个场所早已成为人们记忆中的政治符号，它与国家支配无法分离。既然如此，那新华广场是否在那一特定时间成为底层大众日常生活的禁地？在我进一步的田野中，我却发现，事实并非如此。事实上，在它出现不久，原来位于楼西的一个小集市就搬了过来，并成为古城内唯一的集贸市场。在集贸市场的带动下，广场北面的新华商场也成为市民购物的主要去处。在这个老百姓称为"新市场"的地方，百货商店、新华饭店、土杂门市部、蔬菜公司门市部、副食部等购物商店总是人来人往。每逢农历初二、初七（"文化大革命"期间改为初一、初六）的集市，从新华广场到南侧的二府街，每一处空地都摆满了各式摊位，拥挤不堪。每当我与访谈对象进一步提起这个集市时，他们总是表现出更大的兴趣，向我绘声绘色地讲起集市的热闹场景。显然，即使是在那样的时期里，作为群众集会的新华广场也并非仅仅是政治的空间、权力的空间。大众的日常需求与生活总是能够不断拓展自己的生存空间，向我们展现出一个另外不同的新华广场，一个与政治无关的空间。

　　城市坛庙伴随着帝国的终结而逐渐烟消云散，它同样也象征着人们对帝国意识形态的抛弃。新的国家政权建设需要全新的城市公共空间，城市

---

① Leach, E. R. Custom, *Law and Terrorist Violence*, Edinburgh: Edinburgh University Press, 1977, pp. 19–20.
② ［法］爱弥儿·涂尔干：《宗教生活的基本形式》，商务印书馆2011年版，第296页。
③ 同上书，第292页。

第四章　地景与公共空间　　195

图 4-11　20 世纪 80 年代新华广场集市

资料来源:《聊城风光》。

图 4-12　拆迁后施工的广场,2016 年 5 月

广场由此出现。只是，1949年以后中国城市广场的出现一开始就是服务于政治动员的直接手段。无论是作为群众集会的场所，还是作为体育竞赛的场地，广场的政治功能与大众的日常生活貌和形离。值得注意的是，尽管如此，广场在某些时间中还是能够被开辟为日常生活的空间。新华广场的集贸市场就很好地展现了这一点。

在欧洲中世纪的城市广场中，广场是全民性的象征，巴赫金认为它"集中了一切非官方的东西，在充满官方秩序和官方意识形态的世界中仿佛享有'治外法权'的权力，它总是为'老百姓'所有的"。[①] 而在1949年后的中国城市广场中，我发现，广场的出现与国家支配密不可分。这其中，政治动员的需要是从首都到地方城市广场出现的直接动机。在新的媒体技术尚不发达、政治动员更多地依赖于直接传达的情况下，大规模群众集会就成为政治动员的主要手段。由此决定了城市广场作为政治空间的重要性，也奠定了其在国家意识形态传达中的重要地位。

在对法国大革命庆典活动的研究中，奥祖夫曾指出了空间改造在革命中的象征意义，"从革命一开始，各处的人们就任意地把自由的恢复与空间的收复联系起来"。[②] 在这里，我同样能够感受到，在帝国坛庙地景消失的同时，以广场为代表的城市公共空间的重塑也象征着新的城市形象乃至新的国家。与帝国坛庙不同的是，广场的修建、集会乃至符号象征显然更多在国家的直接掌控之中，也直接服务于国家支配。正是在广场这样的场所，政治动员的作用得到了极致的发挥。

无论是作为帝国官员展演国家权力的空间，还是作为底层大众信仰的场所，坛庙的地景制作总是与帝国的教化治国密不可分。坛庙中帝国意识形态与大众信仰及日常生活的融合则很好地显示了帝国教化的成功，而这也从一个侧面诠释了中国传统政治文化的稳定与长久。与此形成对比的是，在广场的地景制作中，政治动员显然更多地依赖于激情，依赖于对个体的人身支配。国家意识形态更多地以口号、标语等外在形式存在，游离于大众日常生活之外。换言之，帝国公共空间往往是底层大众生活不可或缺的场所，而广场政治显然更多是外加于个体生活的内容。这也决定了其

[①] ［苏］巴赫金：《拉伯雷研究》，李兆林、夏忠宪译，河北教育出版社1998年版，第39—40页。

[②] ［法］莫娜·奥祖夫：《革命节日》，刘北成译，商务印书馆2012年版，第182页。

此后的命运。随着国家政治的转型,以及国家意识形态传播中的新媒体作用的上升,报纸、广播、电视乃至当下网络越来越主宰着信息的传达,以政治动员为主的广场在1978年之后也日益成为人们的记忆。

在对1949年后至改革开放时期中国的国家与社会关系的研究中,邹谠曾提出了影响深远的"全能主义"的概念来概括这一时期的政治:1949年后,随着高度集中的中央计划体制与管理体制的建立,党通过一元化领导牢牢控制了整个国家,最终形成国家权力对社会的全面渗透。伴随着国家权力的无限扩张,社会权力极度萎缩,政治权力可以无限制地侵入社会的任何领域,整个社会从个人到组织都成为国家权力的附属。[1] 回顾改革开放之前城市中广场的地景制作,尽管其中的人身支配可以在特定时间、空间里激发个体的激情,但国家的意识形态更多地体现在口号与标语中,而尚未被大众普遍接受与认可。可以认为,尽管全能主义政治能够在外在形态上实现全面的支配,然而,这样的支配显然更多依赖于身体支配与外在控制。

(二)"生命在于运动"

很长时间以来,帝国时期的名门望族都有耗费巨资营造私家园林的爱好与传统。明清时期,这里的望族们也在这座小城中建造起众多的私家园林。这包括城东北部任克溥的依绿园、许成名的城东小园、东门内朱鼎廷的城隅小园、许圣朝的汶园、城东任克溥的北园、城东南邓秉恒的止园以及城东运河西岸邓基哲的东园。这样的私家园林,不仅是为了可居、可游,还在于借园林来表现自己,是人内在生命的象征符号。[2] 显然,对园林的爱好与士大夫们的人格追求密不可分:正是通过集花草树木、山石水榭于一体的园林,士大夫们制作出属于自己的诗情画意的风景,以此彰显出个人清雅脱俗的精神追求。

在众多的园林之中,任克溥的绮园尤为别致。明清时期聊城的繁盛造就了众多的名门望族。"东昌五大家,任邓朱傅耿。"这样的说法在聊城已经流传了数百年。五大家之首当属任家,而任家最为出名的则是任克

---

[1] 邹谠:《二十世纪中国政治:从宏观主义与微观主义角度看》,(香港)牛津大学出版社1994年版,第3页。
[2] 侯佳彤:《明清私家园林的人文情怀》,《文艺评论》2009年第3期。

溥。清宣统《聊城县志》记载："任克溥，字海眉。顺治六年进士。授南阳推官……孝友性成，读书忘卷，急难好施。"① 绰号"任蝎子""任青天"的任克溥在留下大量传奇故事的同时，也曾在归隐的晚年为这座小城留下一处名为"绮园"的私家园林。绮园位于古城东北部，南邻如今的红星路。清宣统《聊城县志》记载，康熙南巡时就曾临幸于此。并为园林中的一处建筑题名"松桂堂"，并留下了"绿水本无忧，因风皱面；青山原不老，为雪白头"的一副楹联。

图 4-13 20 世纪 80 年代古城内的人民公园
资料来源：《东昌老街巷》。

---

① 清宣统《聊城县志·人物志》。

第四章　地景与公共空间

图 4-14　聊城公园，1997 年
资料来源：《聊城大观》。

雍正十三年（1735），为管理运河河工、守汛防险，东昌府设置参将，任宅故址处被建为参将衙门。民国初年，这里又被新创办的"卫仓小学"取代。1949 年后，这里依旧残留着"绮园"的部分残景。1951年，在"绮园"残景的基础上，新的地方政府在这里建造起了聊城第一座属于全体市民的公园。此后，公园内陆续种植各类花木，建造数座竹亭，饲养了猴子、黑熊、兔子等动物。在新的国家政权看来，这也意味着曾经专属统治阶级的园林开始服务于劳动大众。为了彰显公园的属性，1958 年，时任山东省委书记舒同来聊视察时，为公园题名"人民公园"。此后，这里也就成了市民们游玩、休闲、锻炼的主要去处。从此，除了游玩、赏景的人，锻炼身体逐渐开始成为公园里的一项重要活动。这其中，太极拳及各路传统武术则是市民们喜爱的锻炼方式。

民国以后，随着城市市政建设的兴起，创办公园成为新兴的市政当局的主要政绩之一。与此同时，它也担负起民众教育的重要职责，成为改进市民风尚、强健国民的重要空间。[①] 随着 20 世纪 60 年代城市新区的建设，城市新区兴建新的公园也被列为重要建设项目。60 年代初，新区公

---

① 李德英：《城市公共空间与社会生活：以近代城市公园为例》，《城市史研究》2000 年第 Z2 期。

园在完成初步规划后,在"文化大革命"的影响下并未建成。1976年,新区公园建设再次列入聊城县政府的工作计划。很快,占地约100亩,耗资30余万元的新区公园正式建成。新的公园被命名为聊城公园,在聊城文化名人李士钊的积极联络下,公园得到了沈雁冰的题词。

对于普通市民而言,公园显然是他们偶尔的休息时间里休闲、锻炼的主要去处。然而,在新的国家政权看来,这里显然并不仅仅是一个游玩的地方,更为重要的是,公园的使命与无产阶级教育密不可分。在1976年公园的规划说明书,这样的要求与原则有明确的说明:

> 规划原则:公园建设规划必须贯彻党的基本路线和各项有关方针政策,在总路线光辉指引下,具体执行党对城市园林建设的方针政策,充分体现社会主义的时代精神,把公园建成无产阶级的教育阵地。
>
> 1. 贯彻执行城市园林为无产阶级政治服务,为社会主义生产服务,为劳动人民生活服务的方针。城市园林属于上层建筑,社会主义园林是无产阶级的重要阵地之一,是普及科学知识、生产知识的地方,是劳动人民休息游览的场所。因而必须用毛泽东思想占领园林阵地,使广大劳动人民通过游览休息从中受到无产阶级教育,提高生产知识、为加速社会主义革命和建设,为巩固无产阶级专政服务。
>
> 2. 贯彻"园林结合生产"的方针,结合生产是社会主义园林区别于资本主义园林的一条重要标志。……
>
> 3. 贯彻勤俭建国和依靠群众的方针。……
>
> 4. 贯彻远近期相结合的原则。……
>
> 5. 贯彻"备战、备荒、为人民"的方针。……

公园的空间设计与场地安排同样体现了这样的原则:

> 公园内进行无产阶级的宣传教育是首要的任务,必须安排可能的一切方式,根据条件规划修改中,安排有展览馆、阅览室、儿童阅览室各一处,宣传栏五处以上,包括政治新闻栏,文艺、卫生、科技和工农业生产知识以及阅报栏等,结合花卉观赏和生产,普及药用植物知识,为医务工作者和赤脚医生提供结合实践的场地等。为了组织一般的游园和大型游园活动设中心广场,体育场以及用绿化组成的空间

和林间小场地等。设固定舞台及供临时搭设舞台的地段，便于游园时进行各种文艺活动及演出。阅览室的设计应有较大的房间，便于组织百人以上的报告会，配合政治形势，随时组织各种报告会和宣传工作。①

事实上，在此后的几十年里，这里也成为市民最为重要的休闲场所。每日的清晨，公园首先迎来的是那些坚持锻炼的老人。在周末的日子里，这里更多地成为孩子们的乐园。吴云涛先生就曾作文描写了自己晚年每日公园的消遣生活：

      公园的早晨
  每天我要起得早，起来爱上公园跑。凌晨空气清又鲜，环境幽静景物好。这里有翠柏紫藤，奇花异草，有山有水，有亭有桥。鸟儿婉转歌唱，鹿儿呦呦鸣叫，老头儿说说笑笑，孩子们蹦蹦跳跳，到处是人声欢腾，男男女女，老老少少。看：那边有垂髫少女作剑舞，这边是白发健叟学摔脚。有个先生坐到石头上读史记，有个小伙正在草地里耍单刀。我站在一边东看西瞧，不由得嘻嘻笑，仰天啸。坐下几个老同伴来闲聊，这个谈他的旅游见闻，那个讲他养鱼秘诀；这个说写字喜学王羲之，那个讲喝酒还是菜豆烧。你拉一段虎牢关三英战吕布，他讲一段宋江怒杀闫惜娇。我来一段萧何月下追韩信，你再拉拉观世音降服红孩妖。咱光谈风花雪月，咱不谈托运三包。七点钟到，明天见。个把小时的娱乐，乐陶陶。②

在新的国家政权看来，公园是实施无产阶级教育的重要空间，对于市民而言，这里更多的是他们休闲娱乐的主要去处。20世纪80年代之后，虽然传统武术、戏曲依旧为公园里人们所钟爱的活动，一些新的活动形式也为人们所接受。这其中，最为流行的就算是交谊舞了。与传统戏剧、集体大合唱等相比，这种集流行港台歌曲与优美舞姿于一体的锻

---

① 聊城县基建局园林管理所《聊城县公园规划说明书》，1976年5月15日，聊城市东昌府区档案馆藏，资料号：全宗60，目录号1，案卷16。
② 吴云涛：《公园的早晨》，私人手抄本杂志《东昌野史》。

炼形式吸引越来越多不同年龄的市民，并占据公园的主要场地。每天早晨，多达近百人的交谊舞爱好者都会聚集于公园中部的一处空地。这其中，既有中年人，也有不少老年人。周末的时候，更有大批新的学员在此学习。即便是如今，公园长廊南侧依旧有他们专用的场地。唯一不同的是，大部分跳舞的人都已是常年坚持的老年人，中年人特别是年轻人的身影越来越少。

很长时间以来，公园只是在每日早晨 7 点之前免费，此后入园的市民还要购买 2 元的门票。2000 年之后，公园撤销了收费处，这里开始成为完全免费的活动场所，大大增加了每天来此休闲、锻炼的人流。据公园管理所的统计，近年来每天公园里游玩、锻炼、娱乐的市民有 1 万人左右。2000 年之后，随着健康教育的普及，大众健康意识的提升，越来越多的中青年人也加入公园的健身大军中。与此同时，健步走成为一种新的锻炼方式并流行起来。与公园其他健身活动一样，这种经济、科学的健身方式也得到了鼓励与支持。2012 年，在市公园管理处创建星级公园的过程中，为进一步引导市民健康生活方式，公园被命名为"健康主题公园"。公园内则树立了大量的健康宣传与教育的标牌，如"生命在于运动""每日一万步，吃动两平衡，健康一辈子""合理膳食，适量运动；戒烟限酒，心理平衡""起居有规律，锻炼要经常"等。环绕公园的人行道则被命名为"健康步道"，标牌上写着：

> 为倡导"日行一万步，吃动两平衡，健康一辈子"的健康生活方式，依托聊城市人民公园主道建成健康步道。公园西门口道口处为起点，南行绕行一圈全程 720 米，约计 1200 步，共设置 6 处步数指引标识。利用好健康步道，正确行走是关键。正确健步走的姿势为：大步快走，把手臂伸直摆起来，前摆臂要摆到与地面平行，后摆臂要尽可能后摆，两臂摆动的同时带动双腿大步走。健康步道，助您健康！聊城市卫生和计划生育委员会、聊城市疾病预防控制中心

于是，依据科学的知识，大众健身在可以量化的同时，也产生了更为详尽的标准与规范。在国家专门机构的落款下，这样的标准与规范也具备了更大的权威。每一个参与运动的人都深信：这样的生活方式才是健康的、合理的乃至正确的。

图 4-15　公园里的锻炼宣传牌及健身走的队伍，2016 年 5 月

　　为进一步创造市民满意的环境，公园管理所还通过问卷调查、座谈会等形式，主动征求市民的意见，进一步改造并增加了各类活动场地，为来到这里健身、游玩的市民提供周到的服务。这包括重新铺设公园道路、添设各类健身器材、安装衣架挂钩、修建避雨亭、修复广场、增植花木等。事实上，这样的措施也得到了经常在此锻炼、休闲人们的认可。2014 年 8 月，在公园里常年举办太极拳教学的陈占英就送给了管理所一幅匾牌，以表达他对公园管理所工作的感激。一位每天在这里舞空竹的老人也表示："政府这几年确实把公园建的很不错，练什么的都有自己的地，用电的提供电，打牌的有桌子，练武的有土地。原来来玩的没地方放包，挂衣服，现在还给你弄上衣架挂钩，厕所干干净净的，也有停车场，都是免费的。这么好的地方大家当然愿意来了，锻炼锻炼，身体好了，少生病，少吃药。"

图 4-16　公园里打太极拳的人们，2016 年 5 月

图 4-17　公园里学习健身舞的人们，2016 年 5 月

2006年前后，随着全国广场舞的热潮，公园西侧的小广场也被广场舞全面占领。每天晚上 7 点左右，欢快的流行歌曲开场后，大批的锻炼者很快就形成一支壮观的队伍。随着广场舞的流行，公园这样一个有限的空间早已容纳不下越来越多的人。与此同时，城市里的每一处广场也开始为健身的大妈们占领，而这也让曾经空荡荡的城市广场充满了热情与活力。

在国家致力于解决"人民日益增长的物质文化需要同落后的社会生产力之间的矛盾"的过程中，大众的休闲与健康日益进入国家的规划之中，大众的日常生活成为社会主义建设的重要内容。20 世纪 80 年代后，作为城市中唯一的广场，新华广场已不再是群众集会的地方。随着周围商铺的改造，广场日益缩小，残余的体育场也破败不堪。2000 年之后，多处城市大型广场的修建为市民休闲锻炼提供了公共场所。这包括：2000年，在东昌湖风景区的改造中，城市修建起第一处市民休闲广场——水城广场；2003 年，在城市新的商业中心，名为新东方广场的另一处大型广场竣工；2009 年，随着城市体育馆的竣工，市民有了专门的体育广场；2014 年，市民文化中心广场正式对外开放。尽管这样的广场工程在部分市民的眼中被称为官员们的面子工程，但它们的修建也为越来越多的市民提供了休闲健身的场地，而这也进一步促进了人们的健身意识与观念。这其中最为典型的就是至今依旧风靡城市的广场舞。

对于这样一种流行的健身方式，广场舞的参与者都是哪些人？为什么广场舞会风靡全城？他们如何看待这样的健身方式？带着这样的问题，在近一个月的时间里，我以一个参与者的角色加入了他们的队伍。

（1）聊城文化活动中心

这里的广场舞队伍有两支。位于文化中心建筑正面的是一支人数较少的队伍，每天约有 30 人。领队的是 40 多岁的赵文，她的队员多为一些较为年轻的人，以女性为主，没有 60 岁以上的老人。队员每人每月要交给赵文 5 元钱。对于这点钱，多为年轻人的队员们并不在乎。也正是由于队伍较为年轻，她们的舞步也较为时尚、轻快。位于广场西南角的另一支队伍人数明显多许多，每天的人数至少有六七十人。领队之一的王艳丽告诉我，她们的队伍已经有 3 年了，领队的人有 3 个，其中一个带队的老师跳的最好，公园那边的队伍经常请她去教新的舞步。除了下雨，每天她们都会准时来到广场。自队伍开始以来，她已是第 4 批领队。广场舞的时间是每晚 7—9 点。最初每个参加的人每月交纳 2 元钱，用作电费，自去年开始就不再收费。也正是这样的原因，队伍越来越大，整体有近百人。队员中40岁以下的有十几个人，大部分在60岁左右。男性仅有3名，两个是老年人，另一个30多岁。为了避免总是相同的舞步，领队们要经常去网上下载新的舞步，在家自己学会了，再来教给大家。因此，队员们每周都要学习新的动作。每天既有大家都熟悉的舞曲与动作，也有刚刚学习的动作。对于队员与广场舞，王艳丽说出了自己的看法："跳舞的都是附近的人，要么是孩子上高中的，要么是年纪大的不用给儿女带孩子的。60多岁的人，退休了，晚上没事，待在家中除了看电视就是看电视。现在人们都在意身体，都知道要锻炼锻炼，身体好，也有精神。年轻的都要上班，孩子小的还要辅导作业，都知道要锻炼，但他们没时间。我前几年也想出来活动，那时候孩子上初中，离不开，现在上高中了，我吃完饭就出来。"对于锻炼的效果，王艳丽认为："那跟以前是两个人了，原来我上个楼都累得慌，现在感觉精神多了。"

尽管不同的人对广场舞褒贬不一，但她们的健身活动还是得到政府文体部门的支持。这其中最主要的就是不时会举办的广场舞比赛。对于这样的比赛，她们总是很重视，每次都会精心挑选队伍里跳得最好的，并聘请专业舞蹈老师编舞。虽然，比赛没多少奖金，有时候的奖品甚至就是一套服装，但在王艳丽看来东西多少无所谓，"主要是参与参与，在锻炼的同时，老年人也有一个展示的机会，大家图个开心"。

（2）新东方广场

与文化活动中心广场相比，新东方广场上的广场舞队伍更为壮观。新东方广场建于2003年，尽管这里是城市商业中心，但在最初的几年里，这里除了周末有部分市民来此散步，平时大部分时间都是冷冷清清的。这样的状况在广场舞兴起之后大为改观。如今，每天晚上人数众多的四支广场舞队伍都会成为这里的一道景观。广场中间的队伍名为"飞翔健身舞"，队伍的组织者是翟小梅。她的队员有200多人，以退休女性为主，也有部分年轻女性及中年男性。谈起健身知识，从纺织厂退休的翟小梅显得颇为熟悉，在我看来甚至很专业。看到我对此很感兴趣，她热心地向我详细解释健身操的益处。并拿她老伴的情况来证明她的说法：她老伴开始的时候并不支持她来做这样的公益事业，后来在她的带动下，坚持了半年，老伴多年的肩周炎完全康复。也正是这样的疗效，让她坚信了她的做法。新东方广场最南侧的一支队伍同样规模巨大，有数百人之多。与其他队伍不同的是,队员们大都穿着统一的红色服装。服装是队员自愿购买,由队伍的组织者负责统一购置。队长是 58 岁的双丽敏,3 年前从人民医院退休后,热爱健身的她就拉起了自己的健身队伍。除了免费为大家服务,她还自己出资 4000 多元购置了音箱、摄像设备。对于她们的锻炼方式,双丽敏一再向我强调她们跳的是快乐健身操,而不是广场舞。由于队伍成员完全是老年人,她选择的都是动作轻缓、简单易学的动作,时间也限定在一个小时。每晚七点四十分,她们的健身操准时开始。领队的 3 个人穿着绿色的服装,动作娴熟一致。随后的就是长长的纵队,跟在最后面的大多是尚未完全掌握动作的队员。对于各种比赛,双丽敏坦言,她们的队员都是老年人,不少甚至是七八十岁的老人,因此并不适合参加比赛。

事实上,这样的健身活动早已不仅限于城市广场。随着我对城市夜晚更多的关注,我发现,健身操早已遍布城市的每一处公共场所。每天晚上八点左右的时间里,在城市广场,在小区空地,甚至就是路边较为宽阔的人行道上,总是有她们的身影。有的是数百人的队伍,有的几十人,有的甚至是几个熟悉的朋友而已。

在我最初看到他们的舞步时,我最大的感觉是动作怪异甚至是丑陋。然而,当我改变旁观者的角色,鼓起勇气加入大妈们的队列,一段时间之后,我不仅没有了最初的尴尬,似乎也成为她们的一员,渐渐融入这支欢快的群体,感受到它带给我的快乐,甚至一扫田野的苦闷与写作的疲劳。有时候我甚至想,如果每晚能够有时间,或许我也会成为这支健身队伍中的一员。

回顾公园、广场及其中的大众健身与休闲生活,这其中,国家为此制作出相应的物质空间,而关于健康生活知识的宣传与教育进一步推动了大众的健身、休闲需求,并影响到越来越多人的生活观念与方式。至此,一种关于健康生活的地景制作得以实现。尽管从表面上看来,这样的地景制作无关于政治,甚至是与政治对立的,然而,它们在根本上却又是一种政治的实践。当然,这样的论断并非仅仅基于亚里士多德所说的政治的目的是良好生活。更为重要的是,它与福柯所称的生命政治密不可分。

对于"生命政治",福柯将其定义为"一种新的权力技术",[1] 并强

---

[1] Michel Foucault, *Society Must Be Defended: Lectures at the Collège de France, 1975–1976*, trans. David Macey, Picador, 2003, p.242

调它是伴随现代性而来的政治形态，其核心特征体现为一种"生命权力"。对于这样的一种生命权力，一个层面是以"作为机器的肉体为中心而形成的"规训机制，学校、军队、监狱、医院、精神病院等皆为具体的操作机构；另一个层面则表现为"以物种的肉体、渗透着生命力学并且作为生命过程的载体的肉体为中心的"一系列介入与调整控制。① 这两个层面的生命权力交织在一起，共同形成现代国家的生命政治。在福柯看来，现代国家中人的生命本身已成为政治的核心内容。曾经与暴力密不可分的权力一改往日做法，日益与暴力分离，变成规制、管理人口、保障个体生命进程正常化的"生命权力"。因此，生命权力本身是一种"知识—权力"。在现代国家中，无论是在个体层面上还是在群体层面上，生命都已深层次地为生命权力所支配，都被纳入政治领域，被置于诸种"权力装置"隐秘却有效的操纵之下。② 福柯之后，生命政治的思想为当代意大利政治哲学家阿甘本（Giorgio Agamben）进一步激活。③

从表面上来看，健身、锻炼乃至休闲更像是当下大众的自然需求，属于是私人生活的范畴。然而，上述福柯对生命权力的重新解释却让我对此有了进一步的思考：尽管我们不能将公园、广场中大众的生活实践完全视为国家支配与动员的结果，但我们必须承认，这样的生命内容与政治不无关系。意识到这一点，当我再次回到公园与广场，在呜呜的空竹声中，在飞跃的毽子上，在合唱者的歌声里，在健步走的人群里，在大妈们的舞姿中，我深深感受到了他们对健康与快乐的追求。而事实上，在这里，他们也确确实实地在享受着健康与快乐，并把它传染给每一个进入地景中的人，让更多的人不自觉地加入他们的行列。也正是在这样的生活实践里，权力于无形中得以产生、维持并显示出它的效果。

---

① ［法］米歇尔·福柯：《性经验史》，佘碧平译，上海人民出版社 2000 年版，第 100—101 页。
② 吴冠军：《生命政治：在福柯与阿甘本之间》，《马克思主义与现实》2015 年第 1 期。
③ 与福柯谈"生命政治的诞生"不同，哲学家阿甘本从结构角度关注人类共同体的"原始结构"。阿甘本生命政治论的着眼点关注于现代国家中的主权者之至高决断，认为生命政治之产物是"赤裸生命"。例外状态本身是正常状态的极端形式，正常状态随时可以转换成例外状态。主权国家里的现代主体（公民）恰恰结构性地随时会变成赤裸生命。由此，那些远比驯服的身体更悲摧的赤裸生命（如动物般随时可以被杀死）才是生命政治的典范性的主体。用派顿（Paul Patton）概括阿甘本的话说，"现代政治政府，不管使用哪种论调，都建立在其公民们的'赤裸生命'之上，并全神贯注于此中"。参见吴冠军《生命政治：在福柯与阿甘本之间》，《马克思主义与现实》2015 年第 1 期。

必须意识到，弥散在公园、广场等公共空间中的生命权力显然与传统权力存在巨大差异。它不再像至高权力那样，以暴力威胁、死亡恐惧为手段，"让你死"（take life），而是通过全面干预人的生命形式来如何"使人活"（make life）。① 虽然生命权力依旧具有一定的压制性、否定性，但它更多地体现为一种生产性、肯定性的力量。生命的上述政治实践也让我意识到，与象征支配、总体支配不同的是，随着现代国家对个体生活的全面渗透，个体的生命日益处于国家权力的全面支配之下，个体生命的正常与安全成为一种重要的政治实践，生命支配成为当代政治的重要内容、国家支配的重要特征。

尽管生命权力能够使人们接受并实践健康生活的科学知识，但这并不意味着它可以完全决定生活实践的具体形式。回顾公园、广场中不同时期人们的健身与休闲方式，我发现，一方面，传统依旧具有深深的魅力，公园里太极拳、抖空竹等传统技艺持久的生命力就说明了这一点；另一方面，历史的印记也深深影响着人们健身休闲方式的选择。公园中革命歌曲的大合唱、浩浩荡荡的健步走以及整齐划一的广场舞、健身操似乎随时都能让我想象起某个时代。正如王斯福所指出，这样的形式显然依旧保留着一种集体主义的精神，象征着一种稳定团结的局面。② 在这样的过程中，每一个个体在享受着一种仪式性约束的同时，也将自己再次嵌入一个临时的集体之中。

---

① ［法］米歇尔·福柯：《必须保卫社会》，钱翰译，上海人民出版社1999年版，第233页。

② ［英］王斯福：《帝国的隐喻》，赵旭东译，江苏人民出版社2008年版，第285页。

第五章

家　园

在当下城市的地景制作中，无论是城市规划与建设，还是城市风景的打造，地方政府总是扮演着导演的角色，影响着城市的整体景观。这也似乎印证了斯皮瓦克对底层大众能否发出自己声音的质疑。然而，庶民研究的代表人物拉纳吉特·古哈还是认为，底层大众还是能够发出自己的声音，尽管这种声音可能是微弱的。[①] 在对成都茶馆的研究中，王笛也证明了可以在普通民众的日常生活中寻找他们的声音。[②]

城市的地志学并不仅限于城市的整体景观，更不是对城市的地图绘制。更为重要的是，地志学的意义在于：在关注世界的物质性、人们居住的真实空间的理念下，"通过社会能动者寻找道路的过程，从物理意义与社会意义上认真地看待他们的运动及其开辟的道路"。[③] 这就意味着，城市的地志学必须关注城市大众的生活空间，关注他们日常生活的真实环境。尽管底层大众无法完全主宰自己家园的命运，但无论是在拥挤破落的棚户区，还是在高楼林立的现代小区，他们总是城市每一处栖居之所的实践者。通过对他们开辟自己道路过程的理解，我期望能够寻找他们的声音。

如前所述，很长时间以来，对于自然环境与文化的关系，以环境解释文化的环境决定论一直占据主导地位。也有人更为强调文化对自然的塑造

[①] Ranajit Guha, "The Small Voice of History", in Shahid Amin and Dipesh Chakrabarty eds., *Subalten Studies*, IX: *Writing on South Asian History and Society*, Oxford and Newyork: Oxford university Press, 1996: 1-12.

[②] 王笛：《茶馆：成都的公共生活和微观世界（19001—950）》，社会科学文献出版社 2010 年版，中文版序，第 9 页。

[③] ［丹麦］柯尔斯顿·哈斯特普：《迈向实用主义启蒙的社会人类学？》，朱晓阳译，《中国农业大学学报》（社会科学版）2007 年第 4 期。

作用,坚持环境是文化建构的产物。尽管不同学派对文化与自然环境的关系有不同的理解,但他们在文化与环境的认识上始终秉持文化与自然的二分与对立。这样的状况在 20 世纪 80 年代开始了变化。20 世纪 90 年代以后,越来越多的人类学家主张要超越西方传统社会科学中自然与文化对立的认识框架。这其中,英戈尔德的"栖居进路"则是典型代表。针对文化建构论认为"世界先于其栖居者而存在,人们在行动之前已在观念中建构了世界"[1],英戈尔德质疑:如果说"人类的环境是文化建构的……文化提供了建筑的规划设计,自然是最终建筑,那建筑的原材料又是哪里来的呢?"[2] 在他看来,人们关于世界的观念是逐渐形成的。人们的观念建构与其行为实践的发展以及周围环境的发展变化是同步的。环境与人互为主体、相互建构,一切要素均处于开放的、未完成的状态。文化并非一套既定的概念图式与意义体系,而是个体对环境的感知与实践。而这样的感知与实践又是通过个体对环境的持续探求实现的。文化与自然、主体与客体之间并不存在绝对的界限,而是相互渗透并融为一体。由此,他提出,应该采取一种栖居的视角看待人与环境的关系。将有机体—个人在环境或生活世界中的浸入视为存在的必要条件,[3] 强调从能动者—在—环境中(anent-in-environment)这样一种现象学式的视角,来理解人们的生活形式。[4]

地景人类学提出,地景并非人类行动的背景,也不仅仅是文化的图像,而是一种文化的过程,是历史与文化的一部分,是特定历史与地方条件下人与世界间约定的结果。[5] 显然,英戈尔德的栖居视角与地景人类学有着异曲同工之妙。

无论是栖居视角,还是作为文化过程的地景,都对我认识城市的地志学有重要启发:在城市底层大众的居住空间中,既要关注环境对他们的影响,也要关注他们参与制作环境的生活实践,探寻他们对自身生活环境的

---

[1] Tim Igold, *The Perception of the Environment: Essays on Livelihood, Dwelling and Skill*, New York: Routledge, 2003, p. 27.

[2] Ibid., p. 42.

[3] Ibid., pp. 27 – 41.

[4] 朱晓阳:《小村故事:地志与家园 (2003—2009)》,北京大学出版社 2011 年版,第 4 页。

[5] Eric Hirsch and Michael O'Hanlon, *The Anthropology of Landscape: Perspective of Place and Space*, Oxford University Press, 1995, p. 22.

体验与感知，呈现他们与环境的相互构建过程。只有如此，我们方可以理解他们寻找并开辟自己的道路的历程，理解城市地景制作的历史与当下。

在当下城市大众的栖居之所中，拥挤破落的平房棚户区与高楼林立的现代小区分别代表了这座小城的两种居住环境。为此，接下来我将走进他们不同的家园，试图回答这样的问题：面对地景制作中的国家支配，城市大众将会如何应对？在他们的栖居之所中，他们扮演着何种角色？他们如何感知与体验自身的生活环境？

一 米市街："棚户区"的产生

20世纪70年代以来，社会理论的哲学反思使得空间性得到了与历史性、社会性同等程度的关注。虽然人类学的空间意识传统悠久，但是空间被特别提出并视为研究主题却是20世纪80年代以来的事。人类学对空间的关注经历了早期以整个社会的空间为对象，逐渐缩小到聚落、家屋甚至人体之上。在聚焦于家屋与聚落的同时，部分人类学者也将目光转向城市。如前所述，在对城市有重要影响的城市规划的认识上，人类学者们普遍认可城市规划能够成为社会控制与政治秩序的有力手段，都市美学与空间形式并非是自然的、中立的物理形式，而是社会与政治斗争的产品。换言之，为实现社会控制与政治秩序，国家权力积极介入到城市空间的再造中。然而，我们也注意到，当下中国城市化过程中也存在这样一种现象：城市的某些特定空间在一段时间里长期保持原状，在外围区域再造的对比下，这样的一些空间似乎已落后于时代，甚至被贴上了"棚户区"的标签。对于这样一些拥挤破落的地方，无论是地方主政者的规划中，还是居民们的意识里，它们的未来似乎只能是彻底的改造与重建。在这座小城中，这样的"棚户区"同样遍布旧城区，而米市街就是其中一处较早形成"棚户区"的地方。这样的"棚户区"是如何产生的？哪些因素参与了这一过程？这样的空间是否已成为权力遗忘的角落？米市街的居民们又是如何栖居于这样的棚户区？接下来，我将以米市街为例，回顾棚户地景的制作历程，尝试回答这样一些问题。

（一）米市街的历史

如前所述，元代京杭大运河的开通极大提高了聊城在帝国交通枢纽的地位，由此带来了城市经济繁荣特别是城市工商业的发展。明代以后，南北各地商贾云集于此，这座曾经默默无闻的小城逐渐成为"漕挽之咽喉，天都之肘腋""江北一都会"。① 借漕运之便，古城东郊逐渐发展成为商业聚集之地。

图 5-1　米市街街景，2014 年 10 月

在聊城老居民记忆中，米市街就曾是一条与漕运命运相连的繁华商业街。古城东关桥东面是直通闸口的东关大街，东关大街西首的路口名为驴市口。驴市口名称源于明清时期的驴行，这里是城市里人们租用毛驴赶路的地方。驴市口南侧是一条稍有弯曲的南北街道，直通东昌湖。自漕运兴盛以来，这里长期是城市里主要的粮食集散地。久而久之，人们习惯称之为米市街。在城市商业兴盛的数百年里，这里店铺林立，拥有大小粮店数十家。清末至民国初年，"粮业公所"设立于米市街，城市中的粮行经常要在此聚会议事。经营粮食的商号店铺皆为前店后院格局。店铺后院储存粮食，临街店面有开阔的门脸，门由数十条长约 2 米、宽约 30 厘米的木

---

① 清宣统《聊城县志·艺文志》。

板并排构造,称为"板搭门"。早上店铺伙计把门板摘下,从外面经过的人能够看到整个店铺内部。晚上打烊后,门板依号排上,在里面闩住。随着粮行生意的兴盛,米市街粮行难以满足需求,清代闸口以东又出现了第二条经营粮食的街道,也称为"粮食市街"。此后,米市街逐渐被叫作"旧米市街"。这在清宣统《聊城县志》以及清朝李弼臣的《旧米市街太汾公所碑》中都有记载。

清末以降,漕运的衰落直接导致运河粮食贸易下滑,米市街粮行锐减。除了少量粮店外,米市街上陆续出现各类其他店铺、作坊,如当铺、酱园、药铺等,这其中小有名气的有全盛德药材栈、民生染织厂、钱业公所等。至1949年,聊城的粮食集散地已转移至闸口东的粮食市街。在如今80多岁的老居民记忆中,也很难记得米市街曾有粮食买卖,这个米市街都已是"老辈子的事了"。

在20世纪五六十年代,米市街依旧是城市中一条重要的街道,很多工厂都设立在街道两侧。这主要包括:1956年,城内的"聊城县制鞋合作社"迁至米市街北段西侧,先后更名为聊城市制鞋厂、聊城县制鞋厂、

图 5-2 聊城县家具厂旧址,2016 年 5 月

图 5-3 聊城市豫剧团旧址，2016 年 5 月

聊城县皮鞋厂。20 世纪 50 年代，初建于闸口西路北的聊城白铁生产合作社也迁至米市街，1966 年改为聊城县粉末冶金厂。1961 年，竹器生产合作社迁至米市街中段路东，1972 年改名聊城县炊具厂，1979 年更名聊城县家具厂。此外，组建于 1948 年的寿张县豫剧团也设在本街，1970 年更名为聊城县豫剧团，后又更名为聊城市豫剧团。作为聊城民间主要的剧种，豫剧至今依旧颇受老百姓的欢迎，聊城县豫剧团经常能够为大众带来精彩演出，剧团也曾培养出张桂花、章兰等著名豫剧表演艺术家。在如今的米市街北侧路西，聊城市豫剧团的旧址保存依旧。

　　1949 年后，古城区内部尚有大量闲置的旧宅、水坑及空地。而至 20 世纪 60 年代，随着城区人口大量增加，居民个人建房日益增多，城内原有闲置空地已逐渐减少。70 年代初，居民个人翻建、新建住宅的情况更为普遍。至 1975 年，米市街沿环城湖、丁家坑的空地已所剩无几。此后，新建的住宅更是逐渐占据了部分原有街道胡同。一位老居民告诉我，此前米市街北段路东曾有条刘家胡同，东西走向，从米市街延伸至丁家坑北岸，连接馆驿口街。也正是在这一时期，刘家胡同被居民增建的住宅占据并彻底消失。

针对城区日益拥挤、居民私建住宅剧增，1975年聊城地区革命委员会下发文件，禁止在城镇批给干部职工宅基盖房。1976年3月12日聊城县基建局革命委员会发布《关于城镇私人建房管理暂行办法的报告》:[①]

> 遵照毛主席"必须用极大地努力去学会管理城市和建设城市"的教导。……近几年来，城镇私人建房成风，自发地资本主义倾向抬头，有不少干部、职工在城镇大兴土木，经营"安乐窝"，有的小生产者私有观念浓厚，"拉关系"走后门贪污盗窃，侵吞国家财产和集体财产。有的搞无政府主义，抢占地基或指房指树变卖地基等；这是两个阶级、两条道路、两条路线在城镇建设中的具体反映。根据中共聊城地委聊发（1975）116号文件精神，结合建筑管理有关规定要求……为此对城镇规划区内私人建房问题作如下暂行管理办法：
>
> 一、城镇宅基、地权属于国家，任何人不得自行抢占，禁止买卖和变相买卖。
>
> 二、城镇内今后一律不准批给干部、职工宅基建房。房屋翻建要严格控制建筑密度，节约用地，服从城镇统一规划管理。
>
> 三、现有房屋确有倒塌危险，急需维修，要求翻建者按下列情况分别办理申请手续。
>
> 1. 凡属原地基翻建，不移地、不改向、不扩大建筑面积，不影响城镇规划者，由本户申请，街道革委会批准，报基建局备案。
>
> 2. 凡属临街翻建、改建者（古楼东、西、南、北大街，包括东关、越河、新区、红星街），由本户申请，街道革委会签署意见，转报基建局审批。
>
> 3. 城镇规划区内农业社员建房，应根据"先治坡、后治窝"的原则，利用村头空宅荒地，按农村人民公社"六十条"规定，由生产大队统一规划安排。一次报城镇人民公社审核后，转报基建局审批。

[①] 聊城县基建局革命委员会《关于城镇私人建房管理暂行办法的报告》，1976年，聊城市东昌府区档案馆藏，资料号：全宗号60，目录号1，案卷编号16。

在对居民建造住宅的管理上，聊城县基建局革命委员会的管理办法采取了完全禁止的做法。然而，这样全面禁止的措施在制止了居民私人建设的同时，也导致了不少确有实际需求的居民住房极度紧张。此后，很多居民一再向街道革委会、基建局提出在原有院内增建房屋，甚至也有个别居民未经批准私自建设。针对居民们的强烈要求，1976年聊城县基建局不得已向聊城县革命委员会、工委作了请示报告。在聊城市东昌府区档案馆，我看到了这份手写的请示报告：①

> 在反击右倾翻案风斗争和批邓运动的推动下，城镇零星建筑管理较前加强。……现在私人建房的邪风基本刹住。自今年四月十日工委文件下达到六月底，据三个月的统计批复52户，翻建房屋135间，约计1600m²，比去年同期下降70%，但也有的街道单位抓的不紧，管的不严，出现个别户不经申请批准、擅自新建翻建，还有的批翻建搞新建，随便改向，扩大面对的违章建筑。此外，近来各街办转来一些确属人多房少几辈人同住一室，要求在院内新建房屋的户。地革委印发〔1975〕116号文件指示"今后不准在城镇批给干部职工宅基盖房"，我局接到文件后，坚决遵照指示，从未办理批复手续。但对聊城城镇职工在院内新建、扩建房屋问题如何处理，尚不明确。综合分析各街报来要求批复的情况大体分为以下四类：
>
> 1. 人口增多孩子长大，现有房屋居住实属拥挤，要求新建房屋。如古楼革委治保主任张成福六口人，其中四个孩子。大女儿20多岁，在国棉厂工作，在家住。大儿子16岁，在街道工厂工作，在家住宿。最小的11岁。一家人都挤在2间房内住，孩子晚上临时借地方睡觉，现在要在院内建2间。
>
> 2. 年老多病退休后居住城镇的职工，几辈同堂，要求建房。如地区医院退休工人李秀兰全家12口人，三辈住三间房子，儿子、儿媳、外孙女儿住在一起，二儿子马上要结婚，没地方住，要求在院内新建房一间。
>
> 3. 复员退伍军人回家后房子不足，要求新建房屋。如李玉太全

---

① 聊城县基建局《关于目前城镇私人建房现存问题的请示报告》，1976年，聊城市东昌府区档案馆藏，资料号：全宗号60，目录号1，案卷编号16。

家三辈 11 口人，现有房子 7 间。儿子、孙子（大女儿出嫁后仍住在家）。二儿子是现役军人，即将复员并已定婚，回来马上要结婚，要求新建房 2 间。

4. 旧房窄小，不足使用，翻建时要求延长展宽，扩大使用面积。

对于上述情况如何处理？我们尚不明确。为此特报请领导研究速予指示，以便遵照执行。

从请示报告中，我们能够看出，一方面，此前居民私建住宅情况普遍，通过 1976 年严格审批手续，这种情况有所改观。另一方面，这一时期部分城市居民住宅极为紧张。虽然我并未在档案中找到聊城县革委、工委对请示的回复，但据米市街上的陈清文回忆，这一时期街上凡是住房确实不能满足需要的，居民们还是可以申请在原有院落内增建。至 20 世纪 80 年代，绝大部分米市街住宅已不再是单纯的正房，加盖的东、西偏房占据了院落的大部分地方，部分院落甚至是四面环房。至此，不仅城区街巷日益拥挤，居民原有院落内部也拥挤不堪，往往只剩下了狭窄的过道。

生活于这样的环境中，居民们会如何看待祖祖辈辈的家园？相对于新城区，他们是否会有一种落后的感觉？事实上，在这里的居民们看来，尽管米市街平房密集，道路拥挤，但在城市依旧以平房、院落为主的这一时期，大家并没有感受到这里有多少落后于其他地方。对常年生活于此的老居民而言，这里依旧是城市中的更适于生活的地方。一位老居民回忆起那个时候的米市街说："那个年代，除了个别单位搬出老城里，住上了家属楼，大部分老百姓住得都差不多，俺那时候也没感觉这里不好。那时候，这里的街是窄了点，但人多，有人气，方便，拐过角就是老城里，都是好几百年的老地界了，很多人都还不想搬出去呢。"

至 1990 年，已有传言米市街要拆迁，但一直未见行动。但此后，米市街居民在原有宅基地内翻建房屋的情况也被禁止。至此，在社区居委会的严格监督下，米市街居民扩建、增建、翻建房屋的情况已极少出现，此后的居民住宅也就定格在了此前形成的密集的砖瓦平房这一状态之下。而在如今的居民看来，如果不是长期以来的建房禁令，绝大部分的平房肯定会被多层的楼房取代。

（二）被"遗忘"的米市街

在米市街居民和住宅日益增加的同时，街区内原有的基础设施却长时间内没有改观。

在1963年以前，聊城城区所有街道都没有地下排水设施。古城区内中心点光岳楼是最高点，雨水随路面向城外环城湖自然排放。作为城市新区，运河以东、徒骇河以西的雨水大都沿运河东侧洼地自南向北流入阎家洼地。而东关包括米市街的排水皆流入东南部的丁家坑。自1963年起，古城内部主干街道及东北部新建城区沿街大道先后铺设了地下排水管道。1985年后，新建城区排水管道改造后，城区大部分地方雨水、污水排放问题基本解决。然而，即使是现在，米市街尚无满足需求的地下排水设施。现有的污水管道仅能满足居民日常污水排放。而一旦下大雨，无论是

图5-4 米市街环卫工人收集粪便，2014年6月

图 5-5 沿湖厕所，2015 年 2 月

小胡同还是米市街，雨水与污水依旧漫延路上。此外，由于居民都普遍使用旱厕，故每隔几天，一辆印有环卫处标记的小卡车都会从羊使君街驶进米市街，在颠簸的石板路上缓慢前行。车上两个人穿着橘黄色工作服，上面写着"环卫"二字，从每家每户放置粪桶的地方担来粪便，再倒进车中。对于这样的情形，偶有寻觅老街道历史的游客都会远远避开。而这里的居民们似乎已习惯了这种情况，从大粪车边经过时毫无避让，更无须遮掩。

居民用水问题同样令人担忧。1974 年聊城建成第一个自来水厂，1978 年城市南部新建南水厂。至 1981 年，聊城城镇居民大部分已能够使用自来水。在米市街田野过程中，经常能够看到挑着水桶担水的男人，一手扶担，一手提着井绳，颤颤悠悠地从街上走过。陈清文告诉我，米市街虽然大部分居民也使用自来水，但很多居民家中都有水井，所以自来水用得很少。由于居民水井中的水并不好吃，大部分是用作洗刷。也有不少人依旧习惯去街区东部一口古井挑水吃。但当我找到这口古井时，周围的环境还是令我有些担心。古井四周铺设石板，井口处有一个铁皮盖，打开能看到井口，井壁四周挂着青苔，看上去倒也古朴。然而，由于古井紧靠湖水，与东侧的水坑仅有两米距离，而该区域湖水由于邻近居民区，垃圾遍布，水面黄绿色，上面漂浮着浮萍。显然这样的井水水质状况还是令人怀疑。然而，几位挑水的居民却表示，他们感觉这里的井水比自来水好吃。

图 5-6　沿湖依旧使用的古井，2016 年 5 月

此外，在供暖、公共照明、绿化、卫生等城市基础设施方面，米市街同样也是一个被遗忘的角落。与此形成对比的是，随着新城区建设中道路、供水、排水、照明、绿化等方面的完善，以东昌路、柳园路十字大街为中心的新城市中心日益繁华。代表着城市发展与现代化的商场、超市、文化广场出现在中心大街两侧。随着周围平房的拆迁，多层甚至高层楼房的居民小区越来越多地取代了往日的街巷平房。

2014 年 6 月 8 日，我第一次走进米市街。估计每一个来到这里的外来者与我一样，首先注意到的就是街道残破不平的青石路面。整条道路宽度在 5—8 米，长约有 700 米，道路南端邻近东昌湖。老人们告诉我南端以前曾有一条通向东南方运河的道路，而如今南端已无出口。临街的房屋前后之间很多都不在一条直线上，更有很多在正房边加盖的低矮偏房。虽然路面的石板大都为方形，但石面本是常凹凸不平，再加上间隙不均，相邻的石块常常不在同一水平面上。因此，非但机动车，就连骑自行车也难以忍受颠簸之苦。但偶尔经过的骑车人似乎也习惯了这里的路面，尽管骑行的电动车、自行车哗哗作响，倒也不怎么影响他们的速度。我曾经想象，这样的路面一定有着悠久的历史，至少应该是清代遗留下来的。然而，在我向这里的老居民询问时，得到的答案却是："顶多有 30 多年。"后来我才了解，在 20 世纪 70 年代以前的很长时间里，米市街路面与古城内路面相似，道路中间有两排石板，宽度与当时的马车一致，两排石板之外就是土质路面。由于黄色的土质路面嵌入两条青石，老百姓戏称"金镶玉"。随着长时间的磨损，至 80 年代原来的"金镶玉"路面已经残破不全，下雨泥泞不堪，晴天尘土飞扬。于是，一批他处拆迁的石板被铺在了这里。但居民们很快就发现，这样的石板路对步行尚可，但骑车却更颠簸了。而对于生活在米市街北段路西水城老年公寓的老人而言，这样的路面更是让他们小心翼翼。据附近居民讲，2012 年年底，一位老人在去往东关大街东昌府人民医院看病时，由于腿脚不便，被凸起的石板绊倒摔伤。导致老人意识模糊，到处乱走，最后被民警送回公寓。而几个月后，又有一位 80 多岁的老人被绊倒，导致面部受伤。

图 5-7　米市街所属的铁塔社区居委会、社区服务中心，2015 年 5 月

　　针对米市街坑洼不平的路面，居民曾多次要求社区整修，结果却不了

了之。为了解社区对道路维修的态度,我找到了管理米市街的铁塔社区。铁塔社区位于东关大街中段南侧,南邻丁家坑。社区是一排朝北的平房,房子看上去有些年头了。最东面是铁塔社区居民委员会,西邻的一间屋挂有铁塔社区服务中心与铁塔社区总支部委员会的牌子。再往西面的几间办公室分别挂着些妇女之家、计生办、双拥工作室、民兵连、社会管理服务站、警务室、阅览室之类的牌子。在挂着双拥工作站牌子的屋内,我见到了年轻的孙主任。孙主任30多岁,毕业于一所地方本科院校,自2007年一直在铁塔社区工作,对社区的情况可以说是了如指掌。对于社区的职责与工作,孙主任向我介绍:"我们就是政府的一个基层服务点,什么都得管。简单地说就是上传下达。上面安排了任务,我们做工作,下面老百姓有要求,我们传达。两口子吵架,闹到我们这儿了,我们也要调解。"而对于米市街道路长时间没有得到维修的问题,孙主任的解释是,米市街的情况比较特殊。一方面,米市街是聊城的历史文化名街,已被列为历史文化街区。政府没有对街道进行改造是为了保持街道的传统风貌,保留米市街的传统文化;另一方面,米市街已被列入古城保护改造范围,相应的规划已经完成,未来的改造要根据规划进行,目前暂时不适合对米市街进行改造。而据聊城新闻网报道,针对米市街改造,聊城市住房和城乡建设委员会项目部刘科长表示,米市街已列入古城保护改造计划,随时可能进行改造,如果目前盲目整修,会造成资金浪费。一旦米市街改造工程正式实施,将严格按照原来的规划进行改造。[①]

  事实上,在查阅相关规划文件后,我也确信米市街基础设施的滞后与城市规划乃至相关文物保护政策确有关联。如前所述,1959年聊城的第一个城市总体规划为城市建设确立了"保护旧城、发展新城、新旧分开"的规划原则。此后,包括米市街在内的旧城就成为历史文化区域而备受保护。1994年聊城被国务院批准为国家历史文化名城后,聊城这一规划建设原则更是决定了此后米市街的命运。1995年聊城启动新一轮规划,规划提出,强调全面保护与重点保护相结合的原则,加强对历史文化的挖掘、整理与保护。2012年10月,市政府在米市街北端竖立起历史文化街区的碑石。碑石正面刻有"聊城市历史文化街区:米市街街区",背面刻

---

① 《聊城米市街坑洼难行,回应:已列入古城保护改造范围》,聊城新闻网,http://news.lcxw.cn/liaocheng/shehui/20130516/399370.html。

图 5-8　米市街历史文化街区，2015 年 4 月

图 5-9　居民狭小的房门，2015 年 12 月

有街区的轮廓及文字介绍："米市街历史文化街区北至东关大街、东至京杭运河、南至京杭运河、西至东昌府，面积约40公顷。"2014年，米市街历史文化街区成为山东省人民政府公布的第一批35个历史文化街区之一。

然而，文化保护政策除了一块竖立的牌子之外，并没有体现在积极的保护措施上。与此相反的是，在文化保护的名义之下，居民个人的房屋却严令禁止私自维修。很多房屋由于缺乏维护与更新，甚至已成为危房。2015年5月11日在社区访谈期间，孙主任就告诉我，居民要求维修漏雨的房屋也必须经规划局批准才可以动工。由于居民维修房屋的要求长时间没有批，他们今天正安排工作人员去调查哪些房屋亟须维修，并进行登记，而这样的政策都与米市街的规划密切相关。

至此，我发现，一方面，随着旧城区日益拥挤，建房禁令使得米市街民居停滞在了1990年以前的状态，另一方面，在城市基础设施全面完善的过程中，米市街似乎成了一个被遗忘的角落。正是在这样一种禁令与遗忘的背景下，曾经繁华的米市街几乎定格在了某个时代，成为公认的棚户区：平房密度大、质量差、年限较长，人均建筑面积少，基础设施落后、交通不便，治安和消防隐患大，环境卫生脏、乱、差。

（三）棚户区里的生活

2000年以后，随着新城区基础设施与居住环境日益完善，居民们越来越感受到这里的不便与落后。部分有购房能力的年轻人开始搬离了米市街，剩下的绝大部分已是没有经济能力购房的人以及在这里生活了一辈子的老年人。曾经繁华的历史街道，也如同依旧坚守在这里的老人一样，日益失去它的生机与活力。

在我最初在此走访的几天里，走在街巷胡同里，我最大的感受就是寂静。街头偶尔会坐着几个老人，或者闲聊，或者择菜，有时候就是那么沉默地坐着。几乎所有的家户都是闭着门，大部分的院子里也很少听到声音。走在街上和胡同里，唯一让我提心吊胆的是不时碰到的狗。有大有小，有的在街上闲逛，也有一声不响地趴在家门前。有时候我会发现，在工作日里，每日里碰到的狗甚至比人都要多。而它们既是老人们排解寂寞的玩伴，也是居民财产安全的重要护卫。接近中午的时候，偶尔能够见到一些在院内甚至大门外烧柴做饭的居民。破旧家具用作燃料，简陋的铁皮

图 5 – 10　米市街街巷，2015 年

灶，冒着浓烟，也常常成为这里的风景。周末的时候，街上的人稍稍多了些，偶尔能够看到些孩子，这也让街上有了些吵闹声。为了能够了解每一处角落，只要见到稍深一些的胡同，我都试着走进去，期望能够走进一个不是死胡同的胡同。但是能够穿过并走出去的狭窄胡同没有几条，往往走着走着左拐右拐，末端就是一户人家，我只好尴尬的折回。

尽管街上的居民日益稀少，但我却发现，无论是街区里面还是外围沿湖的地方，几乎没有一寸多余的闲置土地。贯穿南北的米市街已经被加盖的偏房压缩至几乎两车无法错行的宽度，而胡同更是仅供两人错行。尽管对居民私自建房有严格禁令，但还是偶尔能见到一些偷偷扩建的情况。陈清文告诉我，有些居民在院外垒起一道低矮的围墙，先是种点瓜菜，再逐渐加高，几年后就已完全圈占起来。也有的居民在邻墙的地方搭起些简易棚子，先是放置些杂物，此后再砌起围墙。对于这样的情形，尽管周围街坊们多有怨言，一旦圈占成为既定事实，它也就在事实上成为个人的地盘。对于居民的"得寸进尺"，陈清文说出了大家心知肚明的想法："用不用得上是次要的，都是想着拆迁能多算些面积，能多得些钱。"显然，在拆迁已成为公认的定局下，每个人都非常清楚的是，在未来的拆迁中，每一寸既得的空间都有可能成为与政府争取利益的筹码。

米市街三面环水，但能够通往湖边的路并不多。西侧临湖的岸边虽有些空地，但都被见缝插针地种上了各种蔬菜，成为附近居民的菜园。菜地依地势、大小不同。有些地方仅有 1 平方米大小，也被平整起来。甚至树下、墙角都栽上了一撮韭菜，几颗豆角。往往菜地周围还会有用作沤肥的坑，坑里散发着大便的臭气。西面沿湖竖立起了一道围墙，挡住了这里拥挤、破落的景观。菜地除了在湖边随处可见，在各家各户的墙角乃至门前也是常见的风景。甚至有些胡同里实在没有可以开发的地方，也能够见到栽种在缸里、盆里的韭菜。尽管米市街南端也有一处集中收集垃圾的坑地，但沿湖水边还是成为很多居民们倾倒垃圾的地方，湖边黄绿色的水面上漂浮着各种垃圾。对于这样的环境，很多居民虽有些无奈，但似乎也已习惯，接下来唯一的期盼就是等待拆迁的那一天。

图 5-11 米市街沿湖围墙与菜地，2014 年 6 月

在这样的环境下，贯穿南北的米市街成了居民们尚可坐得住的地方。除此之外，大家能够闲谈、娱乐的地方则是街北首驴市口的一处停车场地。2002 年，为修建东关桥，米市街与大桥相邻的十余户居民为此拆迁。东关桥建成后，东南方向的工地成为一处闲置的空地，长期荒草遍地，甚至变成居民们的垃圾场。由于这里距东面的东昌府人民医院只有几百米的距离，去往医院的人们也会把车停在这里。看到这样的情况，附近一位叫马红梅的回族妇女意识到了这片空地的商机。于是她找到了铁塔社区的孙书记，以没有收入、家庭困难为由，打算自己清理出空地用作停车场，对来这里停车的人收取点费用，以养家糊口。对此，孙书记考虑到闲置的空地常年脏乱，就同意了她的要求。在得到社区的口头允许下，这里也就成为她名正言顺的地盘。在我第一次来到米市街时，这里已被清理成光秃秃的空地，路边竖着停车场的牌子，偶有几辆车停放在此。见到来此停车的人，看车的马红梅就上去收取两元停车费。随着场地的清理，街上来到这里乘凉的人多了起来。几日之后，马红梅又在场地里安置了桌凳、麻将，每个来此打麻将的人收费 1 元。虽然上午很少有人，但午后也总有三两桌的人在此玩乐。除此之外，这里也成为附近老人们聚集的地方。

与米市街寂静的环境不同的是，米市街北侧的东关大街却是人流不断、人气十足。

东关大街西起东城门，东至闸口。作为连通古城与东面新城的主干道，明清时期它已成为城市中重要的商业街道。街道两侧店铺林立，胡同密布。尽管这里曾是城市的核心商地，但与古城内一样，在1966年以前，东关大街宽度大部分在6—8米。此后，经过两次拓宽，如今的街道宽度在16米左右。两侧为人行道，中间是机动车道，宽约8米，仅供两车并行。在一天大部分的时间里，街道上都是自行车、电动车和行人。加之在机动车道边摆摊的小贩，使得交通愈加拥挤。与汽车相比，自行车和电动车充分发挥了灵活的特点，在大部分时间里更为高效、快捷。东关大街东段两侧临街商铺多为1990年后新建二层仿古建筑。而中西段邻近米市街的南侧商铺都还是20世纪80年代甚至以前的破旧平房，商铺多经营日用百货、餐饮等。如包子铺、羊汤馆、糕点店、水果店、五金土杂店、花圈店等，许多商品更是摆在了门外。破旧的店铺档次低、价位低廉，恰恰符合了旧城区低收入老居民的需求。

图 5-12　东关大街，2016 年 5 月

每日里天刚亮，道路两边的小吃摊就已开张。小吃摊多是一间临街商铺，大约十几米远就有一个摊位，七八个破旧的方桌，摆在店铺门口，坐的是一种叫马扎的轻便坐具。喝的主要是各种粥、豆腐脑、羊肉汤，吃的有油饼、吊炉烧饼。其中吊炉烧饼是当地一种常见的小吃。一个倒扣着的锅，外面用附以泥巴，白灰漆面，锅下面有一个固定的支架。发面制作的饼，碗口大小，表面黏以芝麻，制作好后贴在锅内壁，下面用木炭烤制。刚烤好的饼香脆可口，物美价廉，颇受老百姓青睐。由于该地是回民聚集地，早餐中羊汤也是一种常见的小吃。只是，与大部分居民的消费水平相适应的是，羊汤主要是以各种内脏、骨头等熬制的羊肚、羊杂汤。作为一个外来的田野体验者，我总会不自觉地怀疑这里的卫生状况，然而，附近在此就餐的居民们似乎并不在意这样的环境。

也只有在这里，我忽然发现了许久以来在米市街田野中难得的人气与生机。这也让我开始怀疑一直以来的感觉，米市街是否真的如同一位衰暮的老人，早已失去生机，只有等待死亡？然而，在地方管理者的规划中，这样的命运已是不可避免。

（四）米市街的未来

尽管米市街已经竖立着"历史文化街区"的牌子，但随着居住环境的恶化，无论是在政府的规划中，还是在居民的眼里，拆迁显然是早晚的事。事实上，作为与古城相邻的保护区域，米市街的规划也是古城改造计划的重要部分。如今，古城东南角的湖边依然竖立着米市街的详细规划公示。规划显示，米市街是未来古城旅游经济的重要组成部分。在整体结构上，规划的米市街包括两湖（丁家坑与东昌湖）、四线（米市街、羊使君街、运河街、东关街）、六区（东关商业区、民俗民居区、米市街休闲区、演艺区、会馆区、停车区）、八点（驴市口迎宾广场、使君广场、馆驿口广场、水口广场、东园、会馆广场、竹竿街广场、米市湖景广场）以及十八桥。在建筑风格上，未来的建筑全部为仿古建筑，高度不超过3层。显然，规划的实施意味着现有民居的彻底消失以及居民的搬迁，米市街将彻底改头换面。

对于米市街的拆迁，一位居民们告诉我，拆迁的传言早在20世纪90年代初就已传出，此后拆迁的传言也一直不断，然而，究竟是什么因素导致拆迁的推迟？居民们对拆迁又是持何种态度？对于这样一些问题，曾向我提供大量田野信息的陈清文老人也谈到了他的看法。

2014年6月10日，我与在米市街乘凉的陈清文老人初次相识。陈大爷当时79岁，但看上去体格不错，从小就生活在米市街。曾经在米市街北段的粉末冶金厂工作，现一个人居住在米市街的老房。陈清文与聊城四大家之一的邓家是远房亲戚，现在住的房子原属邓家。夏天里，城市的大道和广场上燥热难耐，而坐在米市街树下，南风顺着狭长的街道徐徐吹来，倍感凉爽。陈清文老人回忆说，中华人民共和国成立前米市街南头是校场，后来挖成了湖，夏天的时候自南而北的风穿过米市街，坐在街上非常凉快。然而，自从前些年米市街南端建了个湿地岛，岛上的建筑和大树挡住了风口，街上的风比原来小了，没以前凉快了。

谈到米市街的拆迁，陈清文抱怨说："米市街是最早提出拆迁的，但现在又成了最晚拆迁的。去年的时候大家听说准备2013年冬天到2014年春天要拆迁，这都到了夏天了，还没动静。"

"拆迁后大家是回迁还是搬到别的地方？对于拆迁大家都有什么想法？"我问道。

"听说这里要盖别墅，老百姓哪能住得起？咱们也没想能留这儿，就想能去个近点的地方，别像古城里的搬那么远就行了。现在老百姓都盼着早点拆迁。你说想法，俺现在也就是希望拆迁前政府能够先把房子盖好，不然的话，还得自己找地方住。"

"听说古城的老百姓对搬迁意见很大，大家对古城改造、搞旅游有什么看法？"我问。

"老城里的有意见，主要是嫌钱少吧。你看像这里这个样，不拆确实也没法住了。政府搞旅游，能搞起来那不孬，聊城穷啊，同样是山东，你看人家东边沿海那些地，发展的多快，人家农村都住楼。你看咱这儿，城里还净是平房。"

对于早已形成的规划为何一再拖延，陈清文告诉我，"开发商来了好几拨，都是看看就走了。"至于为什么，他认为，这里居民密集，按规划不能盖超过3层的楼，开发没利润，盖不着。此外，也有居民指出，由于米市街特别是礼拜寺街回民居多，回民对拆迁与安置提出很高的要求，政府对少数民族不敢"来硬的"。这也是开发一再拖延的重要原因。对于后一种原因，在我向铁塔社区管理户籍的人询问时，他们也认为，拆迁的拖延，很重要的一个原因是米市街居民有很多回民，他们要求住一起，甚至留原地，所以牵扯到少数民族，政府也不敢轻易行动。就这样，大家只能一天一天地等着。大家的抱怨还有，在等待拆迁的这些年里，家里也不敢添设像样的东西，说不定哪天拆迁了，老房子里的东西就只能扔了。大家唯一能够做的就是等。然而事实上，由于这里糟糕的居住环境，如今愿意住在老房子里的人越来越少。铁塔社区工作人员也告诉我米市街很多居民只是挂着户籍，并不住在那里。

显然，地方政府的城市规划与文化保护在很大程度上决定着米市街的命运。而在这样一个等待的过程中，居民们也默认了自己家园的现状及命运，在竭力争取自己生存空间与利益的同时，也共同参与了一个棚户区的形成，制作出一个落后于时代的空间。

在我反复阅读米市街的过程中，我越来越意识到，棚户地景的形成，落后空间的产生，并非表面上显示的那样，是旧城自身落后于时代，是传统与现代的对立，是客观的原因。相反，这种"落后"空间恰恰是人们的主观制作。一方面，正是在城市规划之中，在历史文化保护的名义之下，米市街一度被遗忘，从而长时间停留在了某个时代。而在经济发展的动机之下，作为历史文化街区的米市街又成为地方政府的重要资源与手段，进而决定了其未来的命运。另一方面，面对国家的空间支配，底层大众显然无法主宰自己家园的未来。唯一能够争取的，就是在这样一个环境中竭力拓展个体的生存空间与经济利益。而也正是在这样一个过程中，他们共同参与了一个棚户区形成，制作出一个落后于时代的空间。

进一步来看，发展的话语，权力的肆意，地方经济发展的急功近利，乃至居民们自身，都共同参与到了这个制作"落后"的过程中。可以认为，城市棚户区的形成，落后空间的产生，是多种力量合谋的结果。这其中，米市街的居民自始至终都参与到了这样一个落后空间的生产之中。进一步来看，在面对发展的景观时，他们也并非如某些研究中所认为的那样，往往站在地方政府的对立面，相反，在现代主义的意识形态或观念方面，他们与国家经常有着一致的愿景，"在观念上和规范性行动方面经常表现出他们与'伟大现代主义'的契合"[1]。

米市街的田野再次证明了都市美学与空间形式并非是自然的、中立的

---

[1] 朱晓阳：《小村故事：地志与家园（2003—2009）》，北京大学出版社2011年版，第189页。

物理形式，权力从来都没有遗忘城市的每一个角落，落后空间从根本上是权力关系与话语霸权的作品。国家对空间的支配既可以体现为积极的空间再造，也可以呈现为一种消极的无为，而这其中都隐含着权力的身影。在中国的语境下，我看到，当资本的力量参与到"空间的生产"后，作为权力核心的地方政府似乎并没有削弱自身的支配地位，相反，却极大地增强了其再造空间的能力与信心。由此，尽管在这样的旧城区拆迁中地方政府会面临诸多麻烦，但我还是会相信，米市街必将成为历史，人们会重新制作出一个新的米市街。

二 从"老城里"到"乡下"

在棚户区生活的人们对旧城改造表现出与地方政府同样的期待。这样的共同愿景也极大推动着地方政府改造城市空间的动力与决心。然而，城市家园的改造中，地方政府、拆迁居民以及房地产开发商之间的利益分配总是不可回避的重要问题。面对远远强大于自己的"对手"，居民们将采取什么样的策略？他们将如何争取自己的利益？家园的变迁如何影响他们的地点感？在这一节中，我再次走进古城拆迁居民的生活中，呈现他们家园的变迁。

（一）"民不跟官斗"

随着20世纪60年代新城区建设的开始，大量机关、单位、企业进入的新城区日益繁华。古城区则一直保留着往日的模样，落后的基础设施、拥挤破旧的平房都显示出老城里日益边缘化的地位。在众多的居住人口中，相当一部分是下岗职工，没有固定收入，大部分靠摆摊、做小买卖谋生。此外，居民中更有大量老年人没有经济收入，生活上要依靠儿女。这些低收入的老百姓很少有能力到外面购买楼房，于是大部分家庭都是通过在院内甚至外围加盖房屋，以解决住房问题。长此以往，不仅居民院落内部拥挤破旧，就连老街巷也被越来越多的违建房屋占据。在历史文化保护的名义下，古城成为城市的弃儿，基础设施建设严重滞后。尽管沿湖四周风景优美，但是走进内部后，破旧的道路、狭窄的胡同、失修的砖瓦平房甚至是脏水外溢的下水道随处可见。

尽管古城区早已被划为文化保护区，但自1993年《聊城市历史文化名城保护规划》提出"有计划地改造、拆迁一些形式破旧、色彩不协调、密度过高的民居"后，老城里拆迁的传言就一直不断。2007年新的市委书记上任后，古城改造正式列入了城市建设的重点工程。随着《聊城古城保护与整治规划》的公示，老城里的居民终于确信了一直的传言。然而，古城到底如何改造？老城里居民何去何从？对于这样一些更关乎自身利益的事情，每个人心里都没有底。

不久，每个住户都收到了一份政府发下来的关于古城拆迁的民意调查。调查内容除了涉及每户的基本信息外，有一项"是否会选择在古城改造后回迁"的题目特别让大家关注。据调查结果公示，有80%的居民都选择了回迁。对于这样的选择，一位曾经的老城里居民这样对我说："都是老辈上留下来的地，不少人都是多少辈都住老城里，谁愿意搬走啊？"此外，他还分析，古城原来就是城市的中心，虽然现在破破烂烂，但改造后肯定还是个好地方，还是城市的中心，这里的房子会值钱；古城周围是大面积的东昌湖，污染轻，环境好；改造好的古城以后会是城市旅游的中心，适合做生意，有商机。另一位曾经在楼西大街有临街商铺的居民的抱怨也证明了这样的分析："我楼西的那个门面房，你想想，现在值多少钱？要是还能在那儿做买卖，比现在这地不强？就是把它租出去，也满够俺一家人生活的吧？"显然，与改造后的环境相比，每个人都清楚更重要的是老城里改造后的商业价值。

尽管大家对政府并没有太高的期待，但在《古城区房屋拆迁补偿安置方案》和《古城区房屋拆迁补偿安置说明书》发放给居民们后，大部分居民还是非常失望甚至是不满。依据这两个文件，古城居民的房屋拆迁补偿基准价为每平方米3421元。具体到每一处住宅，结合房屋成新率、结构、楼层、朝向等因素实施评估，再确定每一处拆迁房屋的价格。对于居民的安置方式，本着自愿的原则，居民可选择是货币补偿或回迁安置。回迁安置又分为异地回迁和原地回迁。异地回迁可在政府建造的回迁小区以优惠价格购买楼房，楼房价格在每平方米2300—2600元；原地回迁的居民可以选择补齐差价购买改造后原地开发的高档住宅，原址回购价格在市场评估价的基础上优惠10%。由于拆迁补偿主要是依据每户房屋产权证上的面积计算，每户的院落并不计算在内，这对不同的家庭有很大差别。院落面积小，房屋面积大的补偿就大，而那些房屋面积小，有大片院落的就"吃亏的很"。古城老居民陈书德和宋之成的情况就很好地显示了这样的差别。

2014年10月21日，在拆迁安置小区——望湖小区里，陈书德在自己的车库前捣鼓着刚买的三轮车。对于我这样一个来了解古城历史的人，他很是热情，并向我说起自己的家庭。

65岁的陈书德显得比同龄人更年轻些。原住古城东门内，楼东大街南侧。早年其曾祖父自山西祁县来聊城，经营书社。1950年他随父亲从祁县来聊城，此后父亲回了祁县，他则留在了聊城，此后因登记户籍父亲无法再来聊城。陈家经营的书社在楼东大街南侧有临街店铺，1956年公私合营。20世纪60年代，古城拓宽街道，陈大爷家经营的临街店铺拆迁，获得500元补偿。但此时书社已逐渐停止经营，雕版也毁弃殆尽。谈到这些被当柴火烧掉的雕版，陈书德现在依旧满脸遗憾。虽然60年代的扩街拆掉了临街店铺，但街南侧依旧保留了房屋。古城房屋拆迁丈量评估时，陈书德通过关系人给负责丈量的人送了些礼。这样，原来只有90平方米的住房获得了更多的补偿面积。由于儿子经济条件不错，又帮助添了些钱，在望湖花园购买了两套83平方米的楼房。对于现在的住处，他表示绝大部分居民现在房子都够用，有些甚至都用不了，出租给他人用。他的一处回迁房就租给了儿子的战友。此外，陈书德岳父家在龙湾拆迁时也分得三套住房，有一套就是他的。由于那里离学校近，接近市中心，陈书德就住在龙湾小区，平日里帮儿子送孩子上学。尽管房子足够住，但是，他还是极为留恋老城里的小院。

"原来在古城里多方便啊，周围都是老邻居，现在老邻居都见不着了。"

"拆迁政策不是可以原址回购吗？你怎么当时没回购？"我问道。

"那谁买得起？一两万一平方米。那是咱们老百姓住的？只有很少几户临街的留下了。"他又补充说："都是有关系的。"

尽管陈书德对老城里的小院恋恋不舍，但如今的多套楼房还是能够弥补这样的遗憾。然而，对于他来说，拆迁的损失就不仅仅是自由的院落生活，更有经济上的亏本。而这也代表了不少老城里居民的情况。刚刚退休的宋之成原来住楼北，有一处近160平方米的小院。然而，由于他的院落较大，在折算面积时只有105平方米。最后，在望湖小区要了一套67平方米的楼房。对于为什么只要这些，他解释说："当时要两套，还要再添钱，我那点退休金刚够吃饭的。"由于现在的楼层是5楼，60多岁的他已明显感觉到不方便。如今，随着城市房价的上涨，望湖小区的房价由购买时的 2500 元左右上涨到近 4000 元，这更让只要了一套房的宋之成感觉亏得很。提起古城拆迁，他已不仅仅是抱怨，更多的是谩骂。"那老城里是什么地啊，这里又是什么地？原来就是个村庄，农田。原来的地比这里贵三倍也不止啊。×××那个东西，可把我们坑毁了。"

面对大失所望的拆迁政策，居民们将如何争取自己的利益？他们的行为是否如查尔斯·蒂利、西德尼·塔罗所概括的"抗争政治"[①]？而决心要将古城打造成高端旅游与生活空间的地方政府又将采取什么样的策略？如今，当我向他们提出"为什么不愿意搬迁，最终还是搬走了"这个问题时，"胳膊拧不过大腿""民不与官斗"是我听到的普遍理由。一开始，大部分居民的做法如斯科特所说的"弱者的武器"："观望""坐等"。随后，一小部分人开始鼓动大家不要与政府签合同。宋之成告诉我：

  俺那天晚上和几个人商量了一下，咱就等着，就这么耗着，看看政府能这么样。你猜怎么样？第二天早上俺几个就被带公安局里去了！警察也不打你，就是告诉我，在家里不签合同不会找你，想闹事是不行。老百姓谁敢跟政府对着干？哎，这一吓唬，俺那几个谁也不敢动静了。

在个别"出头鸟"被警告之后，大部分观望的居民已开始"军心动摇"。随着第一批签约拆迁的开始，越来越多的人对观望已不抱希望。很快，地方政府就"兵不血刃"地取得了这场对抗的胜利。说起当时的情形，宋之成至今依旧对古城那些意志不坚定的居民抱怨不停："后来听说人家政府那边都觉得补偿太低了，正要准备给提高补偿标准呢，结果这边都自己主动签合同同意了。人家都骂古城老百姓真是憨熊。"

据宋之成说，每个片区都有一个拆迁小组，顺利完成拆迁任务的，小组成员每人奖励一套房。于是，在压力与奖励之下，拆迁队在拆迁工作中可谓不遗余力。对于"拖延战术"，他们自有对策。策略之一就是：凡是在规定期内主动签约拆迁的，发放奖励。凡是拆迁户与政府公务员有近亲属关系的，由该公务员做工作。事实上，当大家看到那些公务员及其近亲

---

 ① ［美］查尔斯·蒂利、西德尼·塔罗：《抗争政治》，李义中译，译林出版社 2010 年版。

属早早签约后，大部分人就已经动摇了。随着越来越多的人同意拆迁安置，最后坚持对抗的已成为少数。这些还在坚持的或者是没有经济收入的孤寡老人，或者是家庭困难的特困户。对这样一些群体，拆迁组则协调民政、教育或劳动等相关部门，或者是为其办理低保，或者是帮助就业，或者是解决子女入学等。据媒体报道，古城拆迁过程中，"共办理城市低保48户，安置'4050'人员75人，临时救助古城区困难群众200余户"。[①] 这样的措施在解决了他们一定困难的同时，也给当事人以感情上的感化。面对拆迁组人员苦口婆心的说服、细心体贴的关怀，大部分人还是选择了妥协。

而对于最后已成少数的"钉子户"，最后的策略就是强制拆迁。这其中，北顺城墙路的李焕新就是一例。李焕新共有房屋面积近300平方米，另有厂房200多平方米。宋之成告诉我，这是坚持到最后的十几户之一。2010年6月10日，拆迁指挥部在限制其家庭成员后，将所有用品强制搬离，几个小时之内，这里仅剩的孤零零的房屋也烟消云散。尽管当事人此后也在一些网站发文"揭露"政府野蛮拆迁，但这并没有给政府带来什么麻烦。当我向宋之成表示没怎么听到古城强制拆迁的新闻消息时，他愤愤地告诉我："强制拆迁的那几天，古城四个门都是武警把守，外面谁也不能进去。古城就那四个入口，把门一关，里面发生什么事，外面谁知道啊。"

尽管居民们曾经"幻想"留在老城里，但他们对于拆迁政策的不满更多的还是因为老房子的补偿标准过低。换言之，在拆迁居民看来，古城的改造理所应当，但应给老城里居民合理的经济补偿。在拆迁政策出台之后，他们并不认为能够改变政府的决策，唯一期待的就是能够争取一些经济利益。面对拆迁动员的工作人员，东口南街坚持到最后的张莲枝以这样的理由质疑："我们这里补偿10%，临大街的补偿25%，同样都是老城里，怎还讲道理不？"而从地方政府角度看，它同样意识到拆迁居民各方面的损失都可以通过经济方式予以补偿。至此，可以认为，古城拆迁中无论是一开始多数居民的观望，还是部分人的拖延，乃至"钉子户"的最后坚持，与其说是底层大众对地方政府的抗争，不如说是通过这样的策略以

---

① 张健、苑辛：《践行群众路线的生动体现：古城回眸看拆迁》，《聊城日报》2014年9月23日第1版。

争取更多的经济利益。从这样的角度看，居民们所有的策略与行动更类似于一种博弈。从某种意义上看，居民们的策略与行动也很难称得上是已有研究中的"抗争政治"，相反，无论从主观上看，还是基于居民们的诉求目标，这样的观望、拖延乃至最后的钉子户更多地具有"非抗争政治"的特征。而这样的现象也在大量对农民上访的研究中得到验证。①

已有的对城市拆迁、农民上访的研究深受西方抗争政治理论的影响。抗争政治理论又被称为社会运动理论，它产生于对20世纪六七十年代欧美各种社会运动的关注。事实上，西方的抗争政治理论深受民主理论的影响。正如有研究者所言，"抗争政治隐含着抗争的政治属性，其主要指向集体利益与政治权利的诉求，是一种公民社会的民主政治参与"。② 由此，抗争不仅仅是维护集体的权利，更是民主政治发展的标志。在认识中国底层大众与基层政府的关系时，这样的理论背景就不能不予以考虑。

接下来的问题是，如何理解底层大众的"非抗争性政治"？显然，"民不与官斗""胳膊拧不过大腿"的观念既是帝国的传统，也是现实的教训。由此，"枪打出头鸟"就成了底层大众的生存哲学。毋庸置疑，这样的观念与自古以来双方实力的悬殊密不可分。在这样的传统中，在这样一个"利益博弈时代"③，更为"理性"的选择就是如何尽可能地争取更多的经济利益：或者是在规定期限内自动拆迁以获得额外的奖励，或者是在拖延中得到各种救助。正如一位居民对拆迁中一例因气愤而自杀事件的评价："你自己气死了，找谁去？这不是跟自己过不去吗？老话说'民不跟官斗'，老百姓跟官家斗气，还不是自找难看？你看看老郑家，说是不

---

① 这主要以华中村治研究的学者为代表，他们通过农业税费时代前后农民上访的对比研究，将对官民冲突中农民政治行为的认知从抗争转向博弈，从抗争政治转向博弈政治。参见申端锋《治权与维权：和平乡农民上访与乡村治理（1978—2008）》，华中科技大学，博士学位论文，2009年；王德福《政策激励型表达：当前农村群体性事件发生机制的一个分析框架》，《探索》2011年第5期；桂华《农民上访的类型及其变化机制探析》，《中共杭州市委党校学报》2012年第2期；田先红《治理基层中国：桥镇信访博弈的叙事（1995—2009）》，社会科学文献出版社2012年版；常倩《赢利性上访、赢利性经纪与基层社会参与》，《东南学术》2012年第3期；李祖佩《农民上访：类型划分、理论检视与化解路径》，《中州学刊》2012年第5期；陈柏峰《农民上访的分类治理研究》，《政治学研究》2012年第1期；陈锋《机会主义政治：北镇的治理实践与分利秩序》，华中科技大学，博士学位论文，2013年。

② 陈锋：《从抗争政治、底层政治到非抗争政治：农民上访研究视角的检视、反思与拓展》，《南京农业大学学报》（社会科学版）2014年第1期。

③ 孙立平：《中国进入利益博弈时代》，《中国改革报》2006年4月25日第4版。

拆，得了个低保就拆了，这才是明白人。"

对于拆迁居民的想法与策略，地方政府自然心知肚明。在媒体监督尚存威胁的当下，暴力早已不是拆迁的第一策略。于是，对于限定期限内拆迁的居民予以奖励足以诱使不少居民主动拆迁。接下来，在基层拆迁工作人员耐心的思想工作之下，在特别的照顾与帮助之下，大部分确实困难的拆迁居民已被攻克。而对于坚持到底的极少数个体，强制拆迁就成了最后的保障。在颠覆了拆迁居民的抗争政治后，回顾整个拆迁过程中地方主政者与拆迁居民之间的关系，我忽然想到中国传统家庭中手握大权的父母与听命安排的孩子：对于听话的孩子，施以奖励；对于部分想不通的孩子，反复的说服教育；而对于最后的"顽固不化"者，一顿暴揍。事实上，即便是在帝国已经消亡的一个世纪之后，"父母官"的角色不仅依旧是地方官员的自我认知，更是老百姓对地方主政者的想象。在这样的想象中，父母官依旧是不可挑战的、不可违抗的。

随着最后几户钉子户被强制拆迁，古城已是一片狼藉。而拆迁后的古城也成了大量寻宝人挖宝的地方。很快，大片的废墟又被寻宝人挖得千疮百孔。在政府明令禁止之后，更有带着专业探测仪器的人在夜里偷偷寻宝。即使是如今，在部分还是废墟的地方，依旧能看到挖宝留下的深洞。2014年9月3日，当我在楼西大街一处地摊吃饭时，摊点的主人——一位向民工卖饭的老人告诉我："前两年，刚拆完那时候，到处都是破砖乱瓦的，晚上带着手电挖宝的，偷偷摸摸得跟贼似的，那里一两年的时间都是荒草。天不黑我就关门，瘆得慌。"

（二）"乡下"的小区生活

离开了祖祖辈辈的古城，老城里居民未来的家园被规划在了东昌湖西南的许窑村南侧。尽管这里尚属于市区，但周围大片的村庄与农田还是让他们感觉像是来到了乡下，而这让他们失去了曾经的老城里身份与感觉。

据古城拆迁与改造指挥部的材料介绍，安置小区占地400余亩，分为两期开发。小区采取开发代建方式，由润源公司与市建委住建投资开发公司共同实施项目建设，住建投资开发公司具体建造。小区住宅共计72栋，首期于2010年开工，2013年交付使用，安置1786户；二期于2012年开工，2014年9月交付最后一批住房。或许是为了避免居民们离开老城里的失落感，这处离东昌湖一千米左右的小区被命名为望湖小区。事实上，由于周围大多数是村庄与农田，居民们在楼上确实是能够看到曾经就在周围的东昌湖。

  2014年10月21日，我第一次来到望湖小区。小区一期与二期之间有一条并不宽敞的东西走向道路。道路两侧大多是一些与居民生活相关的店铺。小区大门入口虽有值班人员，但对于进入小区的人与车辆并不过问。我曾担心被拒之门外的想法看来是多余的。小区一期内部早已入住，居民随处可见，并不冷清。只是道路与公共空间局促狭窄。古城居民本来以老年人为主，再加上是工作日，楼下能够看到的居民基本上是晒太阳或带孩子的老年人。在小区最南面一排楼前，看到两位老年妇女，我试着打了个招呼，一位指着自己的耳朵说："我听不见，你问她吧。"另一位似乎对我这个陌生人的到来并不感兴趣，甚至是有些冷漠。我只好悻悻而去。小区南侧紧邻湖南路，路边是宽阔的绿化带。绿化带里修筑了很多供居民休闲、锻炼的小广场。最东侧的一处绿荫密布，这也成了夏天居民们打麻将的好去处。麻将以及桌凳是小区里两名中年男子提供的，每人收费

图5-13 小区内楼下的车库被改造为商铺，2015年5月

图 5-14　绿化带里种菜的老人，2016 年 5 月

图 5-15　望湖小区东侧的集市，2015 年 11 月

1元。即使是工作日，每天也有很多人聚集于此，打发闲暇的时光。这其中有不少是中年男子，树荫里也有带孩子的老人，围观、聊天。

与一期一路之隔的二期占地面积要大得多，除了南侧的大门外，西侧、北侧都留有小门，但只有部分开放。小区东北部的外侧是一片面积很大的闲地，看上去像等待建设的工地。空旷的场地全部是裸露土地，也有些地方堆满了建筑垃圾。随着望湖小区居民的入住，这片闲置的场地聚集了越来越多的商贩，而这也给老城里大量没有工作的人提供了就业机会。集市每逢农历初四、初九开市，由于这里的东西比超市更为便宜，也成了整体上收入不高的老城里居民们平日里采购的主要地方。小区与集市只有一道铁质栏杆围墙，几处栏杆被拆了下来，形成一个仅容一人的洞口。这也成了小区居民直达集市的捷径。

习惯了院落、胡同的生活，人们还是喜欢楼下的敞亮。带孩子的年轻女人，择菜的老年妇女，坐在一起闲聊或者是打瞌睡的老头。很快我就发现，由于居民之间大都熟悉，当我出现在这里时，不少人很快就注意到一个陌生人的出现。来的次数多了，不少人也把我当成了在此租房的人。当我向他们介绍自己是来了解古城历史的，老人们倒也乐意向我谈谈古城往事。除了古城的故事传说外，我同样感兴趣的还有他们对以前老城里生活及现在小区生活的感受。

李士诚老人原来住楼北，原有200多平方米的宽敞院落，选回迁楼的时候运气不佳，抓了个五楼。拆迁的时候无论如何他也想不通："老辈子留下了的宅院，有证有本，说不让你住就不让你住了。"尽管万分不情愿，但他还是没有敢当"钉子户"，气愤不过的他大病一场。"俺两个儿子轮着伺候了一个月，差点没革命。楼东那边就气死一个，想不开，自寻短见。气死了你找谁？"来到望湖小区后，夏天的时候会到小区南面的树荫里乘凉，大部分时间都坐在楼下，三五个老人一起闲聊，有时候就是呆呆地坐在，打瞌睡。

"听说以前古城里环境很差，现在小区环境比以前好多了吧？"我问李士诚。

"古城一直那个样，脏点儿，主要是路不行。多少年了，也习惯了。可原先家家有个院，天天坐院里、胡同口，老邻居们在一起谈论家长里短。住楼上哪有院里自由啊，这不被关进笼子里了？"

"老城里是什么地？几百年了都是东昌府的府城，俺老祖明朝从山西来来东昌府,到我这二十六代了,一直住老城里,别看房子破,俺就爱住那儿。"另一位60多岁的老人气呼呼地说。

"我这找人说个话,还得俺儿子把我扶下来。那谁打来这就没下过楼。老了老了,又受起罪了。"另一个年纪更大的老人在一边说着。

李士诚一边敲着楼的墙面,一边说:"你看看,这样的楼,一敲墙皮就要掉,能撑几年?都让当官的贪污了。想想毛主席那时候,哪个当官的敢现在这样?"

另外一个中年男子冲着他说:"那是保温墙体,你不知道就瞎说。为什么叫你来这里?乡下的地便宜啊。名倒好听,还望湖,我在楼上光看着村庄和地了。早先住城中心,现在反而住乡下了。"

与大部分老年人每天下楼聊天不同,70多岁的尹兴盛与老伴却不愿意在楼下闲着。尹兴盛老人原住古楼南,有180平方米的住房,20余平方米小院。拆迁之后,他在望湖小区选了两套83平方米的楼房,都在4楼。20世纪90年代下岗后,他就一直靠卖爆米花为生。楼南大街东侧有个小学,加上平日里古城内人流不断,在自家门口摆摊的他生意倒也说得过去。如今,在望湖小区摆摊很难有生意,于是他和老伴就经常骑着三轮车回到古城东门摆摊。2014年10月28日,我再一次在东门外见到了老两口。东门口人流并不多,已经做好的爆米花摆满了三轮车,但没有顾客光顾。

我问他:"你怎么不到市里去?那里人多。这里没多少人啊?"

"卖多就多,卖少就少吧。俺现在也不指望它能挣多少钱。现在年轻人不稀罕这个了。主要是来古城再看看,不愿意天天待望湖,还是这里熟悉些。"

"你怎么不到古城里面去?"我问。

"里边倒不是原来的样子了。再说里面经常有人撵。"

"那倒也是,这地方环境也不错。"我应和着他。

"我在老城里住一辈子了,住一辈子了。"老人一边摇着"大炮",一边念叨着。

显然,对于这些一辈子住在老城的历代老人而言,古城不仅仅是一处住处,更是他们的故土与家园。在这里,尽管环境并不如人意,但每一处街巷胡同,每一处破旧的房屋,都给生活于此的人们留下了一生的回忆。对于这样的一个位置、一个场所,美国社会学家安东尼·奥罗姆与陈向明曾提出了"地点"的理论予以解释。他们认为，地点是"人类活动最重要、最基本的发生地。……地点和人类之间存在着某种自然而不变的联系。只有通过这些联系，我们对地点的认识才变得有意义"。为此，他们提出，对地点的认识应该包括："（1）一种个人身份认同感，一种说明'我们是谁'的感觉；（2）一种社区感，成为一个大集体（或者家庭或者邻里人群）的归属感；（3）一种过去和将来感（时间感），一种我们身后和我们面前的地点感；（4）一种在家的感觉，一种舒适感。"①

这样的观点对我理解古城老居民的上述感受具有很大启发。一座有着悠久历史却破破烂烂的古城，对于地方政府而言，它是推动城市旅游经济的龙头；对于游客而言，它成为个人休闲观光的风景。然而，对于曾经在这里祖祖辈辈生活的老居民而言，这却是他们身份认同感、社区感、时间感的全部依托。离开了这样的地点，如今的他们再也找不到曾经的归属，成为"流放乡下"的弃儿。随着古城的再造，即使是回到原来的地点，雕梁画栋的仿古建筑也让他们找不回曾经的记忆。

让我并不意外的是，与古城老居民不同，望湖小区的年轻人们似乎更喜欢这样的环境。

20多岁的马涛一身时尚打扮，从技校毕业的他在开发区一家企业上班刚刚两年。古城改造之前，他与父母及爷爷奶奶住火神庙街一处170多平方米的小院内。谈到对以前古城的印象，他更多的是抱怨那里环境的脏乱："街道窄，砖铺的路坑坑洼洼，开车费老劲了。谁家附近要是有个垃圾投放点，遍地的垃圾能够臭死你。屋里没暖气，自家安装的取暖炉，屋里没干净的时候。"依据拆迁政策，在补交了几万元钱后，马涛家在望湖小区分到了两套楼房。如今他的父母与爷爷奶奶住一套，而另一套则留给他准备结婚用。在刚刚装修好的新房里，马涛现在很是满意。"要不是古城改造，父母可没有钱给我立刻买上楼房。"如今的他天天盘算着选购什么样的家具家电，如何规划自己很快就要开始的新婚生活。

马涛的对门是专职在家带孩子的齐育梅。由于丈夫在市中心有一处生意不错的店面，齐女士结婚后不久就辞去了原来的工作，在家带两个孩子。虽然有两个上幼儿园的孩子，但齐女士的家还是收拾得整齐又干净，

---

① ［美］安东尼·奥罗姆：《城市的世界：对地点的比较分析和历史分析》，陈向明译，上海人民出版社2005年版，第15—16页。

家具、电器一应俱全。"我以前在古城院里住，路上都是土，家里怎么收拾也不干净，现在住楼多干净。暖气、天然气也都比原来方便多了。年轻的大都不愿意住古城，环境差，不方便。拆迁后，出去租了1年多的房子，刚来的时候，周围不是原来的邻居了，出来都不是很熟。一开始也不适应，但现在都熟了。"谈到小区的配套设施，齐女士也算基本满意。"现在大的孩子就在小区门口的华夏幼儿园，附近也建了小学、中学。以后孩子上学都还方便。小区就是房子质量一般，电梯经常出问题，也有的家里下水道漏水，物业服务不行。"

尽管很多的年轻人也是出生于古城，生活于古城，但在他们的记忆中，古城一直都是城市发展的弃地，更多地代表了与现代城市不相协调的棚户区，而这种脏乱的环境与他们追求的现代生活形成了鲜明的反差。随着越来越多的年轻人逃离古城，这里早已没有了太多的留恋。

在大多数市民都享受着城市建设带来的现代文明时，老城里的居民们依旧忍受着棚户区的拥挤与破落。这样的状况也大大减少了地方政府推进棚户区改造的阻力。在随之而来的古城再造中，无论在家园的选择上，还是在利益的分配中，老城里居民依旧只是听命安排的子民。

三 农民的城市生活

从院落到小区，老城里居民失去的是祖祖辈辈的家园，而在城中村的改造中，被改变的就不仅仅是家园与记忆，更有他们多年的生活习惯乃至谋生的方式。而这也早已成为当下中国城市的代表地景之一，显然，城市的地志学对此不能视而不见。在对城市周边失地农民转换为市民的研究中，社会适应一直是社会学关注的重点。显然这样的思路依旧坚持人与环境的二分与隔离。如前所述，城市的地志学拒绝将地景视为人们的行动背景，将人与环境的相互建构视为持续的动态过程，尝试从能动者—在—环境中（anent-in-environment）这样一种现象学式的视角来理解人们的生活形式。秉持这样一种理念，接下来我将回顾城市中一个村庄向小区的转换过程，呈现国家通过地景制作实现的城市化与发展，理解村民们如何在这样的背景下开辟自己的道路。

（一）"不种地的农民"

作为一个地处山东西部的欠发达城市，聊城的城市化进程大大落后于东部沿海地区。在20世纪六七十年代之后的一波新城建设后，这座小城在接下来的30年之中并没有太多空间扩张。1995年之后，位于城区东侧的经济开发区建设再次推动了城市空间的拓展，而这也改变了这里千千万万原本以土地为生的农民的命运。在众多的城中村改造中，武村[①]成了经济开发区第一个被征地、拆迁、上楼的村庄，用如今村党支部书记武学顺的话说，武村也是"第一个为开发区建设做出重大贡献的村庄"。

2000年之前，武村还是城市东外环路东侧一个普通的小村庄。全村有近300户，人口不足1000人。耕地面积约1300亩，主要分布在村庄南面。与周围村庄相比，武村的人均耕地面积并不算少。村民以武姓、孙姓为主，村干部也大都出自这两个家族。尽管村庄位于市郊，由于城市中能够提供大量就业机会的企业寥寥无几，村民们大都还是以土地为生。但邻近市区的地理优势还是让村庄集体企业有一定发展。这其中，水泥预制品厂、酒厂、皮件厂等村办企业每年也能够为村集体带来一定收入，这也是村庄公共服务以及村委会日常经费开支的重要经济来源。

由于聊城地处黄河下游冲积平原，土质较为适宜粮食种植，再加上能够利用引黄灌溉，很长时间以来粮食种植都是村民们的主要收入来源。由于村子邻近城区，蔬菜的销售相对便利。20世纪80年代，村民们逐渐意识到，与种植粮食作物相比，种植蔬菜有更多的收益。此后，越来越多的村民将部分耕地用于蔬菜种植。对于村民孙传志而言，蔬菜种植就曾经是全家重要的经济来源。孙传志一家有六口人，1个儿子，3个女儿，征地前有耕地7亩。除了6亩地种植小麦、玉米外，还有一亩地常年种些蔬菜，如豆角、白菜、土豆、茄子等。由于蔬菜大部分是零售，为了便于及时销售，每家的菜地都会种多种，每样菜都不会种太多，每种菜收获后在数日里便可售完。大部分村民到村庄西北约三里远的板桥路边卖菜，这里已是城区的边缘，更远一些的能够到市里的综合楼。除了粮食、蔬菜的收入，孙传志家还养了牛、羊等家畜，既提供肥料，也有一定收入。事实上，这个时候整个村子不少村民都如孙传志家相似。20世纪90年代以

[①] 遵循人类学规范，武村为学名，村中人物皆为化名。

后，蔬菜种植大多改变了原来的小农模式，部分有资金的村民发展起了大棚种植，这也大大提高了土地的经济效益。

2002年，武村所在的位置被规划为经济开发区两处相邻的高档住宅区。这意味着村庄绝大部分耕地都将被征用，村庄也将搬迁至村南面300米的位置。征地拆迁的消息传到村庄不久，很快就开始了相关的前期拆迁工作。接下来，丈量土地、房屋的工作随即展开。作为开发区第一个被征地拆迁的村庄，村民们对接下来的命运还是有些惶惶不安。依据开发区定下的政策，村民的房屋拆迁补偿依据房屋状况评级。评定级别最高10分，补偿价格为每平方米520元。事实上，在公示的评定结果中，并没有达到10分的。大部分的房屋评定结果为7分左右，这意味着补偿标准大多为360元每平方米。从整体数额看，大部分住宅补偿约3万元，多的能够补偿4万元左右。

搬迁楼房由村集体用征地补偿款建设，楼房共三种面积：70平方米、90平方米、120平方米。村民购买价格为每平方米450元。以一处住宅换取一处90平方米的楼房为例，这意味着村民在拿出所有房屋补偿款后还需个人补贴几千元。而要选购120平方米的楼房，个人需要实际承担近2万元。拆迁政策下达到村子后，在私下里的议论纷纷中，有部分村民开始表达出自己的不满。如今，看到周围村庄拆迁中较他们数倍的补偿标准，村民们更是愤愤不平："武村可是让坑毁了，地没有了，住楼还得自己掏钱。人家马村一个月发的钱是俺的双份。"对于这场突如其来的拆迁，我很想知道村民们当时是一种什么样的态度，是否有对抗行为。当我向如今的书记问是否有人不满甚至拒绝拆迁这个问题时，武书记告诉我："那时候以前也没有先例，我们是第一个，那时候没有比对，也没什么想不通的。开发区定好了政策，老百姓基本都听话。"而在村民孙传志这里我却听到了稍有不同的声音。"那时候谁敢？那时候上面压的紧，谁要有意见，说逮就逮起来。去你家量的时候，还得好好陪着，有的都请他们去量。"孙传志的老伴更是告诉我："那可不得好好陪着？家里来了量房子的，我还去买了两瓶饮料呢，就怕人家给你量少了，那不就吃亏了？"

为了保障村民们的临时居住问题，村子的拆迁分为两期。2003年，村子南半部分的拆迁与小区楼房建设同时开始。拆迁后的村民或者是到北半部尚未拆迁的村民家借宿，或者是到周围其他村子的亲戚家借宿。2005年，小区楼房竣工之后，村子北半部分也很快完成拆迁。此后，仅剩下南面 100 多亩耕地的村民们基本告别了土地的耕作，村庄也改称武村花园小区。随着家园地景的变换，曾经的村民转身变成了"市民"。

随着村庄耕地被征用，村民们的生活发生了彻底变化。失地后的村民们面临的首要问题是谋生方式的选择。对于开发区首个征地拆迁的村庄，开发区制定的土地补偿政策是每亩地 3 万元补偿款。征地补偿款共有 3000 多万元，建设小区楼房以及村委会日常开支使用近半，只剩 1500 万元。但所有土地补偿款并没有直接发放给村民，而是由财政局保管，后来又放在兴业公司。村里每年可以领取相应利息，这些利息按照村民原有土地面积分配，每亩地 1400 元。一位村民给我算了笔账，平均下来大概相当于每人每年有 1500 元左右。显然，这点收入远远不能满足温饱。在村子拆迁之前，曾有个别村民购买了推土机、吊车等大型车辆，自己到附近的一些工地联系些零活。2005 年后，随着城市建设中对工程车辆需求的增加，越来越多的村民购置了类似的工程车辆。很快，武村成为附近小有名气的"工程车辆"专业村。而那些较早购买车辆的人也成为村中的第一批富裕户。然而，并不是大部分人都有资金、有能力购买这样的大车，大部分村民也只能是自寻工作，谋求生路。

2015 年 10 月 26 日，在小区广场上，一位 50 多岁的村民向我谈起了村民们征地拆迁后的就业、收入等问题。

"村子征地后大家没地了都干什么去？"我问他。

"还能干什么？打工呗。有车的跑车，没车的自己挣钱打工。不去打工，你能做么去？一年队里给那千把块钱，够喝风的不？到年上二十八九的才给。指望它那一千块钱，喝风也不够。"

"与原来种地相比，你觉得现在怎么样？"我问。

"说实在的，还不如种那点地哩，那时候种地很多东西不用买去不？现在只要是睁开眼就得花钱，睁眼就花钱。"

"大家都知道你们村大车多，我看你们小区里高档轿车不少，有钱的人也不少吧？"我指着一辆停放在楼前的宝马轿车问。

"那些自己有钱买的还行，后来大部分还不都是贷款买的？挣钱是挣钱，也得还利息。你看着有好车，不少都是买二手的。"这位村民似乎不以为然。

对于周围近年来基础实施与小区的完善，我曾认为或许能够为大家带来更多的就业与收入。但这位村民表示："这地方白瞎，别说这，现在就是百货大楼的生意都不行。聊城除了盖楼就是盖楼，你现在站在楼上看，看不见别的，光看见楼，你看见么了？净是楼。西面刚刚拆迁的陈庄，一家都好几处楼房，有的四五处。有句话说大河里没水小河里干。老百姓没钱，你做生意买卖也是不好做。"

对于大部分打工村民的收入，当他告诉我那些在超市、餐馆、工厂等打工的月收入只有1000多元时，我还是感到有些吃惊。更让我没想到的是，事实上村民们的户籍依旧是农业户口。而这也意味着他们在社会保障、医疗等方面都还是农民的待遇。对于养老保险，村民们除了享受农民每月75元的基础养老金外，大部分都购买了额外的保险。这位村民告诉我，他每年交费一次，原来一年100元，现在一年300元，买到60岁。对于60岁后能够拿多少，他表示并不知情。谈到如今自己的境况，这位村民最后给了自己一个定位是："俺们就是没有地的农民，俺这叫'不种地的农民''无业农民'。"

失地后各谋生路的村民在收入上的差距也日渐明显。十年下来，个别大车车主、做生意的成为村里首先开上高档轿车的村民。然而，没有多少技艺、低收入的打工者依旧占据村民中的大部分。孙传志的老伴告诉我，在个人单干的20年里，村民们依旧感觉大家的财富差距还是不大。"原来就是那几亩地，能干的稍宽裕点，不能干的也差不了太多。但现在就不一样了，穷的还是那么穷，有钱的可不止几百万了。差距大了去了，这个社会可不是早先了。"

（二）小区环境的改善

失去土地的村民除了要谋求新的工作，还要面对上楼后小区生活环境的巨大变化。住在与城里人一样的小区里，村民们将会如何栖居于此？

新建的小区共有19栋住宅楼，其中5栋临街，另有村委会办公楼一座，小区公用楼一座以及几座别墅式小楼。对于小区广场后面的这栋3层小楼，一位村民告诉我："这原来是队里的，后来集体没钱了，就卖了。当官的不卖花么去？把小楼卖巴卖巴，把钱装荷包了。个人先发点，他管老百姓干么？都是这么样。"每栋住宅楼都在一层设有储物间，以供村民们放置自己原有的大量杂物。为了下楼方便，也有不少老年人就住在一层的储物间里。事实上，当初村委会在分配楼房时，考虑到老年人上楼不方便，还是优先照顾了那些老年人，将一楼优先安排给60岁以上的老年人，剩下的全体村民抓阄选楼。这样的措施显然不会引起异议，老年人更是觉得理所应当。尽管如此，习惯了院落的村民还是要慢慢适应楼上的生活。当我向一位村民询问大家当初是否习惯住楼时，他告诉我，"什么习惯不习惯的，你没家了，你上哪住去？你再不习惯，也得住啊。一开始是不习惯，慢慢地就习惯了。年轻的还愿意住楼，年纪大的不行，爬楼累得慌"。在满足了村民的购房需求后，剩余部分楼房对外出售。尽管小区楼房并不是小产权房，但大部分村民并没有办理土地证与房产证，只有个别打算出售的办理了两证。

除了放置大量杂物的储物间外，小区的设计与其他并无不同。小区广场上安装有健身器材，楼前有绿化带，种植了冬青、国槐。只是由于缺乏管理，绿化带大部分残缺不全。个别村民依旧喂养着鸡，或者是用笼子圈在楼前，或者是让鸡自己跑来跑去。也有人养狗、养鸟，同样在小区楼下、围墙角落围起笼舍。而这些狗与鸟并不是他们的宠物，而是用来繁殖出售的。对于很多没有固定职业的村民而言，这甚至是他们唯一的收入来源。随着大家各自圈占土地，2013年下半年，小区内私自建设的违章建筑越来越多。这也引起了部分村民们的不满。2014年3月，村委会在召开会议后决定统一拆除。在用大喇叭下达通知后，又在每个楼洞贴出了通知："为维护全体小区住户的合法权益，保持小区清洁的面貌，凡在本小区地下室外，包括楼道、消防通道等公共用地上乱搭乱建、乱放杂物等物质的住户，在4月15日前全部自行清除，如未清除的，将按无主处理。"然而，这样的通知并没有得到很好的执行。在村民把小区私搭乱建的情况告知了地方媒体后，4月4日，《聊城晚报》以"小区里乱搭乱建把路都堵上了"为标题报道了武村花园小区的违建状况。这也引起了小区所属的街道办事处的注意。在执法局与办事处工作人员到来后，小区内的各种私搭乱建最终被拆除。

此外，小区临街商铺对绿化带的侵占也一直是让政府部门头疼的事情。2014年，小区南邻的道路改造不久，绿化带再次被临街商铺的村民们占用。有人将车辆停在了草坪上，也有人把广告牌、旧家具等放在里面，更有人在草坪里安置了桌椅乘凉、打牌等。相关管理部门的多次劝说也并没有改变这样的状况。最终，为了保护改造的绿化带，小区所属的高新区公用事业局决定在绿化带外沿砌起一道一米多高的围墙。当围墙施工进行了一半的时候，经营商铺的村民们发现围墙挡住商铺的视线，很可能

图 5-16　小区里的广场，2016 年 5 月

图 5-17　小区内随处堆放的废品，2014 年 3 月

会影响他们的生意。于是大家联合起来阻止了围墙的施工。就这样，对峙了几天后，村民与公用事业局最终达成了妥协。围墙继续施工，但将高度降低至70厘米。尽管村民们并没有完全阻止政府的行动，但这样的结果还是让大家比较满意。

然而，拆除私搭乱建与外围绿化并没有彻底改变小区内外的脏乱问题。2015年5月，全城的迎接国家卫生城市复审成为小区环境改观的一个重要事件。2007年，聊城获得了国家卫生城市的称呼。2015年，国家卫生城市的复审专家将对一批已获得该称号的城市实施暗访，据称这次暗访将对不合格的城市摘牌。为此，自5月起，全城开始了迎接创城复审的工作。此后，每日里挂着"国家卫生城市复审宣传车"大幅牌子的宣传车都会到小区里进行宣传，高音喇叭不停地播放着"迎接国家卫生城市复审致市民朋友们的一封信"。也正是在这样的运动中，在高新区300多万元改造资金的支持下，小区环境发生了重要变化。

图 5-18 清理小区环境的村民，2015 年 8 月

长期以来，村民购置的大型工程车辆一直是小区道路拥挤的一个重要原因。对于这样的问题，村委会一直没有很好的办法解决。迎接创城复审开始以后，为解决小区里的这个老大难，街道办事处建议小区在外面建设停车场，以解决小区车辆拥挤问题。武主任表示村里没有地。为此，办事

处表示愿意为村里在附近租地建设停车场,但要求村委会负责把车"撵过去"。在全城创城复审的氛围下,村委会很容易地说服了大车车主们。但车主又提出要求,停车场要有看护人员。街道办事处再次为停车场安排了两个人员,负责看车,每人每月2000元。在清理了大车后,小区破旧的道路也得以全部重新硬化,并画上了停车位。在村委会的要求下,原先乱停乱放的私家车也开始停到了车位中。此后,小区外围商铺前早已坑坑洼洼的地面也全部重新铺设了绿化植物。6月中旬,小区全部楼体也被粉刷一新。为彻底清理小区卫生,街道办事处专门调来了卫生保洁人员,在一周多的卫生大扫除后,楼道内多年堆积的杂物、垃圾第一次得以彻底清理。此后,街道办事处又为小区安排了专门保洁人员,街道、楼道一改昔日破旧脏乱的面貌。此外,针对小区临街商铺的广告牌杂乱不一,高新区再次出资全部更换为统一的样式与字体。

与环境整治的立竿见影相比,取缔村民们在小区外围的地摊显得更为艰难。多年以来,与小区相距不远的地方曾有一个固定的集市。这既是一些村民做点小买卖、赖以谋生的地方,也是大家习惯的购物市场。2013年,沿街的集市被取缔后,依旧习惯沿街售卖的摊贩们就逐渐转移到了武村小区前面新拓展的道路两侧。此后,城市管理部门与摆摊的村民就展开了一场漫长的拉锯战。每天的午后,摊贩们陆陆续续地占据了邻近小区的人行道。每当高新区的城管驾驶车辆前来驱赶,摆摊的村民就一哄而散。偶尔抓住一个,城管也只能是像训斥孩子似的教育一番。村民们的游击战直至迎接创城复审才最终结束。2015年迎接创城复审之后,伴随着大街上宣传车高音喇叭的宣传,城管们也加强了巡查的力度,由原来不定期的巡查改为每日里的坚守。在意识到政府坚决取缔的决心后,村民们最终也放弃了自己的坚守。然而,对不少依赖摆摊的村民而言,这也意味着他们再次失去了一份谋生的道路。这其中,小区里年轻的孙长兴夫妻俩就是一例。2014年以前,孙长兴靠一辆三轮车在道边卖食品为生,妻子在一家餐馆打工。随着孩子的出生,妻子失去了餐馆的工作。孙长兴决定将三轮车升级为一辆更大的售货车。随着生意日渐好转,妻子也会不时来帮忙。然而,地摊的取缔也最终断了他们全家的收入来源。接下来,并没有一技之长的孙长兴不得不再次踏上求职的艰难道路。

对于小区面貌的焕然一新,武主任表示,环境的改善多亏了政府,要不是政府承担了全部改造费用,小区恐怕一直就是破破烂烂的样子了。而随着全城创城复审带来的环境变化，村民们的卫生意识也有了明显提高。一位村民告诉我，"政府这回确实不是搞搞形式。创城是创的干净了，环境好了，村民也自觉了不少"。武主任也表示，现在如果工程车再开进小区，村委会都会及时劝阻。"老百姓的意识都提高了，大车进来后，就有人打市长热线。都打市长热线了，不管能行了？"对于自己当选以来的成绩，武主任很是自信："创城复审以来，俺这一届为村里做了这么多事，又是修路，又是刷楼，建了花坛。停车也方便了。老百姓没一个说俺孬的。"

（三）上楼后的生活

事实上，除了村民们户籍没有改变外，小区的管理组织也沿袭了原来的村民委员会。

虽然小区我早已熟悉，但直到 2015 年 10 月 20 日，我第一次来到村委会办公楼。村民委员会的办公楼位于小区西北角，一个小门连接小区，一个大门通向外面。大门上挂着村民委员会与党支部委员会的牌子。办公楼是个二层楼，有十几个房间，虽然每个房间上都挂着牌子，但大部分都空荡荡的。会议室里挂着"先进集体""先进党支部""先进文明村"等荣誉匾牌。在最东侧的办公室里，我见到了刚刚去办事处签到回来的武学顺书记。武书记给人一种朴实的感觉，肤色稍黑，穿着朴素，很是热情地接待了我。在我详细说明了来意后，武书记详细地向我介绍了他们这一届班子的人员以及武村从村庄到小区的过程。

在 2014 年 12 月之前，村子的书记多年来一直是孙尚杰，武学顺任主任。2014 年 12 月，新一届村民委员会选举后，武玉平当选主任，落选的武学顺被任命为村支部书记。村"两委"成员共有五人，书记、主任、会计、支部委员、妇女主任。按照高新区的规定，村委会每天必须有一名"两委"班子成员值班。武村的值班安排是，书记周一值班，主任周二，接下来是会计、支部委员、妇女主任。每天 8 点半值班的成员需到办事处签到，签完到后来办公室值班。如果有特别的事情，再由书记或主任召集大家。在村委会主任的办公室里，今年 57 岁的武玉平主任告诉我，他跟随过三届书记，干了 27 年的会计。如今每年能从高新区领取 5000 元，而会计、支部委员、妇女主任每年只有 3000 元。对于这样的薪酬，他一直抱怨太少，不够基本生活费。"干了二十多年，倒干穷了。"

如今，小区物业由村委会聘用几个人维持治安、卫生，每年七八万元的物业费。所有费用由村集体承担，村民并不用交物业费，但小区内的租住户需要交费。小区供水也是由村委会提供，村民们并不需要缴纳水费。尽管这里的地下水水质很差，大部分村民还是表示都习惯了。更重要的是，如果用市里的自来水还要增加一笔费用。小区建成之后，东北角同时建了一座供孩子上幼儿园的二层小楼。但大部分的孩子都是其他小区的，相反，村里在这里上幼儿园的孩子却极少。一位村民告诉我，"那个幼儿园，自建起后就成了个人的，原来书记儿子的。收费高，一年要1万多元，有几家上得起？还有那个温泉，花了好几百万，现在也不能用了。"这位村民所说的温泉指的是为小区供暖的温泉井。这个由村集体打的温泉井同样也承包给了个人。然而，由于管道及井的质量问题，2014年的冬季已停止了供暖。为此，村民们只能在家里自己安装采暖炉。住在村委会传达室里的武传志的老伴则表示，没暖气倒也没感觉怎么冷，即使是前几年有供暖的时候，为了省些费用，她家也没开通。提到前任书记，村民们还是有不少意见。据一位村民透露，对于多年来村里财务状况的混乱，一直有人通过各种途径不断告发。当我向武主任求证这件事时，他也坦言有这么回事。但考虑到老书记为大家做了这么多年事，也有不少成绩。"毕竟在他的带领下，大家也住上楼了。村委还是把这些事压下了。"

由于当下村子已没有集体企业，失去了集体收入。新一届村委当选后，把原来上届聘用的其他人员都辞退了。武主任表示，下一步打算把物业承包出去，"吃大锅饭的事不行，光拿钱，不干事。物业经理一个月1200元，能干了呢？电工一个月1000元，都比我的钱还多呢。人家马庙村物业人员一个月才600元呢"。能够看得出，对于刚刚开始的任期，武主任还是显得踌躇满志。谈到上任以来的第一年，他也确信自己为改善小区的环境做了不少事情。

尽管住进了小区，由于基本还是原来的村民，村民们的感觉还是一个村子，只不过是"上了楼的农民"而已。平日里，老人们大都聚集在小区广场附近，打零工的中年人闲暇时也会凑在一起打麻将、闲聊，女人们带孩子，做家务。

2003年以前，村子里的纠纷大都与耕地、宅基地相关，而如今没了耕地与平房，居民间的纠纷也少了很多。曾经担任治保主任的武玉平对这些事情最为清楚不过。"原来种地时，事也多。地界纠纷，经常需要队里调解。现在一年也没一两回。很省心。再说，老百姓现在素质也提高了，有点小事也都让一下就过去了，没有原来一些骂街的。"对于住楼、搬进小区，武传志的老伴儿也承认有它的好处。"大家如今都搬楼上了，谁也不求谁了。原来种地要浇水，很多事要相互帮忙，家里没男孩就困难。现在各人治各人的，各人过各人的日子。比早先少了不少事。"

除了偶尔村民大会、广场闲聊外，能够聚集起大部分村民的就是谁家有了红白事的时候。

村子里有一个多年来形成的惯例，无论谁家有红白事，都会到村委会告知一下。村委会会在这几天用广播喇叭播放音乐。大家一听是流行歌曲，就知道有人家娶媳妇，听到哀乐就知道有人去世。事实上，这也是附近都有的习惯。村里有红白理事会，主要由队里班子人员负责，免费为村民服务。20世纪90年代的时候，娶亲的人家还会在村子里安排喜宴，而如今早已去附近的酒店。只是家庭富裕的会选择好一点的酒店，显得有排场。对于白事，大部分村民还是习惯在小区里。由于没有了院落，从外面请来专门的班子，就在楼下支起土灶，摆上简易的桌子，露天吃饭。与到饭店吃饭相比，经济上能够节省不少。村子里八九十岁的老人去世后，大家习惯上认为这是喜丧。大部分村民都会在丧事期间叫"啊啊"（在葬礼上吹奏唢呐的人员），一个班子6个人左右，有的甚至叫两个班子。如今，小区里早已听不到"啊啊"的声音，穿孝服的也只有儿子女儿，而这也与村委会的村规民约有关。据武主任介绍，由于以往的白事浪费太大，这两年村里叫"啊啊"的村民比以前少了。于是他们新一届村委会上任后就规定，白事除了儿女外不得穿孝服，不得用唢呐，不送信，由事主报给理事会人员名单及电话，理事会负责电话通知。白事总体花费一般不超过1万元。这样的规定也得到了大部分村民的拥护。武主任算了一下，平均下来，这样能够为村民节省数千元。一位村民也表示，"这样少浪费啊，大家都觉得是好事。人都死了，弄那些穷摆设干么？不如人活着的时候好好孝敬孝敬。"而对于喜事，武主任表示并不限制。"喜事不一样，有的人关系多些，人家多摆几桌，合情合理。这个村里不干涉。"

在征地之前，村子里有自己专门的义地。2003年之后，为解决墓地问题。村子在开发区北部、徒骇河南侧，购买了近10亩土地，用作义地。每个墓地的面积并不大，每户墓地1.5米见方。另建有几间平房，作为骨灰堂。武主任表示，由于义地面积有限，每个墓地小得可怜，而这也没有办法。

红白事外，村民们人生中的另一件大事依旧是添丁增口。尽管村民们依旧较为看中有个儿子，但以往那些三四个孩子的情况早已没有了。大部分村民是两个子女，也有的村民第一个是儿子的就不再要了。这其中的重要原因是抚养孩子费用的增加。此外，按照规定，第一个是儿子的再次生育已属违法，还有缴纳5万元左右社会抚养费。事实上，如今村里违反计划生育的已经不多，3个子女的极少。对此，一位在广场带孩子的中年村民表示："两个人都上班，一个月也就挣三四千元。两个孩子就够累了。我看一个就行。"村主任武玉平就向我讲述了邻村他朋友的家事：马村的两个兄弟，弟弟两个儿子，哥哥一儿一女。后来哥哥的儿子因意外死亡，弟弟主动提出把二儿子过继给哥哥。因为，依照传统，过继子同样要继承家里的全部财产。哥哥认为弟弟这是看上了他身后的财产，就拒绝了。因为这样的事情，兄弟俩的关系还闹僵了。对此，武主任认为："现在不是早先了，闺女还不一样能伺候老人？谁还总是本着那些老思想？"显然，在生计压力、国家的计划生育宣传等的影响下，村民的生育观念也在悄然发生着变化。

除了忙于生计的压力，村民们另外一件烦心的事就是孩子们的入学问题。村子拆迁以前有自己的小学，2003年拆迁后，孩子们还可以去北面的李太屯小学。2013年开发区南部另外成立高新技术产业开发区，武村小区被划归至高新区。由于高校区没有自己的公立学校，按照市里划片入学的原则，其他地方并不接受区域外的学生。因此，孩子上学只能由村民自己找地方。对于这样的状况，村民很是不满，武主任只能解释，高新区刚刚成立，还不完善，以后会慢慢好的。

回顾武村过去十几年的地景历程，在村庄到小区的空间转换中，在村民到市民的生活实践里，一方面我看到了地方政府如何通过居住空间的变换消灭村庄、制作城市，从而制作出发展的景观；另一方面我也看到，被城市化的武村村民如何在适应城市小区生活的同时，制作出属于自己的环境，创造出自己的生存之道。

尽管城市的管理者力图通过环境的改造彻底消灭村民们"落后"的生产、生活及习惯，但这显然不是只要消灭了村庄就可以实现的。一方面，虽然武村的村民们无法完全主宰自己的命运，但他们也并非是只能适应环境的存在者。即使已经住上现代化的小区，他们也会把自己的过去制作在当下的景观中。另一方面,在城市化的浪潮中,在发展主义的话语下,村民们也在努力地适应时代的潮流,使自己跟上社会的发展,"与时俱进"。换言之,面对国家主导的地景制作,农民既不顽固地坚守着原有的生活,也不仅仅是环境的被动适应者。

现代的小区地景中,我们能够看到村民原有生活的痕迹,这特别体现在最初的私搭乱建与脏乱环境上。随着村委会特别是街道社区的环境整治,人们也能够习惯并维护着良好的环境。失去土地的村民在经历了最初的惶恐之后,依旧要面对现实,各谋生路。上楼后的村民依旧延续着许多原有的生活方式,也不断"移风易俗",创造出新的惯例与观念。这样的过程恰如英戈尔德所指出的"沉浸在生活世界中的个体对环境的感知和实践,并非是对高悬在环境之上的文化意义的内化吸收,而是体现为个体在环境中一步步的摸索和探求过程——人们深入环境发现意义所在,与此同时,环境也被统合进了人们的生命活动"[1]。通过人与环境之间具体、深入、持续的互动,人们栖居于特定世界之中,生活实践的连贯性、整体性得以体现。正是在这样的认识上,英戈尔德主张以"栖居的视角"代替"建构的视角"(the building perspective),建立一种关注人们实践与感知关系的新生态人类学。拒绝将文化视为一套外在于环境、依靠其成员内化吸收的概念图式与意义体系。文化就是人们对真实生活的经历和感知,它的习得是人们在实践中不断理解、发现以及建立一套灵活处理外在事务的身体机制的过程。[2]

再次回到武村村民的世界里,我发现,变与不变并非固定不变,一切总是要取决于生存的策略。面对拆迁时的压制,他们可以是听话的老百姓,而在与城管的游击战中,他们又是城市管理者眼中的刁民;他们既可以在小区里"因地制宜"地开辟出自己的经济资源,也可以随着政府的整治运动改变自己。正是在这样的动态过程中,他们在国家支配的地景制作中努力地创造着属于自己的生活。或许正是如此的灵活与变通,诠释了低层大众的顽强、社会形态的稳定乃至几千年历史、文化的延续与韧性。

---

[1] 张雯:《剧变的草原与牧民的栖居:一项来自内蒙古的环境人类学研究》,《开放时代》2010 年第 11 期。

[2] Ingold, Tim, *The Perception of the Environment: Essays on Livelihood, Dwelling and Skill*, London and New York: Routledge, 2000, p.60.

第六章

城市地志学中的权力、文化与历史

在城市悠久的历史中,每一个人都是匆匆的过客,但大地之上总会印记着他们的思想与行动。这既体现在城市宏观的形貌中,也体现在每一处幸存的建筑、风景里。有时候仅仅是地下残存一处基石,已足以让我们追溯几百年的历史,想象一代代先人曾经的生活。正如哈斯特普所言,"空间的运动记录了大地之上的社会生活,随着时光流逝,某些道路不再存在,一些路线显得比其他的更为自然"。①

回想起在我最初了解这座小城辉煌的过去时,我最大的感慨就是曾经厚重历史与文化的烟消云散,而这或许也是每一个热衷于这座小城历史与文化的人们的共同感受。在经历了这样的"感性"认识之后,当我将其置于城市的地志脉络中,当我尝试去理解人们如何开辟并感知自己的道路之后,我们看到的不仅仅是这座小城的生命历程,更是置身其中的人的历史实践。接下来,我将尝试探寻城市地志学中的权力、文化与历史。这也是这座小城的地志学为我们带来的启示与贡献。

一 城市的地景制作

再次回顾帝国时期这座小城的"东昌八景"以及街道、坛庙等公共空间,我看到了帝国权力如何通过地景制作,实现对城市大众伦理道德、信仰的渗透与支配。这样的支配恰如杜赞奇所指出的,"'国家政权'是由儒家思想交织在一起的行为规范与权威象征的集合体。从这一角度来

---

① [丹麦]柯尔斯顿·哈斯特普:《迈向实用主义启蒙的社会人类学?》,朱晓阳译,《中国农业大学学报》(社会科学版)2007年第4期。

说，国家最重要的职能便体现在一系列的'合法化'程序上：掌握官衔与名誉的封赠，代表全民举行最高层次的祭礼仪式，将自己的文化霸权加之于通俗的象征之上"。[①]

而在当下这座小城的地景制作过程中，我们看到的则是人们借助历史的、自然的资源，通过技术化手段制作风景、创造旅游资源，进而推动地方经济发展。从根本上看，这样的地景制作实践上恰恰是发展话语的支配与实施。换言之，无论是水城地景，还是古城地景，其实质都是关于发展的景观。

自近代以来，发展成为越来越多国家所熟悉并认可的概念。在发展的实践中，经济增长是主要目标，工业化是主要途径，其理论基础则是西方的现代化。发展的话语分析始于20世纪80年代。沃尔夫冈·萨克斯曾分析了与发展话语有关的核心概念，指出这些概念的武断性及其在文化和历史上的独特性。[②] 对于发展的话语定义，美国人类学家埃斯科瓦尔曾经做出过重要的贡献。针对长时间以来从未被质疑的"发展"，他提出，"发展首先是作为一种话语开始运行的"，[③] "应将发展作为一个独特的历史现象和一个被创造出来的思想和行动领域来考察"。[④] 通过《遭遇发展：第三世界的形成与瓦解》一书，埃斯科瓦尔回顾了发展话语和发展机器的建立与巩固过程，分析了第二次世界大战后欠发达这一概念是如何被建构出来的，并展示了发展机器如何通过特定领域的知识和权力的戏台生产出来并发挥作用。

毋庸置疑，第二次世界大战以来，越来越多的第三世界国家毫不犹豫地投入发展的怀抱。这其中，中国更是成为发展最为急迫的地方之一。对于后社会主义空间重塑中的文化逻辑与政治，张鹂通过对昆明城市的研究发现，在向增长与消费社会的转型中，昆明的城市总体规划导致了大规模旧城破坏与城市居民搬迁。这其中的文化逻辑与政治是，落后意识与地方政府联合房地产开发商增长模式的结合共同推动了改革开放以来大规模城

---

① ［美］杜赞奇：《文化、权力与国家》，王福明译，江苏人民出版社2008年版，第32页。
② Sachs, Wolfgang, *The Development Dictionary: A Guide to Knowledge as Power*, London: Zed Books, 1992, pp. 26-27.
③ ［美］阿图罗·埃斯科瓦尔：《遭遇发展：第三世界的形成与瓦解》，汪淳玉等译，社会科学文献出版社2011年版，第43页。
④ 同上书，第9页。

市再建。[①] 显然，古城地景的制作再次验证了这样的论断。

事实上，这样的落后意识显然要追溯至 100 多年以前。在中国几千年的历史中，帝国的理想从来都是政治清明、讲信修睦、社会和谐、百姓安居乐业。自近代 100 多年以来，"半殖民地"的屈辱历史带给我们最为深刻的感受就是国家的落后。革命先行者孙中山曾感慨的"我国近代文明进化，事事皆落人之后"[②] 就很好地代表了这样的现实。1949 年后，"落后就要挨打"的论断更是加剧了赶超、发展的急迫意识。至 1978 年，当我们承认与西方发达国家的差距越来越大时，发展最终成为整个国家的共识。在这样的背景下，政治家总是要面对现实，"发展是解决一切问题的关键"就成为一种国家的话语。当这种话语遭遇急于出政绩的地方主政者，推倒重建的古城就成为最高效的方式。当落后成为一种最为现实的体验，当发展成为一种急不可待的需求，这样一种通过空间再造实现的发展地景就成为摆脱落后的有效方式。至此，打造水城、制作古城的地景制作就不再难以理解。

尽管改革开放之前地方政府对城市的全面再造与支配同样雄心勃勃，但限于当时频繁的政治运动与经济发展水平，城市建设并未出现大拆大建。当经济建设成为国家的中心任务，当地方政府与资本形成了某种默契与合作，地方政府对城市的空间支配最终达到前所未有的强度。于是，即便遭遇中央部委的点名批评、专家的批判、媒体的质疑以及老城里居民的部分抵制，这样的地景制作还是能够在地方主政者的掌握之中。通过打造水城、再造古城，地方主政者的宏伟蓝图、城市面貌的改善乃至地方经济的发展得以实现。于是，在这样的地景制作中，地方主政者与大部分市民达成了基本共识。可以认为，打造水城、再造古城是国家发展主义意识形态暴力的具体实施与展现，而新的城市景观又进一步推动发展深入个体的生活之中，影响到个体生命的方方面面，使其成为无可置疑的"真理"。

在城市的地景制作中，国家权力经常是这一过程的支配性因素，是决定城市地景的核心力量。

在这座小城中，无论是帝国时期城市最初的筑城"经画"、影响城市

---

① Li, Zhang, "Contesting Spatial Modernity in Late-socialist China", *Current Anthropology*, Volume 47, Number 3, June 2006.

② 孙中山：《建国方略》，华夏出版社 2002 年版，第 6 页。

命运的运河兴废、教化大众的坛庙修筑，还是1949年后的城市规划、街道变迁、集会广场，乃至当下地方政府打造的水城与古城、棚户改造、公园与健身广场，都显示了城市的地景制作中国家权力难以挑战的支配地位。无论是对于帝国统治，还是在现代民族国家，这样的支配地位既显示了权力结构中国家权力的强大、社会力量的弱势，也显示出国家权力对城市一直以来的有效控制。

需要指出的是，承认地景制作中国家权力的支配地位并不意味着其他社会因素与力量总是充当旁观者的角色。事实上，他们也常常是参与这一过程的重要主体因素与力量。在帝国时期的这座小城中，漕运带来的商贸繁荣不仅改变了城市空间格局，更深远地影响到各个阶层的生活方式与思想观念。显然，这样的状况在很大程度上超出了帝国对城市的控制与支配；借助帝王将相、神仙鬼怪等故事传说，城市大众同样会用自己的方式与帝国官员、文人墨客协力制作出城市的风景；而在坛庙地景中，城市大众常常都是这里的主角，这里从来都是他们生活的一部分；在当下的棚户区改造、城中村改造、古城再造以及水城打造中，尽管拆迁居民会通过各种不同策略表达自身的利益诉求，但他们从来都不是发展的抵制者，更多是推动发展的坚定力量。正如有研究者指出的那样，他们"在意识形态或观念方面经常与国家的表达一致，他们都将'现代性'视为最高级的状态"。[1] 与此同时，在被国家改造的家园中，他们既会适应某些外来的变化，也会保留自己的某些"传统"，最终开辟出属于自己的道路。此外，尽管商人难以在帝国的风景中留下太多的印记，但他们通过有形的建筑同样制作出属于自己的地景，发出自己的声音，乃至对帝国的正统思想观念提出了修正乃至抗争。而在当下，资本力量的参与更是极大地推动了城市的地景制作，实现了发展的景观化。

所有这些都让我意识到，在城市的生命历程里，多种力量的参与共同制作出属于每一个时代的城市地景。在这一过程中，他们之间从来都不是简单的对立或合作关系，城市地景总是多元权力关系下各种主体共同的作品。

城市的地景制作在直接影响城市空间形貌的同时，也产生全面的

---

[1] 朱晓阳：《小村故事：地志与家园（2003—2009）》，北京大学出版社2011年版，第188页。

影响。

一方面，国家主导的地景制作有效推动了国家权力对城市的渗透与控制：无论是帝国的城池、城市风景，还是坛庙地景，它们所触发的更多的是个体对帝国价值观念与意识形态的认可与传承，强化了个体对帝国权力的膜拜。正是在这样的过程中，帝国权力持续地、"自然地"进入个体的生命与思想；对于1949年后城市规划与建设而言，它们同样是以服从国家发展战略、国民经济发展规划为中心。通过对城市空间的有效支配，国家的整体规划与设想得以实施。进一步来看，规划则通过城市建设实现了景观化，显示新的国家意识形态及社会制度的"优越性"，而这恰恰是新的国家政权稳固的重要基础。可以认为，城市规划同样是社会控制与国家政治秩序的一部分；而在当下城市地景的制作中，国家权力更是以更为隐蔽的方式全面延伸至个体的生命之中。所有这些都显示出国家借助地景制作实现的社会控制与支配。这样的观点再次印证了米切尔所指出的，地景"是文化权力的工具，也许甚至是权力的手段"。[1]

另一方面，地景制作同样对历史记忆、群体身份认同乃至城市文化具有重要影响。地景与历史记忆、身份认同的关系早已成为地景人类学关注的主要议题。在对所罗门群岛尼加尼加的地景研究中，郭佩宜发现，对于尼加尼加人而言，地景是其感知、记忆与呈现历史、形塑自我意识的一个重要成分。换言之，地景是概念化历史与身份的方式之一，地景成为其文化象征。[2] 西蒙·沙玛对地景与记忆的研究视地景为连续的全景，探讨了神圣或神秘的河流、森林和高山等对文化想象力的影响，从多样的地景体验中挖掘出深层文化记忆，呈现了隐藏于地景"表面之下的神话和记忆的脉络"。[3] 同样，在这座小城中，帝国的地景制作既隐含着帝国的权力，更显示着人们的身份意识与文化认同；从帝国时期的聊古庙、鲁连台，到当下的古城再造与水城打造，通过物质性景观的复建，城市的历史一次次地被制作并再现。在光岳楼从单纯的军事设施变成城市地标再到当下的文

---

[1] [美] W. J. T. 米切尔：《空间、地方及风景》，载《风景与权力》，杨丽、万信琼译，译林出版社2014年版，第2页。

[2] Pei-yi Guo, " 'Island Builders': Landscape and Historicity among the Langalanga Solomon Islands", Pamela J. Stewart and Andrew Strathern, *Landscape, Memory and History: Anthropological Perspective*, Pluto Press, 2003, pp. 189 – 209.

[3] [英] 西蒙·沙玛：《风景与记忆》，胡淑陈、冯樨译，译林出版社2013年版，第14页。

物制作过程中，在1949年后城市街道的一再更名中，我更是看到历史是如何被制作并展示出来的。所有这些既隐含着地景制作中国家的身影，也显示出它对历史记忆乃至城市文化的深刻影响。

牢记历史的主体性与多元性，坚持人与地景相互建构的原则，在城市的地景制作中，我们理解了人们如何开辟自己的道路并创造属于自己的文化。至此，对于地景制作的概念，我将其定义为：某种文化背景下，社会能动者在既定历史与现实之上通过想象、技术、文学、艺术等方式创造某种设想与景观的能动过程。这样的地景制作，既是指地景的物质形态是人们行动的产品，同时又突出人的行为对其文化意义的建构，也包含着地景作为文化中介的层面。在城市的地志脉络里，通过地景制作的历史实践，历史的主体性与权力的关系得以全面呈现。

二 空间支配的类型

在已有的"国家与社会"关系的研究中，乡村社会总是研究者关注的主要地域空间，特别是对于乡村社会基层组织体系、士绅阶层的关注成为研究者解读中国传统社会的主要对象。毋庸置疑，既有研究对于我们认识传统社会中国家权力如何深入乡村基层社会具有重要启发。然而，我们必须承认，作为帝国统治的堡垒，城市既是帝国权力的直接舞台，也集中呈现了帝国的文化与历史。尽管乡村社会是我们认识中国传统社会的重要地域，帝国城市在诸多方面与乡村相互交织甚至形成连续统一体，[1] 但城市对于我们认识中国传统社会同样不可或缺。随着近代以来的城市化及其影响的日益显著，城市更是成为我们理解当下社会的核心地域空间。

在对这座小城历史人类学的考察中，我将关注的对象从组织、机构乃至特定群体等"人"的要素转向"地景"这一"物质性"要素。这样的视角既有效解决了城市研究的片面性问题，从整体上呈现出一座城市流动的画卷，也实现了"人"与"物"、"过去"与"当下"乃至"自然"与"文化"的有机融合。更为重要的是，在地景制作的视角下，城市中的权力、文化与历史以一种不同的方式得以呈现，这也让我能够尝试概括出不

---

[1] [美]牟复礼：《元末明初时期南京城的变迁》，载施坚雅主编《中华帝国晚期的城市》，叶光庭等译，中华书局2000年版，第133页。

同时期城市空间支配的特点与类型。

（一）象征支配

高大险峻的城池既是城市军事防备的外在依赖，更是帝国权力与威严的符号象征，首先在思想上确立起对子民们的统治与威慑；这样的思想支配同样体现在帝国的城市风景之中：城市八景之中，它们或者是讲述帝国盛世与力量的风景，或者是讲述先帝圣德、高士品行的风景，或者是讲述自身历史与个体身份的风景。进一步来看，风景除了能够以有形的物质性景观向进入风景的个体传递特定的权力与文化，更多的时候它也借助帝国知识分子的诗文而影响更多的人。在这样超越时空的过程中，更多的人习得了属于自己的社会规范，接受并传承着属于他们的价值观念乃是帝国的意识形态。在这里，风景悄然"抹除自身的可读性，把自身自然化"[①]，也将帝国的权力与文化"自然化"；在街道、牌坊以及坛庙等大众最为熟悉的公共空间里，我更是看到了帝国权力如何通过地景制作，实现对城市大众伦理道德、信仰的渗透与支配：牌坊是帝国权力与教化的直接体现，街道的故事中更是流传着帝国"仁义""忠孝"等伦理观，各类坛庙总是与帝国礼制的维系密不可分。在坛庙地景中，一方面，帝国的等级制度与威严得以确立；另一方面，道德教化总是或隐或现，始终是各种仪式的核心内容。需要指出的是，这里并非仅仅是帝国官员教化百姓的场所，也是大众日常生活与信仰的重要空间。正是帝国意识形态与大众信仰的融合，政治空间与社会空间的重合，让我们能够理解帝国教化治国的策略与成效。

在对阿尔及利亚伯伯尔人以及法国社会的研究中，布迪厄曾提出了"象征权力"或"象征暴力"的概念，以此指称那些"由信任、义务、个人忠诚、好客、馈赠、人情债、感激、恭敬带来的暴力"。与公开的暴力不同，象征暴力是"温和的、隐蔽的、不被这样辨识的"，与其对应的"温和支配"是"最经济的支配方式"[②]。但它需要支配者"付出经常不断的关怀和体贴，进行一系列使关系得以建立和维持的必不可少的工作，

[①] [美] W. J. T. 米切尔：《空间、地方及风景》，载《风景与权力》，杨丽、万信琼译，译林出版社2014年版，第2页。

[②] [法] 皮埃尔·布迪厄：《实践感》，姜梓骅译，译林出版社2003年版，第202—203页。

同时还需要巨大的物质和象征投入……还需要涉及往往非常昂贵的、特别是在饥荒情况下的经济援助；还需要诚心诚意奉献出一些东西……温和暴力要求行使权威者身体力行"①。尽管帝国时期通过地景制作实现的空间支配并非如前资本主义经济下因馈赠而形成的道德债务，它更多的是借助物质性要素凸显帝国的权力与威严，宣示帝国的伦理道德，但从支配方式上看，它同样具有温和、隐蔽、不易辨识等特点，并非致力于个体的外在控制，而是强调个体的"自觉"认可与服从。与帝国其他的外在社会控制相比，通过地景制作实现的空间支配具有极大的隐蔽性，难以察觉，更不会引起暴力抗争。这也再次印证了布迪厄所指出的，"支配只有变得不可辨识，才会被人接受"②。进一步来看，这样的支配也显示出帝国权力与文化的展演性。换言之，帝国权力的运行并非总是体现为身体支配与外在控制等专断性手段，它更为强调的是对文化正统性的展演与维系。然而，与巴厘"剧场国家"③不同的是，这样的展演自身并非目的，而是帝国统治的手段。

概言之，与帝国外在的社会控制相比，通过地景制作实现的空间支配更致力于对大众伦理道德与信仰的教化，致力于实现对个体思想观念的控制，从而确立起有效而稳固的统治。通过帝国城市的地景制作，帝国的权力与文化在物质性符号上得以呈现，并自然地、持续地进入个体的生命与思想。可以认为，这样的地景制作从根本上类似于"将自己的文化霸权加之于通俗的象征之上"。④帝国时期的城市空间支配的主要特征体现为"象征支配"。

与公开的暴力不同，象征支配通过城池、街道、牌坊、坛庙等物质性存在，实现了帝国权力、意识形态、伦理观念的地景化与符号化，从而使其深入大众生活与观念之中，成为大众自觉接受与认可的文化正统。在对帝国晚期思想与价值观念流动的研究中，姜士彬（David Johnson）曾指出，帝国的"主要理念和主导思想都是通过一系列相关的文本（口述或

---

① [法]皮埃尔·布迪厄：《实践感》，姜梓骅译，译林出版社 2003 年版，第 205 页。
② 同上书，第 201 页。
③ [美]克利福德·格尔兹，《尼加拉：十九世纪巴厘剧场国家》，赵丙祥译，上海人民出版社 1999 年版。
④ [美]杜赞奇：《文化、权力与国家》，王福明译，江苏人民出版社 2008 年版，第 32 页。

文字）来制定和传播的"[①]。显然，在口述与文字的文本之外，建立在特定物质性基础之上的地景制作同样是帝国意识形态传播的重要文本，是帝国社会伦理观正统化[②]的重要途径。

众所周知，在帝国晚期的社会控制体系中，作为帝国户籍管理、基层治安的主要措施，保甲制度对于清代基层社会的控制发挥了重要作用。它"以株连的方式，强制地在老百姓之间实施横向的水平监视，从而实现了有效的社会控制"[③]。在对19世纪中华帝国乡村控制的研究中，萧公权曾指出，帝国乡村控制的有效性在很大程度上依赖于特定的外部条件：一个相当可靠、能干的官僚集团，大体上稳定的乡村环境，以及较少的自然灾害。随着清中后期行政腐败的加剧与频繁的自然灾害，至19世纪初，保甲、里甲和乡约陷入普遍的崩溃状态，帝国的社会控制机制已经变成空架子了。[④]杜赞奇对19世纪末期华北乡村保甲制、里甲制的研究也印证了这样的状况。[⑤]而这样的情形在城市中更为明显。罗威廉就发现，在清代汉口城市中，居民的流动性、人口的迅速增加大大削弱了城市的户口控制，保甲制度作为集体控制制度从未发挥过有效作用。[⑥]可以认为，帝国外在社会控制极大依赖于特定的外部环境，当有利外部条件消失后，帝国外在社会控制必然陷入普遍低效状态。而对比于帝国晚期外在社会控制的低效，通过地景制作实现的象征支配却显示出持久、强大的影响力。由此，这也解释了在低效的行政下中华帝国何以能够顽强地延续数千年。

需要指出的是，象征支配的过程从来都不是帝国权力与文化的单向渗透，它同样包含着城市大众创造自我历史的能动性过程。在光岳楼从余木楼向城市地标与镇城之宝转换的过程中，帝国官员、文人墨客的文化书写起到了重要作用。在地方主政者的眼中，光岳楼对于实现帝国治理有着特

[①] [美]姜士彬：《明清社会的信息沟通方式、阶级与意识》，徐彤译，载张聪、姚平主编《当代西方汉学研究集萃：思想文化史卷》，上海古籍出版社2012年版，第321页。

[②] [美]刘广京：《作为正统的社会伦理观：一种观点》，廖彦博译，载张聪、姚平主编《当代西方汉学研究集萃：思想文化史卷》，上海古籍出版社2012年版，第323页。

[③] 张维迎、邓峰：《信息、激励与连带责任：对中国古代连坐、保甲制度的法和经济学解释》，《中国社会科学》2003年第3期。

[④] 萧公权：《中国乡村：论19世纪的帝国控制》，张浩、张升译，（台北）联经出版事业股份有限公司2014年版，第592—593页。

[⑤] [美]杜赞奇：《文化、权力与国家》，王福明译，江苏人民出版社2008年版，第37页。

[⑥] [美]罗威廉：《汉口：一个中国城市的冲突和社区（1796—1895）》，鲁西奇、罗杜芳译，中国人民大学出版社2008年版，第361—362页。

别的现实意义。与此同时，城市大众则通过神仙、鬼怪等故事传说进一步增添了它的奇异之处，将其塑造为保佑自身、令人敬畏的神圣。在老街巷的历史中，城市大众更是通过故事反复地诉说着帝国"忠孝仁义"的伦理道德。社稷坛从来都是帝王、官员演绎国家象征的场所，而城隍庙、华佗庙、吕祖堂等坛庙更多的却是底层大众创造自我生活的重要场所。在山陕商人的地景制作中，我更是看到商人们如何修正帝国的"重义轻利"的意识形态，倡导"义利并重"的观念，从而制作出自己的历史。底层大众的历史实践显示，这样的过程既有他们对帝国权力与文化的服从与模仿，也显示出他们自身的历史主体性与能动性。由此，象征支配的实现也恰恰如王斯福在对中国民间宗教研究中的发现类似：通过底层大众的模仿实践，帝国的运作逻辑既得到民间的认可，也发生了某种转换。民间的描画并非是"被看成是帝国权力和官方仪式的一种复制"[①]。

帝国之后，"革命"的一个首先体现就是对象征帝国权力与文化的城墙、坛庙、牌坊等帝国地景的拆除与破坏。然而，此后的长期战乱中，新的国家政权在试图摧毁帝国象征与符号的同时，却无力制作出属于自己的权力与文化地景，更未重新塑造起现代国家自身的符号与象征。国家对城市的支配更多地依赖于建立相应的组织机构，依赖于旧的城市精英。在"国家政权内卷化"[②]的过程中，城市的空间支配更多体现为破坏而非建设。换言之，破坏成为与旧秩序分别的主要象征，也是这一时期象征支配的主要体现。

（二）总体支配

1949年后，随着高度集中的中央计划体制与管理体制的建立，党通过一元化领导牢牢控制了整个国家，最终形成国家权力对社会的全面渗透，"全能主义政治"形态得以形成。[③] "社会的政治中心、意识形态中心、经济中心重合为一，国家与社会合为一体以及资源和权力的高度集中，使国家具有很强的动员与组织能力。"对于这样的社会结构，孙立平

[①] [英] 王斯福：《帝国的隐喻：中国民间宗教》，赵旭东译，江苏人民出版社2008年版，第90页。

[②] [美] 杜赞奇：《文化、权力与国家》，王福明译，江苏人民出版社2008年版，第66页。

[③] 邹谠：《二十世纪中国政治：从宏观主义与微观主义角度看》，（香港）牛津大学出版社1994年版，第3页。

称之为"总体性社会"。① 总体性社会的一个重要特征就是国家对资源的全面垄断,以此为基础,国家实现了对社会生活的严格而全面的控制,这样的状况也在城市的空间支配中得到充分体现。

随着国家对资源的全面垄断,加之以城市规划技术的运用,新的国家政权具备了改造城市空间与形貌的基本条件和能力,城市的整体空间全面被置于国家的支配之下。这既包括重构城市整体空间格局与功能分区,也包括每一个新建设单位的选址与建筑。尽管限于物质资源、技术条件以及这一时期政治与经济上的混乱状态,这座城市的第一部规划并未得以有效实施,但它还是长远地影响了此后城市的空间格局与整体形貌。此外,街道的命运同样体现了国家对城市支配的彻底性。随着工业化与城市人口的增加,城市狭窄、破旧的道路日益拥挤,"开街"就成为经济建设的急切需要和重要保障。这意味着临街的大量旧有建筑将面临统一拆迁,个体财产在面对集体利益时不得不做出部分牺牲,这显然是帝国时期这座小城很少发生过的。在城市物理空间再造之外,街道的更名与复名既是构建国家观念的有效方式,也显示出特定时期的政治以及人们如何对待自己的历史。

通过对城市空间、形貌的有效支配与再造,国家的整体规划与设想得以实施。进一步来看,规划则通过城市建设实现了景观化,显示新的国家意识形态及社会制度的"优越性",激发出人们的激情与对未来的憧憬。可以认为,在这里城市规划同样是社会控制与国家政治秩序的一部分。尽管这样的行动更多地属于国家的行为,但它已确确实实影响到城市大众的生活乃至个体家庭的命运。而在新的城市公共空间中,国家则力图将其意识形态变成个体思想的一部分。

在1949年后的国家政权建设中,城市广场有着特定的政治功能。在新的媒体技术尚不发达,政治动员更多地依赖于直接传达的情况下,大规模群众集会就成为政治动员的主要手段。由此决定了城市广场作为政治空间的重要性,也奠定了其在国家意识形态传达中的重要地位。作为这座小城最为重要的政治空间,新华广场总是与群众集会直接相关。无论是庆祝大会、体育赛事、文艺演出,还是公判大会、批斗大会,这里从来都是新的国家政权实现政治动员的重要舞台,正是在这里,国家的意识形态统治

---

① 孙立平等:《改革以来中国社会结构的变迁》,《中国社会科学》1994年第2期。

得到充分体现。然而,广场的政治动员显然更多地依赖于激情,依赖于对个体的人身支配。与帝国时期的坛庙形成对比的是,广场政治从来都不是大众生活的必要部分,更多是依赖强制而外加于个体生活的内容。尽管其中的人身支配可以在特定时间、空间里激发个体的激情,但国家的意识形态更多地体现在口号与标语中,尚未被大众真正接受与认可。在对无产阶级革命的认识上,葛兰西曾指出,革命能否成功地将新的文化观念传播到民众之中是取得文化霸权的关键,统治者要想牢固掌握政权,必须能够继续把握住"智识和道德的领导权"。① 尽管新的国家政权在形式上得到了认可,但"文化领导权"的实现显然尚未完成。

概言之,与帝国有限的支配资源与能力相对比,新的国家政权借助对资源的全面垄断,第一次实现了对城市空间的全面支配。这既包括对城市空间与形貌的规划与再造,也体现在对个体身体、财产乃至命运的支配中,更有国家意识形态对个体的强制渗透与控制。正是在这样的意义上,我将这一时期城市空间支配的类型命名为"总体支配"。

虽然"全能主义政治"能够在外在形态上实现城市空间的总体支配,然而,这样的支配更多依赖于对社会成员的身体支配与外在控制。从某种意义上看,总体支配的关键与核心正是身体支配。作为这一时期极具特色的基本组织形式,单位组织具有功能合一性、非契约性、资源的不可流动性等基本特性,② 由此形成了单位依附于国家,个人依附于单位的强制性依附关系。③ 这种依附关系的本质恰恰是身体支配;城乡二元户籍制度的基本目标正是对社会成员自由流动实行严格限制与政府管制;各种形式的群众集会同样是建立在对个体身体的直接命令之下。为保障城市秩序,对城市"盲流"的收容更是体现了对个体身体的直接支配。保存在聊城市档案馆里的一则地方政府的加密通知就很好地呈现了国家对个体身体的强制与支配:

> 据了解,最近各地不断发生盲目外流人员,盲目外流人员有的讨饭,有的是小偷、小摸、抢吃、抢喝,甚至非法作案等现象,影响极

---

① [意]安东尼奥·葛兰西:《狱中札记》,曹雷雨等译,中国社会科学出版社2000年版,第38页。
② 路风:《单位:一种特殊的社会组织形式》,《中国社会科学》1989年第1期。
③ 李路路:《"单位制"的变迁与研究》,《吉林大学社会科学学报》2013年第1期。

坏。为维持社会秩序，安定群众生产情绪，保卫生产，根据地委指示，必须开展劝阻工作，除具体加强劝阻工作外，为保卫五一节日的安全，各地对盲目外流人员，马上进行一次大的收容，将所有分散的外流人员都收容起来。对有劳动力的组织他们参加生产，对无劳动力的要集中起来进行教育，对患有疾病的给以治疗。[①]

（三）生命支配

20世纪80年代之后，当落后成为整个国家长期以来的共识，当发展成为一种急不可待的需求、经济建设成为国家的中心任务，通过空间再造实现的发展就成为摆脱落后的有效捷径。在与资本达成了某种默契与合作之后，地方政府再造城市空间的能力达到前所未有的高度，对于实现"跨越式发展"充满信心。由此就不难理解，水城与古城地景制作的核心内容是借助自然的、历史的资源，通过技术化手段制作城市景观，进而推动地方经济发展。城市棚户区与城中村总是落后的象征，是远离现代都市文明的地方。在老城里改造、武村从村庄变为城市小区的过程中，我再次看到了地方政府如何通过大众家园的再造消灭"落后"，制作出发展地景。对政府主政者而言，这既是个人政绩的体现，也是发展的象征。

"落后"家园的改造既是推动经济发展的手段，也是改造大众生活方式、行为习惯乃至思想观念的重要途径。无论是城市棚户区，还是城中村，这样的空间总是与落后的生活习惯密不可分，难以纳入国家的秩序之中。从古城院落来到望湖小区，"被关进笼子里"的老居民们失去了祖祖辈辈的家园，必须重新面对新的生活。而在武村的改造中，被改变的就不仅仅是家园与记忆，更有他们多年的生活习惯、谋生方式乃至思想观念。

城市公共空间同样担当起引导大众生活的重要使命。在国家致力于解决"人民日益增长的物质文化需要同落后的社会生产力之间的矛盾"的过程中，大众的休闲与健康日益进入国家的规划之中，大众的日常生活成为社会主义建设的重要内容。这其中，公园、广场的修建首先为人们创造出新的公共场所，关于健康生活知识的宣传与教育进一步推动了大众的健身、休闲需求，并影响到越来越多人的生活观念与方式。至此，一种关于

[①]《聊城专署关于迅速收容盲目外流人员的紧急通知》，1960年4月30日，聊城市档案馆藏，资料号：全宗14，目录号1，案卷号268。

健康生活的地景制作得以实现。在表面上看来,健身、锻炼乃至休闲更像是当下大众的自然需求,属于是私人生活的范畴。然而,福柯对生命权力的重新解释却让我们意识到,这样的生命内容与政治不无关系。一方面,公园和广场的修建与完善满足了大众健身与休闲的生活需求,由此得到市民的支持与赞誉,而这样的支持与赞誉显然为政权的合法性提供了支撑。另一方面,在学校、媒体、医疗机构、政府部门等多种途径的宣传下,与健康生活有关的"科学知识"日益为大众所接受并实践,这样的过程显然正如福柯所言的对生命支配与规训的实践,而其根本目的同样是保障他们的安全与正常。与至高权力以暴力威胁、死亡恐惧为手段不同的是,生命权力通过全面干预人的生命形式来如何"使人活"(make life)。[①] 随着现代国家对个体生命的全面渗透,个体的生命日益处于国家权力的全面支配之下,个体生命的正常与安全成为一种重要的政治实践。

概言之,通过城市的地景制作,发展主义的国家意识形态暴力日益成为一种渗透到每一个个体生命中的具有宰制取向的文化霸权。在对个体身体、身份、思想的外在、强制性控制逐渐减弱的同时,个体生命却日益陷入更多无形的监视与规训之中。正是在发展话语之下,个体生命的全部内容,从谋生方式到消费内容,从城市环境到个体家园,从身体健康到休闲方式,从生活习俗到思想观念,都纳入国家现代化的规划之中,成为政治的重要内容。正是在这样的意义上,我将当下的城市空间支配称为"生命支配"。

生命支配的实现与发展话语密不可分。自近代以来,发展成为越来越多国家所熟悉并认可的概念。在发展的实践中,经济增长是主要目标,工业化是主要途径,其理论基础则是西方的现代化。针对长时间以来从未被质疑的"发展",埃斯科瓦尔指出,"发展首先是作为一种话语开始运行的"。[②] 对于有长时间屈辱历史的中国而言,当落后体验遭遇发展渴望,"发展是解决一切问题的关键"就成为一种国家的话语。由此,国家开始成为发展话语最主要的推动力量,也是定义发展的主导者。需要指出的是,发展话语的全面实践与资本和市场力量的介入是同步的。当资本的力

[①] [法]米歇尔·福柯:《必须保卫社会》,钱翰译,上海人民出版社1999年版,第233页。

[②] [美]阿图罗·埃斯科瓦尔:《遭遇发展:第三世界的形成与瓦解》,汪淳玉等译,社会科学文献出版社2011年版,第43页。

量参与到"空间的生产"后，作为权力核心的地方政府并没有削弱自身既有的支配地位，相反，却极大增强了其再造空间的能力与信心。

随着权力与话语对个体生命的全面深入，生命支配中的"强制性"日益被掩盖，并为人们自觉、普遍地接受。与布迪厄所指出文化正统性的隐蔽性[①]类似的是，生命支配同样具有极大的隐蔽性。事实上，也正是在"强制性"这一事实真相不为人知的情形下，生命支配才能发挥其真正的作用。城市大众对待发展的态度就很好地诠释了生命支配的高效性与隐蔽性。

在家园的改造中，面对主政一方的父母官，面对虎视眈眈的房地产资本，没有抗争传统的居民们"理性"唯有选择尽可能多地争取一些物质利益。尽管地点感的丧失剥夺了他们的家园记忆、身份认同以及老城里的优越感，尽管他们将面对谋生方式与生活习惯的改变，但居民们最为不满的还是物质利益的损失。可以认为，在足够合理的物质补偿下，大部分人还是会认为家园可以与金钱进行交换。从这样的意义上看，他们与国家同样投入市场经济、发展乃至现代性的怀抱之中，甚至对于经济发展特别是物质财富的渴望丝毫不弱于地方的主政者。在城市化的浪潮中，在发展主义话语下，人们也在努力地适应时代的潮流，使自己跟随上社会的发展，"与时俱进"。然而需要特别指出的是，尽管人们无法完全主宰自己家园的命运，但他们也并非是只能适应环境的存在者。即使已经住上现代化的小区，他们也会把自己的过去制作在当下的景观中。换言之，面对地方政府主导的地景制作，人们既不顽固地坚守着原有的生活，也不仅仅是环境的被动适应者。

以具体的历史实践为分析对象，我们能够看出，空间支配类型的划分呈现出与韦伯的理想类型不同的特点。韦伯支配类型划分的基本出发点是"个人为什么要服从命令"，是从命令—服从关系的视角，基于正当性来源与基础的不同而提出的。通过分析不同支配类型的正当性基础、运作机制及其影响，韦伯权威类型的划分对于人们理解权威的基本特性以及解释权威的心理基础具有重要意义，并与其经济史、宗教及法律研究融为一个完整体系。而从国家权力的运行视角看，基于不同的政治意识与权力目

---

① ［法］布尔迪约、帕斯隆：《再生产：一种教育系统理论的要点》，邢克超译，商务印书馆 2002 年版，第 225 页。

标，国家权力的支配内容与对象必然具有不同侧重。换言之，透过国家权力的支配内容，我们能够由此理解不同时期国家的政治意识与权力目标。而象征支配、总体支配与生命支配的类型划分正是基于支配内容与对象的差异而做出的。

空间支配的实现既取决于权力目标，也常常依赖于韦伯意义上之权威正当性基础。象征支配的实现既有帝国权力支配的因素，同时也与韦伯所言之传统型支配密不可分。从某种程度上而言，正是由于帝国伦理道德与权力文化早已成为根深蒂固的文化意识，成为传统型支配中"为旁人所信服的、'历代相传'的规则"，[①] 帝国的象征支配从而得以有效维持。象征支配的高效性、稳定性则在很大程度上解释了帝国长期的稳固统治。1949年后的全能主义政治下，随着国家对资源的全面垄断，新的国家政权试图实现对城市的全面支配。尽管国家推行的整体改造阻力重重，但在强大国家机器与韦伯所言"卡理斯玛"因素影响下，总体支配得以全面推进。然而，事实证明，总体支配既是低效的，也难以长期持续。当其中的"卡理斯玛"因素消失之后，总体支配难以维系，国家转型势在必行。1978年后的改革进程中，在对个体身体、身份、生活以及思想等外在管制方面，控制范围的缩小、控制力度的减弱、控制手段的规范化成为普遍特征。然而，随着发展主义的国家意识形态暴力成为超越一切的文化霸权，发展成为国家与个体共同的愿景，个体生命的一切内容完全为权力俘获，个体质疑力与批判力日益丧失。需要指出的是，尽管生命支配既不依赖于国家机器的外在暴力，也没有韦伯所言之"理性的基础""传统的基础""卡理斯玛的基础"，[②] 但它却呈现出更为强大的支配力与影响力。

三 近代以来中国国家转型再认识

尽管空间支配的划分是基于历史的个案与实践，但其中的某些特征同样具有一定的普遍性，对于我们理解更大空间内的历史也具有借鉴意义。更为重要的是，空间支配的类型划分有助于呈现历史的实践逻辑与真实面

[①] ［德］马克斯·韦伯：《经济与历史、支配的类型》，康乐等译，广西师范大学出版社2004年版，第323页。

[②] 同上书，第303页。

貌，可以让我们认识不同时期国家权力的政治意识与目标指向，有助于我们进一步理解近代以来中国的国家转型。

对中华帝国的国家形态，研究者曾提出多种概念予以解释。在对传统型支配的分析中，马克斯·韦伯提出了家产制国家的概念："当君侯以一种人身的强制，而非领主式的支配，扩展其政治权利于其家产制之外的地域与人民，然而其权力的行使仍依循家权力的行使方式时，我们即称之为家产制国家。""在家产制国家里，被支配者的根本义务乃在满足支配者纯物质性的需求。"[1] 在韦伯看来，在自秦以来的中华帝国一直被"据为支配者之家产（Patrimonium），而置于其官僚制行政的管理之下"。[2] "中国的官僚国家，就其本身而言乃是最为彻底的家产制的政治形态。"[3] 借鉴马克思的概念，埃里克·沃尔夫将人类历史上的生产方式区分为亲族式生产方式、贡赋式生产方式和资本主义生产方式。对于贡赋式生产方式，沃尔夫认为它"确立了贡赋征收者与贡赋生产者之间的支配关系，并导致对抗阶级内部和对抗阶级之间在军事与政治上的竞争关系"。[4] 在对中华帝国晚期的研究中，葛希芝（Hill Gates）指出，"中国的贡赋式生产方式正是这样一个复合体，在这个复合体中，少数的官僚统治阶级要求广大的父系农业家庭辛勤劳作、节衣缩食，向他们贡纳劳役、谷物、纺织品、货币，以及其他各种各样的贡品和服务"。[5] 张佩国教授进一步将这种整体意义上的贡赋式生产方式运用到对中华帝国晚期国家形态的解释中，提出了"贡赋制国家"的概念。[6]

无论是家产制国家还是贡赋制国家，其关注的核心乃是被支配者对于帝国的经济性义务，强调帝国与臣民的直接联系以及帝国对臣民的物质剥

---

[1] ［德］马克斯·韦伯：《支配社会学》，康乐、简惠美译，广西师范大学出版社2004年版，第103—104页。
[2] ［德］马克斯·韦伯：《中国的宗教：儒教与道教》，康乐、简惠美译，广西师范大学出版社2010年版，第81页。
[3] ［德］马克斯·韦伯：《支配社会学》，康乐、简惠美译，广西师范大学出版社2004年版，第234页。
[4] ［美］埃里克·沃尔夫：《欧洲与没有历史的人民》，赵丙祥等译，上海人民出版社2006年版，第452页。
[5] ［美］葛希芝：《中国的二重生产方式》，载叶显恩主编《清代区域社会经济研究》，中华书局1993年版，第414页。
[6] 张佩国：《从社区福利到国家事业：清末以来乡村学校的公产及经费来源》，《学术月刊》2015年第10期。

削。而透过城市的地景制作与空间支配中，我们看到的则是：与有限且低效的外在社会支配相比，帝国的象征支配却无处不在。帝国统治的影响力更多地体现在对大众伦理道德与信仰的教化，致力于对个体思想观念的控制，以文化领导权的维系与帝国统治的象征存在为根本目标。对于底层大众而言，尽管帝国的统治意味着需要负担赋税与劳役，但从根本上看，帝国统治更多体现在象征性意义上。"山高皇帝远"不仅是对帝国边缘空间的政治描述，同样也是对帝国统治的全面写照。

帝国统治的象征性不仅体现为象征支配的无处不在与深远影响，同样也体现在帝国有限的外在控制上。韦伯很早就曾指出如今众所周知的一个事实：中华帝国中央政府的支配力有限，官僚体制难以渗透至地方特别是乡村地区。"皇权的官方行政只施行于都市地区和次都市地区……出了城墙之外，行政权威的有效性便大大地受到限制。"[①] 费孝通先生则明确指出了帝国统治的象征性：皇权统治"在人民实际生活上看，是松弛和微弱的，是挂名的，是无为的"。[②] 对于19世纪的帝国控制，萧公权更是指出："事实上，清政府甚至不可能对全国1500个知州知县进行有效的监督……保甲、里甲、乡约以及其他机制，大致已经废弃不用或不受欢迎；村民和村庄被听任自行生减，从政府手中得到的不过是灾害时期一点象征性的帮助或救济。尽管皇帝们想要把控制延伸到帝国的每一个角落，但乡村地区却这样存在着局部的行政真空。"[③] 显然，上述"皇权不下县"[④]的状况显示的既是传统基层社会的"非国家化"，更是揭示了中华帝国象征性统治的根本特质。

而总体支配、生命支配呈现出的则是政治国家致力于推动整个社会的彻底改造与全面发展。基于特有的使命感，国家权力从社会控制转向社会改造，担负起全面主宰民族命运的职责与使命。在这一过程中，国家实现了对社会的全面渗透，建立起全面而有效的动员机制、控制机制以及运行机制。对于这样的政治形态，徐勇称之为"动员型政治"，并将这一过程

---

① [德] 马克斯·韦伯：《中国的宗教：儒教与道教》，康乐、简惠美译，广西师范大学出版社2010年版，第140页。
② 费孝通：《乡土中国·生育制度》，北京大学出版社1998年版，第63页。
③ 萧公权：《中国乡村：论19世纪的帝国控制》，（台北）联经出版事业股份有限公司2014年版，第595页。
④ 温铁军：《半个世纪的农村制度变迁》，《战略与管理》1999年第6期。

描述为"由少数政治精英对社会大众的动员,由此将社会大众,特别是广大农民带入并整合到现代化过程之中。……由一个权威性政党和领袖,自上而下将社会吸纳到党和国家体系中,自主性社会消失,权力高度集中。"① 这样的政治形态体现出国家作为"驱动者""动员者"的角色定位。正是在这样的意义上,我将帝国之后特别是 1949 年以来的国家形态称为"动员型国家"。

综上所述,基于地景制作与空间支配的历史实践,我将迄今为止中国的国家转型归结为:在特定历史背景与意识形态下,国家由一种无为而治的象征性统治转变为无处不在的支配主体,由此开始了在自觉政治意识下全面地规划、动员并改造社会的过程。从基本内容与目标上看,这样的转型过程更多体现为国家政权建设的过程,也是"现代化过程中以民族国家为中心的制度与文化整合措施、活动及过程,其基本目标是要建立一个合理化的、能对社会与全体民众进行有效动员与监控的政府或政权体系"。②

进一步来看,动员型国家在总体支配与生命支配中又呈现出不同的具体特征。1949 年之后,相对于帝国有限的支配资源与能力,新的国家政权借助对资源的全面垄断,第一次实现了对城市空间的全面支配。在高度集中的中央计划体制与管理体制下,国家权力最终实现了对社会的全面渗透,"全能主义政治"得以形成。③ 对于"后全能体制社会",萧功秦认为它"继承了全能体制下执政党的国家动员力的传统资源,作为实现本国现代化的权威杠杆,从而在理论上仍然具有较强的进行体制变革的动员能力"。④ 而从国家的角色定位来看,"后全能体制社会"突出体现为:在发展主义话语下,国家动员专注于经济增长,强调引导、推动大众生活全方面的进步与发展,国家不再担当以往的全能角色,而是成为发展的规划者、决策者与主导者。

空间支配的类型划分呈现出特定历史背景下权力运行的不同策略,也呈现出国家转型中历史的"断裂性":总体支配体现着对帝国象征的否

---

① 徐勇:《现代化进程的节点与政治转型》,《探索与争鸣》2013 年第 3 期。
② 于建嵘:《国家政权建设与基层治理方式变迁》,《文史博览》(理论) 2011 年第 1 期。
③ 邹谠:《二十世纪中国政治:从宏观主义与微观主义角度看》,(香港) 牛津大学出版社 1994 年版,第 3 页。
④ 萧功秦:《后全能主义与 21 世纪中国的政治发展》,《战略与管理》2000 年第 6 期。

定，当下的生命支配则意味着对改革开放之前国家全能角色与全面控制的否定。需要指出的是，尽管从中华帝国向现代民族国家转型的过程中国家权力的目标指向与角色定位发生重要变化，尽管从总体支配到生命支配的转型中国家权力的支配内容发生了重要调整，但国家的主导地位尚未发生根本改变。一方面，国家权力自始至终主导着城市的地景制作，在很大程度上实现了对城市的空间支配。这样的状况也再次显示出国家权力的强势传统，与此相对应的则是城市大众对国家权力的服从。另一方面，无论是在象征性统治中，还是在动员型国家下，国家权力总是体现出一以贯之的教化传统：象征支配致力于对大众伦理道德与信仰的教化，总体支配致力于对个体生活与思想的全面改造，生命支配则显示出对个体生活现代与文明的教育。这样的教化传统呈现出国家作为"父母"、个体作为"子民"的角色定位。

理解近代以来中国的国家转型，必须将其置于特定的历史背景之下。自近代一百多年以来，"半殖民地"的屈辱历史带给政治精英们最为深刻的感受就是国家的落后。1949 年以后，新的国家政权自然而然地担当起动员并推动国家追赶并实现现代化的角色。正如有论者所指出，中国"国家转型的动力来自国家的政治主体意识。晚清以来的国家转型必须放在中西文明撞击的意义上来理解。……这个政治意识就是晚清以来的国家主义或者民族主义，就是如何建立一个强大的国家，如何让中华民族在政治上真正站立起来"[1]。也正是这样的使命与角色定位，为新的国家政权奠定了特定时期的合法性。

对于西方近代以来的国家转型，无论经典社会理论将其归因于单一性因素，还是从多重因素予以解释，但这一过程的本质却可归结为国家与市民社会关系的调整。进一步来看，一方面，西方的国家转型体现为国家对社会的全面渗透。正如有研究者所言，"民族国家的成长史是以社区内部的人民不断地被从地方性的制约中解放出来，直接面对国家的全民性规范、行政监视、工业管理、意识形态的影响和制约的过程"[2]。另一方面，这一过程同时也包括伴随市民社会的抗争而形成的多元政治以及民主制度

---

[1] 强世功：《法制与治理：国家转型中的法律》，中国政法大学出版社 2003 年版，序言，第 19 页。

[2] 王铭铭：《走在乡土上：历史人类学札记》，中国人民大学出版社 2003 年版，第 137 页。

的最终确立。回顾欧洲的近代史与国家转型,查尔斯·蒂利认为,"1650年之后的欧洲,一切通向民主政治体的主要历史道路,都包含了旷日持久的抗争。民主源于民众抗争,并且动员和重塑民众抗争"①。吉登斯也指出,"民族国家本质上是多元政治。它们的多元特征的基点在于(其凭借监控的扩展而达成的)行政集中以及由此而来的业经改变的控制所具有的辩证法特征"。②

尽管不同国家的历史与文化决定了国家转型需要选择自己的道路,但现代民族国家转型必然无法回避多元政治与民主制度的实现。正如有研究者所指出,"政治动员的过程实质上又是一个新的权威主义政治的建构过程"③。而这样的过程同时也意味着,在迄今为止的国家转型中,中国国家与社会关系的调整更多地体现为国家对社会的单向性渗透,现代民族国家转型的完成任重而道远。

---

① [美]查尔斯·蒂利:《欧洲的抗争与民主》,陈周旺、李辉、熊易寒译,格致出版社2008年版,第27页。
② [英]安东尼·吉登斯:《民族国家与暴力》,胡宗泽等译,生活·读书·新知三联书店1998年版,第5页。
③ 徐勇:《现代化进程的节点与政治转型》,《探索与争鸣》2013年第3期。

参考文献

著作

［美］阿里夫·德里克：《革命与历史：中国马克思主义历史学的起源》，翁贺凯译，江苏人民出版社2010年版。

［美］阿图罗·埃斯科瓦尔：《遭遇发展：第三世界的形成与瓦解》，汪淳玉等译，社会科学文献出版社2011年版。

［美］爱德华·索亚：《后现代地理学》，王文斌译，商务印书馆2004年版。

——：《第三空间：去往洛杉矶和其他真实和想象地方的旅程》，路扬等译，上海教育出版社2005年版。

［英］爱德华·泰勒：《原始文化》，连树声译，上海文艺出版社1992年版。

［美］艾兰：《早期中国历史、思想与文化》，杨民等译，商务印书馆2011年版。

［美］本尼迪克特·安德森：《想象的共同体》，吴叡人译，上海人民出版社2011年版。

［美］安东尼·奥罗姆：《城市的世界：对地点的比较分析和历史分析》，陈向明译，上海人民出版社2005年版。

［法］法莫娜·奥祖夫：《革命节日》，刘北成译，商务印书馆2012年版。

［苏］巴赫金：《拉伯雷研究》，李兆林、夏忠宪译，河北教育出版社1998年版。

包亚明：《后现代性与地理学的政治》，上海教育出版社2001年版。

——：《现代性与空间的生产》，上海教育出版社2003年版。

［澳］薄大伟：《单位的前世今生：中国城市的社会空间与治理》，东南大

学出版社 2014 年版。

［法］皮埃尔·布迪厄：《实践感》，蒋梓骅译，译林出版社 2003 年版。

［法］布尔迪约、帕斯隆：《再生产：一种教育系统理论的要点》，邢克超译，商务印书馆 2002 年版。

［法］列维－布留尔：《原始思维》，丁由译，商务印书馆 1981 年版。

蔡翔：《革命/叙事》，北京大学出版社 2010 年版。

陈锋：《明清以来长江流域社会发展史论》，武汉大学出版社 2006 年版。

陈子龙：《明经世文编》，中华书局 1962 年版。

邓天翔：《行程纪略》，北京出版社 1994 年版。

［美］查尔斯·蒂利、西德尼·塔罗：《抗争政治》，李义中译，译林出版社 2010 年版。

［美］查尔斯·蒂利：《欧洲的抗争与民主》，陈周旺、李辉、熊易寒译，格致出版社 2008 年版。

东昌府区政协文史和学习宣传委员会：《东昌老街巷》，天津人民出版社 2009 年版。

［美］杜赞奇：《文化、权力与国家：1900—1942 年的华北农村》，江苏人民出版社 2008 年版。

费孝通：《乡土中国·生育制度》，北京大学出版社 1998 年版。

——：《中国士绅》，生活·读书·新知三联书店 2009 年版。

［英］弗思：《人文类型》，费孝通译，商务印书馆 1991 年版。

［法］福柯：《必须保卫社会》，钱翰译，上海人民出版社 1999 年版。

——：《性经验史》，佘碧平译，上海人民出版社 2000 年版。

——：《词与物：人文科学考古学》，莫伟民译，生活·读书·新知三联书店 2001 年版。

——：《临床医学的诞生》，刘北成译，译林出版社 2001 年版。

傅崇兰等：《中国城市发展史》，社会科学文献出版社 2009 年版。

傅筑夫：《中国经济史论丛》（上册），生活·读书·新知三联书店 1980 年版。

［美］克利福德·格尔兹：《尼加拉：十九世纪巴厘剧场国家》，赵丙祥译，上海人民出版社 1999 年版。

［意］安东尼奥·葛兰西：《狱中札记》，曹雷雨等译，中国社会科学出版社 2000 年版。

［美］古塔、弗格森：《人类学定位：田野科学的界限与基础》，骆建建等译，华夏出版社 2005 年版。

［德］哈贝马斯：《在事实与规范之间：关于法律和民主法治国的商谈理论》，生活·读书·新知三联书店 2003 年版。

［法］莫里斯·哈布瓦赫：《论集体记忆》，毕然、郭金华译，上海人民出版社 2002 年版。

［美］马文·哈里斯：《文化唯物主义》，张海洋、王曼萍译，华夏出版社 1989 年版。

［丹麦］克斯汀·海斯翠普主编：《他者的历史：社会人类学与历史制作》，中国人民大学出版社 2010 年版。

胡春焕：《北京的会馆》，中国经济出版社 1994 年版。

［美］华勒斯坦：《现代世界体系》（第 1 卷），罗荣渠等译，高等教育出版社 1998 年版。

黄仁宇：《万历十五年》，生活·读书·新知三联书店 1997 年版。

黄宗智：《华北的小农经济与社会变迁》，中华书局 1986 年版。

［英］E. 霍布斯鲍姆、T. 兰格：《传统的发明》，顾杭、庞冠群译，译林出版社 2008 年版。

［英］安东尼·吉登斯：《民族国家与暴力》，胡宗泽等译，生活·读书·新知三联书店 1998 年版。

［美］柯必德：《天堂与现代性之间：建设苏州（1895—1937）》，何方昱译，上海辞书出版社 2014 年版。

李华锋、董金柱等：《英国工党理论与实践专题研究》，人民出版社 2016 年版。

李泉、王云：《山东运河文化研究》，齐鲁书社 2006 年版。

李亦园：《人类的视野》，上海文艺出版社 1996 年版。

李泽厚：《说巫史传统》，（香港）天地图书公司 1999 年版。

聊城地区文化局、文学艺术界联合会：《鲁西民间故事》，山东文艺出版社 1986 年版。

［美］流心：《自我的他性：当代中国的自我谱系》，常姝译，上海人民出版社 2005 年版。

罗澎伟：《近代天津城市史》，中国社会科学出版社 1993 年版。

［美］罗威廉：《汉口：一个中国城市的商业和社会》，江溶、鲁西奇译，

中国人民大学出版社2005年版。

——：《汉口：一个中国城市的冲突和社区》，鲁西奇译，中国人民大学出版社2008年版。

[美]乔治·E. 马尔库斯、米开尔·M. J. 费彻尔：《作为文化批评的人类学：一个人文学科的实验时代》，生活·读书·新知三联书店1998年版。

[德]马克斯·韦伯：《经济与社会》（上卷），林荣远译，商务印书馆1997年版。

——：《经济与历史、支配的类型》，康乐等译，广西师范大学出版社2004年版。

——：《支配社会学》，康乐、简惠美译，广西师范大学出版社2004年版。

——：《中国的宗教：儒教与道教》，康乐、简惠美译，广西师范大学出版社2010年版。

马正林：《中国城市历史地理》，山东教育出版社1998年版。

[美]刘易斯·芒福德：《城市发展史：起源、演变和前景》，倪文彦、宋峻岭译，中国建筑工业出版社2005年版。

[美]W. J. T. 米切尔：《风景与权力》，杨丽、万信琼译，译林出版社2014年版。

[法]马塞尔·莫斯：《论馈赠》，卢汇译，中央民族大学出版社2002年版。

皮明庥：《近代武汉城市史》，中国社会科学出版社1993年版。

[英]埃文思-普里查德：《努尔人》，褚建芳、阎书昌、赵旭东译，华夏出版社2002年版。

强世功：《法制与治理：国家转型中的法律》，中国政法大学出版社2003年版。

[美]马歇尔·萨林斯：《历史之岛》，蓝达居等译，上海人民出版社2003年版。

[英]西蒙·沙玛：《风景与记忆》，胡淑陈、冯樨译，译林出版社2013年版。

[美]施坚雅：《中国农村的市场和社会结构》，中国社会科学出版社1998年版。

——：《中华帝国晚期的城市》，叶光庭等译，中华书局 2000 年版。

史明正：《走向近代化的北京城：城市建设与社会变革》，王业农、周卫红译，北京大学出版社 1995 年版。

［美］詹姆斯·斯科特：《国家的视角：那些试图改善人类状况的项目是如何失败的》，王晓毅译，社会科学文献出版社 2011 年版。

［法］列维－斯特劳斯：《结构人类学》（上卷），谢维扬、俞孟宣译，上海译文出版社 1995 年版。

孙中山：《建国方略》，华夏出版社 2002 年版。

汤芸：《以山川为盟：黔中文化接触中的地景、传闻与历史感》，民族出版社 2008 年版。

田先红：《治理基层中国：桥镇信访博弈的叙事（1995—2009）》，社会科学文献出版社 2012 年版。

［法］爱弥儿·涂尔干：《宗教生活的基本形式》，商务印书馆 2011 年版。

［法］爱弥尔·涂尔干、马塞尔·莫斯：《原始分类》，汲喆译，世纪出版集团 2005 年版。

王笛：《街头文化：成都公共空间、下层民众与地方政治（1870—1930）》，中国人民大学出版社 2006 年版。

——：《茶馆：成都的公共生活和微观世界（1900—1950）》，社会科学文献出版社 2010 年版。

王敏、魏兵、江文君：《近代上海城市公共空间》，上海辞书出版社 2011 年版。

王铭铭：《社会人类学与中国研究》，生活·读书·新知三联书店 1997 年版。

——：《逝去的繁荣：一座老城的历史人类学考察》，浙江人民出版社 1999 年版。

——：《走在乡土上：历史人类学札记》，中国人民大学出版社 2003 年版。

王日根：《乡土之链明清会馆与社会变迁》，天津人民出版社 1996 年版。

［英］王斯福：《帝国的隐喻》，赵旭东译，江苏人民出版社 2008 年版。

隗瀛涛：《近代重庆城市史》，四川大学出版社 1991 年版。

［美］温迪·J.达比：《风景与认同：英国民族与阶级地理》，张箭飞、赵红英译，译林出版社 2011 年版。

［德］卡尔·A. 魏特夫：《东方专制主义》，徐式谷等译，中国社会科学出版社1989年版。

［美］埃里克·沃尔夫：《欧洲与没有历史的人民》，赵丙祥等译，上海人民出版社2006年版。

吴琦：《漕运与中国社会》，华中师范大学出版社1999年版。

［加拿大］西佛曼、格里福：《走进历史田野：历史人类学的爱尔兰史个案研究》，贾士蘅译，麦田出版社1999年版。

萧公权：《中国乡村：论19世纪的帝国控制》，张浩、张升译，（台北）联经出版事业股份有限公司2014年版。

［日］小川环树：《论中国诗》，谭汝谦等译，香港中文大学出版社1986年版。

徐艳梅、于国丽：《生态社会主义与中国社会发展模式建构》，中国社会科学出版社2016年版。

叶显恩：《清代区域社会经济研究》，中华书局1993年版。

［美］伊沛霞、姚平：《当代西方汉学研究集萃：思想文化史卷》，上海古籍出版社2012年版。

张聪、姚平：《当代西方汉学研究集萃：思想文化史卷》，上海古籍出版社2012年版。

张婧磊：《新时期文学中的创伤叙事研究》，中国社会科学出版社2017年版。

［美］张鹂：《城市里的陌生人：中国流动人口的空间、权力与社会网络的重构》，袁长庚译，江苏人民出版社2014年版。

张佩国：《近代江南乡村地权的历史人类学研究》，上海人民出版社2002年版。

张驭寰：《中国城池史》，百花文艺出版社2003年版。

张振声等：《聊城地区政权志》，山东大学出版社1993年版。

张仲礼：《近代上海城市研究》，上海人民出版社1990年版。

政协聊城市东昌府区文史资料委员会：《东昌望族》，山东省新闻出版局2003年版。

中村圭尔、辛德勇：《中日古代城市研究》，中国社会科学出版社2004年版。

中共聊城地委组织部、中共聊城地委党史办公室：《东昌人物》，中共党史出版社 1999 年版。

中国社会科学杂志社编：《人类学的趋势》，社会科学文献出版社 2000 年版。

周嘉：《共有产权与乡村协作机制：山西"四村五社"水资源管理研究》，中国社会科学出版社 2018 年版。

朱晓阳：《小村故事：地志与家园（2003—2009）》，北京大学出版社 2011 年版。

庄孔韶：《银翅：中国的地方社会与文化变迁（1920—1990）》，生活·读书·新知三联书店 2000 年版。

邹谠：《二十世纪中国政治：从宏观主义与微观主义角度看》，（香港）牛津大学出版社 1994 年版。

Bray, David, *Social Space and Governance in Urban China*: *The Danwei System from Origins to Reform*, Stanford: Stanford University Press, 2005.

Duncan, J., *The City as Text*: *The Politics of Landscape Interpretation in the Kandyan Kingdom*, New York: Cambridge University Press, 1990.

Geertz, Clifford, *The Interpretation of Culture*, New York: Basic Books, 1973.

Harris, Marvin, *The Rise of Anthropological Theory*: *A History of Theories of Culture*, New York: Thomas Y. Crowell. 1968.

Harvey, David, *The Urbanization of Capital*, Oxford UK: Basil Blackwell Ltd, 1985.

Hirsch, Eric, and O'Hanlon, Michael, *The Anthropology of Landscape*: *Perspective of Place and Space*, Oxford University Press, 1995.

Holston, James, *The Modernist City*: *An Anthropological Critique of Brasilia*, Chicago: University of Chicago Press, 1989.

Igold, Tim, *The Perception of the Environment*: *Essays on Livelihood*, *Dwelling and Skill*, New York: Routledge, 2003.

Leach, E. R., *Custom*, *Law and Terrorist Violence*, Edinburgh: Edinburgh University Press, 1977.

Lefebvre, *The Production of Space*, Oxford: Blackwell, 1991.

Low, Setha M., and Lawrence-Zunigais, Denise, *The Anthropology of Space and Place*: *Locating Culture*, Wiley-Blackwell, 2003.

Milton, Kay, *Environmentalism and Cultural Theory*, London and New York: Routledge, 1996.

Rabinow, Paul, *French Modern: Norms and Forms of the Social Environment*, Cambridge: MIT Press, 1989.

Redfield, Robert, *Peasant Society and Culture: An Anthropological Approach to Civilization*, Chicago: University of Chicago Press, 1956.

Sauer, Carl, *The Morphology of Landscape*, California: University of California Press, 1925.

Stewart, Pamela J., and Strathern, Andrew, *Landscape, Memory and History: Anthropological Perspective*, Pluto Press, 2003.

Wen-hsin Yeh, *Landscape, Culture, and Power in Chinese Society*, The Regents of the University of California, 1998.

论文

曹现强、张福磊：《空间正义：形成、内涵及意义》，《城市发展研究》2011年第4期。

常倩：《赢利性上访、赢利性经纪与基层社会参与》，《东南学术》2012年第3期。

陈柏峰：《农民上访的分类治理研究》，《政治学研究》2012年第1期。

陈锋：《从抗争政治、底层政治到非抗争政治：农民上访研究视角的检视、反思与拓展》，《南京农业大学学报》（社会科学版）2014年第1期。

陈其芳：《略论近代城市发展的条件与动力：对杭州近代城市化的剖析》，《城市史研究》2000年第Z1期。

陈倩：《施坚雅的中国城市研究学术思想》，《城市与区域规划研究》2009年第3期。

陈勇：《儒家义利观辨析》，《长白论丛》1996年第6期。

成一农：《清代的城市规模与行政等级》，《扬州大学学报》（社会科学版）2007年第3期。

邓广：《山东解放区的农村财粮征收（1946—1949）》，《近代史研究》2017年第1期。

杜正贞：《上海城墙的兴废：一个功能与象征的表达》，《历史研究》2004

年第6期。

方怡洁:《云南和顺地景中的国家象征民间化过程》,《中国农业大学学报》(社会科学版)2008年第2期。

桂华:《农民上访的类型及其变化机制探析》,《中共杭州市委党校学报》2012年第2期。

[丹麦]柯尔斯顿·哈斯特普:《迈向实用主义启蒙的社会人类学?》,朱晓阳译,《中国农业大学学报》(社会科学版)2007年第4期。

韩秀桃:《中国古代礼法合治思想在基层乡里社会中的实践》,《安徽大学学报》(哲学社会科学版)1998年第1期。

何林福:《论中国地方八景的起源、发展和旅游文化开发》,《地理学与国土研究》1994年第2期。

何其颖:《鼓浪屿租借与近代厦门经济与市政建设的发展》,《中国社会经济史研究》2005年第4期。

何雪松:《社会理论的空间转向》,《社会》2006年第2期。

何一民:《21世纪中国近代城市史研究展望》,《云南大学学报》2002年第3期。

——:《从政治中心优先发展到经济中心优先发展》,《西南民族大学学报》(社会科学版)2004年第1期。

何一民、谢放、王笛:《近代中国城市研究学术讨论会综述》,《四川大学学报》(哲学社会科学版)1990年第1期。

洪长泰:《空间与政治:扩建天安门广场》,《冷战国际史研究》2007年第10期。

侯佳彤:《明清私家园林的人文情怀》,《文艺评论》2009年第3期。

胡正恒:《历史地景化与形象化:论达悟人家团创始记忆及其当代诠释》,《宽容的人类学精神:刘斌雄先生纪念论文集》,(台北)"中央研究院"民族学研究所2008年版。

黄应贵:《人类学对于空间的研究》,《中国民族学通讯》1990年第27期。

金其桢:《论牌坊的源流与社会功能》,《中华文化论坛》2003年第1期。

靳薇:《人类学关注艾滋病》,《广西民族学院学报》(哲学社会科学版)2005年第2期。

景军:《艾滋病谣言的社会渊源:道德恐慌与信任危机》,《社会科学》

2006年第8期。

兰林友：《中国艾滋病防治的人类学研究：社会文化行为的分析》，《广西民族大学学报》（哲学社会科学版）2010年第6期。

李德英：《城市公共空间与城市社会生活：以近代城市公园为例》，《城市史研究》2000年第Z2期。

——：《公园里的社会冲突：以近代成都城市公园为例》，《史林》2003年第1期。

李华锋、董金柱：《中国特色社会主义进入新时代的重大意义》，《光明日报》2018年8月13日第6版。

李路路：《"单位制"的变迁与研究》，《吉林大学社会科学学报》2013年第1期。

李祖佩：《农民上访：类型划分、理论检视与化解路径》，《中州学刊》2012年第5期。

林开世：《风景的形成与文明的建立》，《台湾人类学刊》2003年第2期。

鲁西奇、马剑：《城墙内的城市？中国古代治所城市形态的再认识》，《中国社会经济史研究》2009年第2期。

——：《空间与权力：中国古代城市形态与空间结构的政治文化内涵》，《江汉论坛》2009年第4期。

路风：《单位：一种特殊的社会组织形式》，《中国社会科学》1989年第1期。

吕绍坤：《近代大连自由港制度的实施及其对城市经济的影响》，《社会科学辑刊》2004年第3期。

宁欣：《街：城市社会的舞台：唐宋城市变革中的线形空间》，《文史哲》2006年第4期。

——：《转型期的唐宋都城：城市经济社会空间之拓展》，《学术月刊》2006年第5期。

潘卫国：《近代上海口岸市场对内地市场的辐射和制导》，《学术月刊》2004年第12期。

裴玉娜、温亚斌：《浅谈光岳楼的修缮与文化遗产保护》，《住宅科技》2012年第5期。

任放：《施坚雅模式与中国近代史研究》，《近代史研究》2004年第4期。

［日］斯波义信：《宋都杭州的城市生态》，唐晓峰、黄义军：《历史地理

学读本》，北京大学出版社 2006 年版。

孙立平等：《改革以来中国社会结构的变迁》，《中国社会科学》1994 年第 2 期。

——：《中国进入利益博弈时代》，《中国改革报》2006 年 4 月 25 日第 4 版。

唐力行：《从碑刻看明清以来的苏州社会的变迁：兼与徽州社会比较》，《历史研究》2000 年第 1 期。

汪青松：《对外贸易与近代天津市场》，《城市史研究》第 21 辑。

王笛：《新文化史、微观史和大众文化史：西方有关成果及其对中国史研究的影响》，《近代史研究》2009 年第 1 期。

王铭铭：《由彼及此，由此及彼：家乡人类学的自白（下）》，《西北民族研究》2008 年第 2 期。

魏宪朝、李东方：《新时代中国共产党"四个自信"的多维探源》，《当代世界与社会主义》2018 年第 1 期。

王德福：《政策激励型表达：当前农村群体性事件发生机制的一个分析框架》，《探索》2011 年第 5 期。

王晓林、吴吉远：《清代保甲制度探论》，《社会科学辑刊》2000 年第 3 期。

王晓升：《"公共领域"概念辨析》，《吉林大学社会科学学报》2011 年第 4 期。

王云、李泉：《聊城山陕会馆戏楼墨记及其史料价值》，《文献》2004 年第 1 期。

隗瀛涛、田永秀：《近代四川城乡关系析论》，《中华文化论坛》2003 年第 2 期。

温铁军：《半个世纪的农村制度变迁》，《战略与管理》1999 年第 6 期。

吴冠军：《生命政治：在福柯与阿甘本之间》，《马克思主义与现实》2015 年第 1 期。

［美］萧凤霞：《反思历史人类学》，《历史人类学学刊》2009 年第 2 期。

萧功秦：《后全能主义与 21 世纪中国的政治发展》，《战略与管理》2000 年第 6 期。

熊月之：《晚清上海私园开放与公共空间的拓展》，《学术月刊》1998 年第 8 期。

徐柳凡、吴月红：《自开商埠与地区社会经济的发展》，《安徽师范大学学报》（人文社会科学版）2000年第4期。

徐勇：《现代化进程的节点与政治转型》，《探索与争鸣》2013年第3期。

许檀：《清代中叶聊城商业规模的估算：以山陕会馆碑刻资料为中心的考察》，《清华大学学报》（哲学社会科学版）2015年第2期。

杨念群：《美国中国学研究的范式转变与中国史研究的现实处境》，《清史研究》2000年第4期。

杨锐：《"风景"释义》，《中国园林》2010年第9期。

叶涯剑：《城市时代的知识探索：1979年以来的中国城市社会学研究》，《都市文化研究》2013年第2期。

于建嵘：《国家政权建设与基层治理方式变迁》，《文史博览》（理论）2011年第1期。

张光直：《关于中国初期"城市"这个概念》，《文物》1985年第2期。

张兆林：《非物质文化遗产保护实践中的商业活动探究》，《艺术百家》2018年第1期。

张兆林、束华娜：《基于文化自觉视角的非物质文化遗产保护与新文化创造》，《美术观察》2017年第6期。

张佩国：《从社区福利到国家事业：清末以来乡村学校的公产及经费来源》，《学术月刊》2015年第10期。

——：《整体生存伦理与民族志实践》，《广西民族大学学报》（哲学社会科学版）2010年第9期。

——：《历史活在当下："历史的民族志"实践及其方法论》，《东方论坛》2011年第5期。

——：《作为整体社会科学的历史人类学》，《西南民族大学学报》（人文社会科学版）2013年第4期。

张维迎、邓峰：《信息、激励与连带责任：对中国古代连坐、保甲制度的法和经济学解释》，《中国社会科学》2003年第3期。

张雯：《剧变的草原与牧民的栖居：一项来自内蒙古的环境人类学研究》，《开放时代》2010年第11期。

——：《近百年以来环境人类学研究》，《广西民族大学学报》（哲学社会科学版）2013年第11期。

周大鸣、李陶红：《中国都市人类学研究三十年反思》，《广西民族大学学报》(哲学社会科学版) 2015 年第 11 期。

周群、刘和旺:《晚清湖广总督在汉口市场发展进程中的作用探析》,《江汉论坛》2004 年第 6 期。

[英] 朱里安娜·普拉托:《从地方到全球:都市人类学的重要性》,《中国民族报》2009 年 8 月 14 日第 6 版。

庄友刚:《西方空间生产理论研究的逻辑、问题与趋势》,《马克思主义与现实》2011 年第 6 期。

Assmann, Jan, "Collective Memory and Cultural Identity, New German Critique", No. 65, *Cultural History/Cultural Studies*, 1995.

Guha, Ranajit, "The Small Voice of History", in Shahid Amin and Dipesh Chakrabarty eds., *Subalten Studies*, *IX*: *Writing on South Asian History and Society*, Oxford and Newyork: Oxford university Press, 1996.

Hastrup, K., "All the World's a Stage The Imaginative Texture of Social Spaces", *Space and Cultrue*, 2004, 7 (3).

——, "Social Anthropology: Towards a Pragmatic Enlightenment?", *Social Anthropology*, 2005, 13 (2).

Johnson, "City-God Cults in T'ang and Sung China", *Harvard Journal of Asiatic Studies*, 1985, No. 2.

Li, Zhang, "Contesting Spatial Modernity in Late-socialist China", *Current Anthropology*, 2006, 47 (3).

Madsen, Richard, "The Politics of Revenge in Rural China during the Cultural Revolution", In *Violence in China*: *Essays in Culture and Counterculture*, ed. Jonathan N. Lipman and Steven Harrell, Albany, New York: State University of New York Press, 1990.

Wirth, Louis, "Urbanism as a Way of Life", *American Journal of Sociology*, 1938.

其他

明万历《东昌府志》。

清嘉庆《东昌府志》。

清宣统《聊城县志》。

清康熙《聊城县志》。

明万历《东昌府志》。

清光绪《聊城县乡土志》。

清康熙《嘉兴府志》。

《临清县志》。

《战国策》，上海古籍出版社 1985 年版。

《水经注》，商务印书馆 1933 年版。

《元史》，卷九十三《食货志一》。

《史记》，中华书局 1959 年版。

聊城市档案馆档案资料。

聊城市东昌府区档案馆资料。

政协山东省聊城市文史资料研究委员会：《聊城文史资料》（七辑）。

政协聊城县委员会步云阁学习组：《聊城野史杂志》（1981—1983）、《聊城乡土资料》（十四期）。

李颖：《古城已作古：山东聊城历史文化名城调查》，《中国文化报》2013 年 3 月 1 日第一版。

王帅：《聊城召开国家历史文化名城整改复查迎检调度会》，《聊城日报》2014 年 4 月 1 日。

张健、苑辛：《践行群众路线的生动体现：古城回眸看拆迁》，《聊城日报》2014 年 9 月 23 日第一版。

陈锋：《机会主义政治：北镇的治理实践与分利秩序》，华中科技大学，博士学位论文，2013 年。

申端锋：《治权与维权：和平乡农民上访与乡村治理（1978—2008）》，华中科技大学，博士学位论文，2009 年。

史晓玲：《明清时期聊城商业发展与城市变化》，聊城大学，硕士学位论文，2014 年。

高文秀的博客 http://blog.sina.com.cn/s/articlelist_1279174665_6_1.html。

吴云涛个人笔记、手稿：《聊城琐记》（1958）、《聊城旧闻》（1991 二十五卷本）、《东昌野史》（1992）、《东昌续梦》。

索　引

B

暴力　194,208,209,238,260,264,265,
　　271,273,278

C

策略　6,7,14,17,25,32,33,36,62,66,
　　187,232,235 – 238,257,261,
　　264,276

城池　8,9,39,42 – 45,124,125,157,
　　262,264,265

城市地志学　28,30,31,34,35,105,258

城市规划　3,10,20 – 22,35,42,62 – 66,
　　70,72,81 – 83,85,87,210,212,223,
　　231,261,262,268

城市化　4,14,33,36,155,212,244,256,
　　257,263,272

城市空间　4,6 – 8,10,15,17,19 – 22,
　　33,35,36,38,47,50,55,60,66,105,
　　156,212,232,245,261,262,264,
　　265,268 – 271,276

D

大众生活　1,4,6,7,11,19,32,33,35,
　　36,56,69,105,155,167,174,182,
　　186,196,265,269,270,276

地景　16,22 – 29,31 – 33,35,36,38,42,
　　69,74,82,84,85,104,105,120 –
　　122,134,139,151,153 – 156,196,
　　208,211,212,231,244,247,256,
　　257,259 – 265,267,270

地景制作　1,7,28,32,33,35,36,85,
　　105,122,129,139,154 – 156,196,
　　197,207,210,212,244,257 – 267,
　　270 – 272,275 – 277

地志学　1,28 – 32,34,210,211,244,258

地志学转向　28,29,34

钉子户　236 – 238,241

动员型国家　276,277

F

发展话语　18,22,32,104,259,271

风景　2,3,22,25,63,69 – 72,74,76,81,

82,84,87,93,97,98,105,106,108,109,111 – 113,115,117 – 121,132,135,139,151,153,197,205,210,226,227,232,243,258,259,261,262,264

G

革命 2,4,5,26,32,37,40,57,60,62,63,65,75,133,134,160,167,168,171,172,187,189,193,194,196,200,209,216,217,241,260,267,269

公共空间 4,6,10,11,33,36,155,156,174,180,181,183 – 187,194,196,199,209,239,258,264,268,270

公园 4,10,19,26,36,42,63,71,72,74,82,84,155,187,198 – 205,207 – 209,261,270,271

贡赋式生产方式 274

贡赋制国家 274

光岳楼 1 – 3,26,31,35,37,44,47,48,59,91,93,95 – 98,100,101,105,109,121 – 129,131 – 139,152 – 154,156,157,161,168,176,183,219,262,266

广场 4,19,26,33,36,64 – 66,72,74,75,84,91,99,100,115,122,137,153,155,187 – 189,191 – 197,200,203,205 – 209,221,229,230,239,247 – 250,254 – 256,261,268 – 271

规训 208,271

国家权力 6,7,11,35,36,38,45,59,67,129,154,155,196,197,209,212,260 – 263,267,271 – 277

国家政权 4,36,59,68,189,199 – 201,258,262,267 – 269,273,276,277

国家政权建设 59,187,189,194,268,276

国家支配 6,22,26,35,36,156,194,196,208,209,212,257

国家转型 1,7,36,273,274,276 – 278

H

合法性 189,271,277

J

家产制国家 274

家园 5,6,29,35,36,85,161,169,197,198,210 – 212,218,231,232,238,242,244,247,261,270 – 272

健身 4,155,202 – 209,249,261,270,271

江北水城 1,37,38,41,67,68,74,75,81 – 83

教化 39,45,112,117,155,160,163,167,174,180,185 – 187,196,261,264,265,275,277

街道 4,8,33,36,39,46,47,52,53,60 – 62,64 – 66,82,91,155 – 157,160 – 163,165,167,169 – 175,191,213 – 217,219 – 221,223,225,228,230,234,243,249,251,252,257,258,261,263 – 265,268

K

抗争 151,152,235 – 238,261,265,272,

277,278

空间生产　17－21

空间支配　1,7,22,36,51,231,260,263,
265,267,268,272,273,275－277

空间转向　16－18

L

礼　7,9,29,44,47,48,51,56,67,100,
102,113,117,126－128,130,131,
135,160,162,175,177－182,185,
189,191,230,234,255,259,263,264

历史记忆　6,7,24,27,35,38,40－42,
68,70,72,104,116,119,153,171,
172,174,262,263

历史田野　31

历史文化街区　223－225,229,231

历史制作　3,28,32,84,105,122,139,
149,153,154

落后　2,11,21,52,60,85,156,205,212,
218,225,231,232,244,256,259,
260,270,271,277

M

民间故事　30,129,167

民族国家　13,156,168,189,261,
276－278

P

牌坊　4,32,36,91,143,156,157,159,
160,169,171,175,264,265,267

棚户区　2,3,5,26,32,33,36,66,85,91,
210,212,225,231,232,244,261,270

Q

栖居　5,29,34,36,210－212,248,257

强制拆迁　236,238

强制性　269,271,272

权力关系　18,25,28,33,34,105,121,
153,154,232,261

全能主义　197,267,269,273,276

R

儒家思想　150,258

S

山陕会馆　2,3,31,35,52,53,55,56,59,
75,81,97,105,135,139－154

社会控制　16,19,21,35,62,66,160,
212,262,265,266,268,275

身体支配　36,197,265,269

生命政治　36,207,208

生命支配　209,270－273,275－277

士绅　16,80,119,129,263

寺观　4,32,58,77,109,111,113,155,
161,174,175,177,185

T

坛庙　4,18,26,32,33,36,48,109,155,
174－177,179,181,182,185－187,
194,196,258,261,262,264,265,
267,269

W

文化霸权　259,265,269,271,273
文化领导权　269,275
文物　3,7,39,50,70,71,77,79,95,96,105,115,117,122,132,134–139,152,153,223,262
物质性　16,28,29,34,42,84,118,153,156,210,262–266,274

X

现代性　10,17,18,21,66,189,208,261,272
象征支配　209,264–267,273,275,277

Y

义利之辨　139,149

意识形态　4,20,26,59,111,120,121,149,151,155,168,183–187,189,194,196,197,231,260–262,264–269,271,273,276,277

Z

展演　179,185,196,265
正统化　266
政治动员　4,155,187,196,197,268,269,278
政治空间　155,186,187,196,264,268
政治秩序　21,62,66,212,262,268
支配的类型　6,50,269,273
资本　4,15,17,18,20,21,53,200,216,232,260,261,265,270–272,274
自然化　120,121,264
总体支配　209,267,269,273,275–277

后　记

本书是在我的博士学位论文的基础上经修改而成。再次拾起书稿，重新思考、修改并准备出版，已远去的上海大学社会学院的博士生活再次浮现于眼前，论文写作过程中的迷茫与辛苦似乎也刚刚退去。

对于一个先后求学于历史学、法学以及人类学专业的学生而言，论文写作之前我从没有想到会深入探究一座小城市的历史。之前，我曾对农村有着深厚的情结，也希望能够在此领域有所收获。在导师的推荐与引导下，进入博士学习阶段的我尝试去理解并认识关于"空间""地景""地志"的概念与理论，并在我所生活的这座小城市的田野中有了进一步的体会。

受益于多学科的求学背景，在这座小城的地志学里，我对人类学的整体论特别是城市的整体研究有了进一步的认识，并尝试了一种与以往不同的城市研究。论文最终完成之后，在同行评阅、外审以及答辩中得到多位学者的些许肯定，并能够入选《中国社会科学博士论文文库》，自己内心里还是感到几分开心。当然，无论是对于空间理论，还是哈斯特普所提出的"地志学转向"，本书的理解与认识也仅仅是开始。正如"俗语"所言，希望本书能够抛砖引玉，期待国内更多的研究者关注于此，为理解与认识中国社会做出更大贡献。

感谢我的博士研究生导师张佩国教授。3年之前，有幸成为张老师的学生，自此得到恩师在学业上的悉心教诲与指导，学生深感受益终生。特别是在开始我的博士论文之后，从论文选题、文献与田野资料的搜集到问题意识的提炼、论文结构安排等，都得到张老师全面的帮助与耐心的指导。导师渊博的知识、严谨的治学态度、对待学生的认真负责更是令我深感敬佩，成为学生从做学问到做人的全面榜样。同时也非常感谢我的博士论文答辩委员会的钱杭教授、纳日碧力戈教授、潘天舒教授、张江华教授、张亦农教授以及同行评阅专家杜靖教授、董国礼教授。受益于各位教授的建议与指导，本书在前期论文的基础上有了进一步的修改与完善。也感谢在田野工作中给予我诸多帮助的朋友们。

感谢我的父母、妻子给予我生活上的帮助，正是他们的支持让我得以顺利完成论文并出版。感谢我的女儿春语、轩语在我写作之余带给我的开心与快乐！

最后，感谢所有支持我、帮助过我的老师、同学与朋友。